Célestin Bouglé

La démocratie
devant
la science

essai

ISBN : 978-1514252352

10 9 8 7 6 5 4 3 2 1

Célestin Bouglé

La démocratie
devant
la science

essai

Table de Matières

Introduction   6

Livre I   35

Livre II   94

Livre III   156

Conclusion   234

Introduction

Première partie
L'idéal égalitaire et la morale scientifique

Que devons-nous penser du mouvement démocratique ? Les idées égalitaires, qui le dirigent, sont-elles légitimes ou. illégitimes ? pratiques ou utopiques ? Et nous faut-il, en conséquence, faire tous nos efforts pour le seconder ou pour l'enrayer ?

À cette question vitale si nous répondons d'ordinaire sans hésiter, c'est que nous répondons, il faut le reconnaître, un peu à l'aventure. Les hasards de la naissance ou de la situation déterminent notre orientation politique. Nous nous laissons mener par des traditions ou par des impulsions également irraisonnées. Mais vienne une crise de réflexion : on s'aperçoit alors que pour décider rationnellement entre les partis adverses, il faudrait avoir résolu méthodiquement un grand nombre de problèmes préalables.

Et à vrai dire, s'il ne s'agissait que de mesurer la puissance du mouvement en question, la tâche serait aisée. Il y suffit d'un regard jeté autour de soi, sur les transformations que le siècle a imposées à la plupart des institutions occidentales. Comme les arbres par le vent de mer, il semble que nous les voyions toutes courbées dans le même sens par le même souffle impétueux.

L'isonomie d'abord, l'égalité devant la loi, est le minimum assuré à tous les citoyens de nos États. Le droit archaïque vivait de distinctions. Pour le meurtre d'un noble il décrétait par exemple qu'il serait payé deux cents sous d'or; pour le meurtre d'un non-noble, cent seulement ou cinquante. Il mesurait les amendes au rang, à la race, à la confession. Toutes ces différences de traitement sont rayées par le droit moderne. Parcourons les préambules des constitutions composées au XIXe siècle, en Italie ou en Espagne, en Belgique ou en Prusse : on verra qu'elles commencent toutes par poser en principe, à l'exemple de notre Déclaration, l'égalité des citoyens devant la loi. - Presque toutes ajoutent aussitôt que les citoyens sont égaux devant les fonctions publiques, que toutes seront accessibles à tous. Sous l'ancien régime, la plupart des offices,

Célestin Bouglé

- offices de judicature ou de finance, offices domaniaux ou militaires, - étaient héréditaires ou vénaux. En Prusse, encore avant 1807, certaines fonctions étaient réservées, de par la loi, à telle catégorie de citoyens, les unes aux bourgeois, les autres aux nobles. Chez nous, en 1781, l'accès de l'école militaire de Mézières était interdit aux roturiers. Le droit moderne écarte les prohibitions de ce genre. Le régime des concours se substitue, sur presque tous les points, au régime des castes. L'isotimie complète l'isonomie. - Mais ce n'est pas seulement l'égalité civique ou juridique qui est réclamée, c'est l'égalité politique. Et, de gré ou de force, il a bien fallu que les États occidentaux fissent droit à cette réclamation. Sans doute, ils n'accordent pas tous le droit de vote au même degré, ni sous la même forme, mais tous glissent sur la même pente. À chacune des grandes secousses du siècle, - après 1830, après 1848, - ne voit-on pas, un peu partout, le chiffre du cens s'abaisser et le nombre des électeurs s'accroître ? La pyramide de la souveraineté semble définitivement renversée. On ne veut plus une autorité qui descende, en nappes, du maître à ses subordonnés, mais une autorité qui monte, en jets, du peuple à ses fonctionnaires. - On va plus loin : sur le terrain économique aussi, on entend que l'égalité cesse d'être un vain mot. Et sans doute, ici, le dessin des institutions est moins net. Elles cherchent encore leur forme. Mais que cette forme du moins soit cherchée avec ardeur, c'est ce que prouverait, à défaut des lois établies, l'étude des lois en instance. Mesurons, dans les *Bulletins de l'Office du travail* et dans les publications étrangères analogues, l'accroissement du nombre des projets de lois concernant les syndicats, l'arbitrage, le marchandage, les caisses de retraites : et nous comprendrons qu'un Code du travail est, en effet, en train de s'élaborer, qui sera la manifestation sensible de la lutte engagée contre tous les modes de l'inégalité.

Si nous voulions énumérer les causes de ce progrès de l'égalitarisme, c'est toute l'histoire des idées et des formes sociales propres à l'Occident qu'il nous faudrait retracer. L'esprit cartésien, l'esprit classique, l'esprit chrétien ont contribué, chacun à sa façon, à nous apprendre le prix égal des personnes humaines. De l'empire de cette notion, il ne faut pas dire seulement que « c'est la faute à Voltaire », mais à Rousseau et à Kant, mais à Descartes et à Luther, et si l'on veut remonter plus haut encore, à Jésus-Christ et à Socrate. D'un autre côté si, du cerveau de ces grands inventeurs, cet idéal est descendu et a pénétré jusqu'au cœur des masses, c'est sans doute qu'il s'est trouvé soutenu et comme naturellement porté par les formes sociales qui s'installaient dans la civilisation occidentale. La mobilité inouïe qu'elle a communiquée aux individus, les assimilations qu'elle a établies entre les plus éloignés, la multiplicité des groupements auxquels elle les a fait participer, le nombre et l'ampleur des villes dans lesquelles elle les a concentrés, les grands États par lesquels elle les a unifiés, tous ces phénomènes proprement sociologiques devaient d'eux-mêmes incliner les hommes à se reconnaître comme des semblables, et à se traiter en égaux. En ce sens, il est permis d'affirmer que si l'égalitarisme semble bien être aujourd'hui le moteur principal de notre civilisation, c'est qu'il en est d'abord le produit naturel. Et l'élan par lequel il réalise sous nos yeux ses exigences apparaît comme plus irrésistible encore, s'il est vrai que ses victoires s'expliquent par la constitution même et les transformations spontanées des sociétés qui l'ont vu grandir [1].

On comprend dès lors le sentiment qui animait Tocqueville, lorsqu'il nous présentait le développement graduel de l'égalité comme un « fait providentiel, universel, durable, échappant chaque jour à la puissance humaine, servi par tous les événements comme par tous les hommes ». À découvrir les causes lointaines et à pressentir les lointaines conséquences de ce mouvement irrésistible, l'auteur de la *Démocratie en Amérique* éprouvait, disait-il, une sorte de terreur religieuse, et il lui semblait que vouloir arrêter la démocratie ce serait lutter contre Dieu même [2].

C'est, en effet, un sentiment naturel que de s'incliner devant la force des choses. Le rythme d'un mouvement puissant nous emporte comme malgré nous. Lorsque les enfants voient passer le régiment, drapeau flottant, musique en tête, mécaniquement ils emboîtent le pas. Ainsi, à entendre retentir l'hymne égalitaire, à voir les masses immenses qu'il assemble et ébranle, nous nous sentons portés à suivre en toute docilité le mouvement démocratique : ne serait-ce pas folie que de le contrecarrer ?

Toutefois, un moment de réflexion nous arrête : ce geste qui nous

---

1 Nous résumons ici les conclusions d'une précédente étude, sur *Les Idées égalitaires,* à laquelle celle-ci fait suite.
2 *De la Démocratie en Amérique,* Introduction, p. 7.

Célestin Bouglé

pousse « à suivre » n'a-t-il pas, tout juste, la valeur du geste de l'enfant ? Ici encore, ne cédons-nous pas à un entraînement plutôt qu'à des raisons ? Que notre civilisation semble pénétrée jusqu'au fond du sentiment égalitaire, soit ; nous n'en disconvenons pas. Mais il se peut que toute une civilisation fasse fausse route : *Totus mundus stultitiat,* disait François II à la Diète Hongroise. La profondeur d'un sentiment n'est pas la preuve suffisante de sa légitimité. Si la force ne prime pas le droit, le succès d'une tendance n'en démontre pas encore sa valeur. Or, c'est sur la valeur même de l'esprit démocratique, sur le bien ou le mal dont il est capable, sur les progrès ou les décadences dont il sera responsable, qu'il faudrait maintenant nous prononcer.

*
* *

Mais où trouver le signe du progrès, le critère du bien et du mal, le mètre des valeurs qui permettrait de décider, définitivement et « objectivement », entre partisans et adversaires de la démocratie ?

Lorsque Tocqueville nous invitait à nous laisser entraîner par elle, son attitude s'expliquait, à vrai dire, par une raison spéciale, qui était la croyance à une sorte de révélation historique des volontés divines. « La tendance continue des événements nous révèle les intentions du Créateur. » Telle est la théologie destinée à justifier notre agenouillement, et sans laquelle il ne serait en effet qu'un geste instinctif.

Nous n'avons pas besoin de démontrer longuement combien il serait difficile et inutile d'user d'une pareille méthode. Pour aider la conscience moderne à juger de la valeur morale du mouvement qui la sollicite, nous ferions vainement appel à quelque tradition religieuse. Dans notre civilisation occidentale, le lien originel, qui soudait l'obligation morale au dogme religieux, semble bien tranché définitivement. Du moins, dans les âmes soucieuses à la fois de religion et de morale, le rapport des deux termes est-il le plus souvent renversé. La religion s'appuie désormais sur la morale bien plutôt que la morale sur la religion. L'esprit, qui exige une opinion raisonnée, ne se contente plus d'une tradition, ne s'enchaîne plus à un dogme, ne s'incline plus devant une autorité. Il est trop tard : pour estimer la fragilité ou la solidité des conceptions démocratiques, ce n'est pas d'une religion que la conscience moderne acceptera sa pierre de touche.

La demandera-t-elle donc à un système métaphysique ? - Si l'esprit se sentait emprisonné par les religions, il se sent libéré, certes, par les philosophies. Mais, précisément, ne lui laissent-elles pas plus de liberté qu'il ne voudrait ? Devant la variété des systèmes successifs, ou simultanés, comment va-t-il opter ? Ne s'est-il pas souvent aperçu, d'ailleurs, que les constructions intellectuelles recevaient leur plan de quelque sentiment caché ? que le désir de justifier quelque tradition ou quelque innovation était le moteur secret de bien des théories a priori ? et qu'ainsi les abstractions de la philosophie ne faisaient que servir de façades aux opinions personnelles des philosophes ? Ainsi s'explique sans doute ce fait, que nous voyons grandir autour de nous, à côté de la défiance du dogme, la défiance de l'abstraction. Un grand nombre d'esprits, et qui croit tous les jours, professe un dédain méthodique à l'égard des « systèmes a priori », des « concepts sans réalité ». Nous avons voulu sortir des cathédrales, semblent-ils dire; mais ce n'est pas pour chercher abri sous vos châteaux de cartes...

Et s'ils se montrent si dédaigneux, c'est qu'ils ont placé leur confiance en d'autres mains ; c'est qu'une troisième puissance leur offre ses services, qui parait au premier abord ne présenter les inconvénients ni de la religion ni de la métaphysique. Elle ne donnera à l'esprit ni l'impression de l'emprisonnement ni, celle de l'abandon. Elle l'amènera, elle aussi, à s'enchaîner, mais de lui-même, parce que les anneaux de la chaîne qu'elle lui présentera ne seront forgés qu'à coups de faits. C'est la science.

La science, voilà bien, en effet, la fille chérie de l'esprit moderne, sa création propre, en laquelle il s'admire et se complaît. Aussi bien et en même temps que notre civilisation est la civilisation démocratique, elle est la civilisation scientifique par excellence. On ne le répétera jamais assez : l'existence d'un corps indépendant de vérités acquises, de jour en jour plus nombreuses et mieux organisées, voilà le fait nouveau, dominateur, autour duquel gravite fatalement dans nos sociétés toute vie spirituelle.

Quelle supériorité pratique nous devons à ce système d'idées et comment, tandis que l'Oriental s'abandonne aux choses, l'Occidental les maîtrise parce qu'il a eu la patience de découvrir leurs lois, il est inutile de le détailler une fois de plus.

Ce qu'il nous importe de noter seulement, c'est la fascination que ce système devait inévitablement exercer sur notre pensée. Les yeux de la chair admirent les conquêtes matérielles de la science : les puits qu'elle fore dans la terre, les tours qu'elle élève dans les airs, les ponts qu'elle lance entre les montagnes. Mais les yeux de l'esprit admirent plus encore ses conquêtes idéales : ces mines profondes qui sont les découvertes, ces passerelles hardies qui sont les équations, ces tours légères qui sont les théories scientifiques. Il y a donc des lois de la nature, et l'homme peut les connaître ! Devant le plus humble manuel de physique ou de chimie, voilà ce que nous répétons avec surprise, avec ravissement. Quelle assurance cette réussite de la science ne rend-elle pas à la pensée humaine! Comment ne serait-elle pas tentée de généraliser des méthodes si bien éprouvées ? d'appliquer à toutes les difficultés qu'elle rencontre aujourd'hui les instruments qui en ont déjà levé tant d'autres ? de demander enfin à la science la direction même de la morale ?

La tentation devait être d'autant plus forte, à notre époque, que les sciences les dernières nées semblent avoir eu pour mission de jeter en quelque sorte le pont entre les choses et l'homme. Tant qu'il n'y a de science constituée que des choses proprement dites, des phénomènes inorganiques, physiques ou chimiques, l'humanité est encore hors d'atteinte : elle peut continuer à croire qu'elle est hors cadre. Mais, quand une science se constitue des phénomènes organiques, des êtres vivants, alors l'humanité Commence à comprendre qu'elle rentre dans l'orbite des lois naturelles. Dans le filet qu'elle a jeté sur le monde, l'humanité se prend à son tour. Le sujet de la recherche scientifique devient lui-même, objet d'une recherche scientifique.

Quel admirable mouvement que cet investissement progressif de l'homme par les sciences 1 Et, si leur progrès est dû, pour une part, comme le remarque Cournot, à des trouvailles inattendues, n'obéit-il pas aussi, comme le démontre Comte, à une sorte de logique immanente ? Au XVIIe siècle, le nom de Descartes nous rappelle la généralisation des mathématiques : elles s'assouplissent, pourrait-on dire, elles fourbissent leurs armes pour les conquêtes futures. Au XVIIIe siècle, Newton met sur pied une physique qui se prête, en effet, à l'application des formules mathématiques. Puis c'est le tour de la chimie, avec Lavoisier. Dans notre siècle enfin, sous l'impulsion de Lamarck, après les découvertes de Darwin et de Wallace, la biologie vient prendre sa place dans le bataillon des sciences constituées. Ce ne sont plus seulement des descriptions ou des classifications qu'elle nous propose, mais des explications véritables. Elle ne se contente plus de deviner des lignes une fois arrêtées du plan du Créateur : en nous découvrant l'origine des espèces, elle nous fait, en quelque sorte, assister à la création même. Ou plutôt elle substitue à l'idée d'une création incompréhensible, qui juxtapose des types tout faits, l'idée d'une évolution insensible, qui fait lentement surgir le supérieur de l'inférieur. Ainsi elle ne nous apporte plus seulement un catalogue de connaissances particulières, portant sur les propriétés de telle ou telle espèce : elle nous livre les lois les plus générales qu'il semble que nous puissions atteindre : les lois mêmes du progrès de l'être.

Dans un cercle si large, comment l'humanité ne serait-elle pas englobée ? Elle nous apparaît, certes, au sommet de la série animale ; mais, si elle occupe ce sommet, ce n'est pas la preuve qu'elle a échappé, mais bien plutôt qu'elle a obéi à la loi génératrice de toute la série. L'homme est seul un animal raisonnable ? Soit. L'espèce humaine n'en est pas moins, sans doute, une espèce animale, et ne saurait, par suite, se soustraire aux conditions générales de l'ascension des espèces. Comment la constitution de l'animal humain, la division de ses fonctions, la spécialisation, de ses organes, l'enregistrement et le renforcement des qualités qu'il peut acquérir au cours des siècles, ne pèseraient-elles pas sur la destinée des sociétés ? Que si nous considérons d'un autre côté, non plus les organismes humains eux-mêmes, mais les ensembles qu'ils forment, les grands êtres sociaux qui naissent de leur réunion, nous serons frappés de l'analogie de ces êtres avec les êtres vivants. Comme les vivants, les sociétés naissent et meurent, croissent et décroissent ; comme les vivants, elles s'alimentent aux dépens du milieu extérieur et produisent des rejetons qui sont leurs colonies. Dans les sociétés comme dans les vivants, les parties se différencient a mesure que le tout se perfectionne. Les lois du progrès social seront donc les lois mêmes du progrès de la vie. Ainsi, à quelque point de vue que nous nous placions, que nous envisagions les sociétés humaines dans leurs éléments constituants ou dans leurs formes massives, la même conclusion s'impose ; l'humanité n'est plus un empire dans un empire; l'œuvre maîtresse du XIXe siècle a été, comme le disait Cournot, de la réintégrer définitivement dans la nature.

Dès lors comment ne demanderait-on pas à l'étude méthodique de la nature de dénouer nos discussions morales ? Tant qu'on a voulu, pour juger l'orientation des sociétés, les comparer à quelque idéal « en l'air », descendu de quelque tradition ou projeté par la réflexion personnelle, on ne pouvait s'entendre. Les seules vérités consistantes capables de rallier les consciences modernes sont les vérités scientifiques. Reprenons donc pied dans les réalités. Demandons ses modèles à la vie. Relevons, pour la prolonger, la courbe du progrès des espèces. Dans l'évolution organique repérée par les naturalistes, déchiffrons, pour les dicter aux groupements humains, les volontés de la nature. C'est le seul moyen d'obtenir, enfin, un critère objectif du bien et du mal.

Telles sont les défiances et tels sont les espoirs que semblent partager de nos jours un nombre croissant d'esprits. Entraînés par la marche conquérante du dernier siècle, ils attendent des sciences les plus récemment armées, de celles qui ont assiégé l'humanité du plus près - les sciences naturelles - le mot d'ordre qu'ils ne -veulent plus recevoir ni de la religion ni de la métaphysique. lis escomptent l'élaboration d'une morale « exclusivement et rigoureusement scientifique » ; entendez : d'une morale naturaliste, dont les prémisses seraient fournies par la biologie.

*

* *

Et certes, il ne faut pas croire que l'effort pour constituer une morale scientifique et naturaliste date de notre époque. C'est là une ambition vieille comme la Grèce, tout au moins comme la Grèce de Socrate. On a justement montré comment le « fondateur de la science de la morale », refusant de confier soit à la tradition religieuse, soit aux impulsions instinctives la direction de la conduite, appliquait aux choses de l'âme la méthode préparée par les physiciens. Bien connaître la nature, pour se conformer à ses volontés,

Introduction

c'est un idéal commun à la plupart des morales helléniques [1].

Mais quelle distance subsiste entre le naturalisme antique et le nôtre, on le sait de reste. Lorsque les anciens répétaient qu'il faut suivre la nature, ils l'envisageaient, observe M. Boutroux, « à un point de vue esthétique, voyant partout en elle l'intelligence et l'harmonie où aspire l'activité humaine ». En d'autres termes l'esprit ne prenait la nature pour modèle qu'après avoir préalablement modelé la nature à son image. Songeons seulement aux attributs que les stoïciens continuent de prêter an macrocosme. N'installent-ils pas au cœur des choses un une tension, un effort dont ils n'ont pu rencontrer le modèle qu'au cœur de l'homme ? Bien plus, leur feu qui produit toutes choses n'est-il pas un feu artiste, [mots grecs], capable de façonner les êtres suivant leurs archétypes, analogue enfin au potier qui façonne l'argile ? Ce prétendu naturalisme reste donc tout imprégné d'anthropomorphisme. Et la science dont il s'autorise a été calquée sur ces projections de la conscience dont le naturalisme contemporain se défie systématiquement. Au vrai, entre la morale naturaliste des anciens et la nôtre il ne pouvait y avoir de commune mesure, par la raison qu'il n'existait pas encore, dans l'antiquité classique, un corps de vérités scientifiques croissant de lui-même et nettement détaché de la spéculation philosophique. L'indépendance des sciences, et leur progrès ininterrompu, voilà le phénomène étonnant, caractéristique de notre époque, qui explique les attitudes spéciales de nos esprits et pourquoi ils se montrent réservés sur tant de points, tandis qu'ils se laissent aller, sur d'autres, à des espoirs illimités.

Il serait aisé de le montrer en effet, au fur et à mesure que les différentes sciences prennent figure dans les temps modernes, elles exercent une sorte d'attraction sur la philosophie morale, qui vient s'appliquer et comme se modeler sur elles [2]. C'est ainsi que, pour différentes qu'elles soient, on peut saisir dans l'éthique spinosiste et dans l'éthique kantienne un même effort pour donner à la déduction morale la forme des mathématiques, et lui assurer quelque chose de leur prestige. Spinoza prétend traiter des passions comme des lignes et des figures, *more geometrico* ; en quoi faisant il es-

---

1 Boutroux, Études d'Histoire de la philosophie (Paris, Félix Alcan). - Questions de morale et d'éducation.
2 Voir H. Michel, *L'Idée de l'État*, p. 473.

Célestin Bouglé

père non pas seulement les expliquer à l'homme, mais l'en rendre maître ; l'évidence irrésistible des notions et l'enchaînement infrangible des raisonnements sont pour lui les vrais instruments de la libération intellectuelle. Kant de son côté fait effort pour déduire nos obligations, avec une rigoureuse nécessité, d'une notion absolument universelle ; il tient la gageure de ne pas faire le moindre appel à l'expérience ; et le fait même dont il part ne sera pas à ses yeux un fait comme les autres, mais un « fait de la raison », à vrai dire une proposition synthétique a priori par laquelle s'exprime la catégorie même de l'universalité. - Mais, dans un cas comme dans l'autre, cette forme mathématique est-elle autre chose qu'une forme en effet ? Les conclusions pratiques auxquelles leurs déductions conduisent nos deux philosophes n'apparaissaient-elles pas comme prédéterminées par leurs tendances initiales ? Et ne serait-il pas aisé de dénoncer, dans «l'amour intellectuel de Dieu » ou dans le « respect de la dignité humaine » un certain nombre de postulats sentimentaux où l'on reconnaîtra des influences historiques indéniables - ici l'esprit alexandrin et là l'esprit protestant - mais où l'évidence mathématique n'a rien à voir ? Ces deux exemples démontraient amplement que les sciences formelles sont impuissantes à brider l'esprit métaphysique, que bien plutôt elles se prêtent complaisamment à ses fugues, et que si l'on veut construire une morale vraiment scientifique il est dangereux de perdre de vue l'expérience.

L'expérience conquérait une plus large place dans le système utilitaire. Celui-ci se construit à l'image des sciences physiques renouvelées tout entières par la découverte de Newton [1]. Tout de même que les corps s'attirent les hommes recherchent fatalement leur plus grand bien ; c'est une loi naturelle, établie par une induction méthodique et devant laquelle il faut s'incliner. Et comme la loi de l'attraction installe l'ordre au sein du désordre apparent du monde physique, ainsi dans le monde social, la loi en question est un principe d'équilibre et d'harmonie. Que si, sur certains points, le désordre se montre encore, c'est que les hommes comprennent mal leur intérêt véritable ; un calcul des plaisirs, faisant entrer en ligne de compte leurs diverses dimensions, rectifiera les erreurs de

---

1 Voir Élie Halévy, La Formation du radicalisme philosophique, chap. I (Paris, Félix Alcan).

notre instinct. Ainsi, sans intervention d'aucun sentimentalisme subjectif, par une méthode véritablement scientifique, qui fait sa part à l'observation et sa part au calcul, un accord définitif doit s'établir au sein des sociétés. - Mais cette méthode ne laisse-t-elle pas, des deux côtés, plus de jeu qu'elle ne croit aux appréciations subjectives ? Ce soi-disant calcul spéculait sur des qualités irréductibles les unes aux autres, entre lesquelles on ne pouvait opter qu'à coup de préférences personnelles. Et de même cette prétendue loi de l'égoïsme individualiste, bien loin d'être obtenue par une induction méthodique, n'était peut-être que la généralisation hâtive d'une intuition superficielle ; elle érigeait en nécessité naturelle une attitude d'esprit peut-être particulière à un certain état de civilisation. En réalité, l'utilitarisme accordait encore trop de créance à la conscience. Si l'on veut définir objectivement ce qui est bon ou mauvais, signe de progrès ou de décadence, il faut décidément sortir de soi, ne plus rester penché sur le puits intérieur, mais se répandre au dehors et lire ce que le mouvement même des êtres a tracé sur la terre. Doit être déclaré bon, dira Spencer, non ce qui est conforme à nos préférences ou à nos calculs, mais ce qui se déduit des lois générales de la nature impartialement enregistrées.

Nous comprenons maintenant pourquoi on attend si impatiemment aujourd'hui, d'une nouvelle morale naturaliste, la moisson d'enseignements, à la fois scientifiques et pratiques, que n'ont paru fournir ni les morales intellectualistes, empruntant leur forme seule aux mathématiques, ni la morale utilitaire, imitant gauchement la physique newtonienne. Les sciences de la vie arrivent à point pour combler le vœu deux fois déçu. Dans l'immense terrain qu'elles ont labouré, il semble qu'on va voir fleurir enfin autre chose que des généralisations hâtives ou des déductions décevantes.

Dans une discussion avec Guillaume Guizot, Sainte-Beuve s'écriait lyriquement un jour [1] : « Je ne verrai point, mais je prédis un avenir dans lequel les lois de la physiologie seront transformées en lois sociales et inaugureront dans le monde le règne de l'harmonie universelle. Un Constantin du matérialisme fera cette révolution, mais, à la place d'une croix, il fera briller sur son labarum un scalpel. »

---

1 Cité par Fouillée, Philos. du suffrage universel, dans la Revue des Deux Mondes, septembre 1884, p. 127.

Célestin Bouglé

Plus ou moins clairement formulé, ce même espoir anime aujourd'hui encore beaucoup d'esprits. Il leur semble qu'après les immenses travaux d'approche du XIXe siècle, l'heure a enfin sonné où l'on va consulter systématiquement l'expérience universelle et vraiment « laisser parler les faits ». On n'imaginera plus la nature du dedans, mais on l'observera du dehors. On aboutira à l'humanité, mais par une sorte de mouvement tournant, après avoir traversé toute la série animale, et amassé chemin faisant un nombre imposant d'observations objectives. Telle est la figure de la science à laquelle pensent la plupart de ceux qui invoquent aujourd'hui une morale scientifique. C'est des conceptions biologiques appliquées aux sociétés humaines qu'ils attendent la démonstration décisive que l'histoire des idées directrices de notre civilisation ne pouvait nous livrer à elle seule, et qui doit nous permettre d'opter, en connaissance de cause, pour ou contre la démocratie.

*

* *

Il n'est pas douteux que, dans l'esprit de beaucoup de nos contemporains, la confiance dans la science ainsi comprise ne coexiste avec l'enthousiasme démocratique. Ce sont souvent les mêmes hérauts qui vantent, dans les journaux « avancés », la morale scientifique et l'idéal égalitaire. Ils paraissent convaincus a priori que celle-là ne saurait faire autrement que de démontrer, de la manière la plus positive, le bien fondé de celui-ci.

Toutefois, cet optimisme peut-il longtemps se soutenir ? Et pour peu qu'on ait la moindre connaissance des concepts élaborés par la biologie, ne sera-t-on pas frappé de la distance qui les sépare des postulats acceptés par la démocratie ? La nature est un champ de bataille, le champ immense d'une bataille incessante, condition du progrès universel. Les faibles y sont éliminés sans pitié, car il importe que les forts seuls survivent et que l'hérédité, toujours prête à consolider l'acquis en inné, ne perpétue que les caractères avantageux. Ainsi s'explique la lente ascension des formes de l'être, qui va de la masse protoplasmique des protozoaires à l'organisme compliqué des vertébrés, de l'homogène à l'hétérogène, de l'amorphe au différencié. Tels sont, en bref, les principaux enseignements que la biologie répète à qui veut les entendre. Différenciation des or-

Introduction

ganes, hérédité des caractères, concurrence des êtres, en ces trois formules semble tenir, suivant elle, le secret du progrès du monde.

« Différenciation », « hérédité », « concurrence », est-ce que ces mots ne doivent pas sonner étrangement, pour des oreilles habituées au retentissement des idées égalitaires ? Entre ces formules naturalistes et les formules démocratiques, ne perçoit-on pas certaines discordances fâcheuses ? On dit que la démocratie contemporaine, inclinant de plus en plus vers le socialisme, travaille à enrayer, ou tout au moins a atténuer la libre concurrence universelle. On dit que, dans son effort pour effacer toute survivance du régime des castes, elle refuse de tenir aucun compte de la puissance de l'hérédité. On dit encore que par sa tendance au nivellement, tombant dans « l'erreur amorphiste », elle répugne à toute institution qui conserve, dans les sociétés, une différenciation quelconque. S'il en était ainsi, il y aurait donc, entre les tendances de la démocratie et celles de la nature, un antagonisme essentiel !

Il n'en faudrait pas douter en effet, si l'on en croyait bon nombre de ceux-là mêmes qui collaborent a la construction des sciences naturelles. Ils ne se détournent de leur travail que pour laisser tomber sur le tumulte égalitaire les aphorismes les plus dédaigneux.

On se souvient de la proclamation retentissante de Haeckel [1], rééditant, avec un commentaire scientifique, l'*Humanum paucis vivit genus*. Virchow, pour discréditer la théorie darwinienne, l'avait accusée de mener au socialisme. C'est le contraire, suivant le philosophe-naturaliste d'Iéna, qui serait la vérité. Escomptant les dissemblances innées des êtres, l'inégalité des sanctions distribuées à leurs efforts, la disparition fatale du plus grand nombre, « le darwinisme est tout plutôt que socialiste. Sa tendance ne saurait être qu'aristocratique, nullement démocratique... La doctrine de l'évolution est le meilleur antidote contre les absurdes utopies égalitaires ». M. O. Schmidt écrivait dans le même sens [2] : « Si les socialistes étaient avisés, ils feraient tout au monde pour étouffer sous le silence la théorie de la descendance, car cette doctrine proclame hautement que les idées socialistes sont inapplicables. » Un autre naturaliste, M. Ziegler, développe la démonstration en détail et prend la peine d'opposer, point par point, aux thèses de

1 Les preuves du transformisme, trad. franc., p. 110 sqq.
2 Dans l'Ausland, cité par Ferri, Socialisme et science positive, p. 14.

Célestin Bouglé

la démocratie sociale, les thèses du darwinisme bien entendu [1]. M. Lafargue avait donc quelque raison de dire [2] : « Aujourd'hui les savants sont devenus darwiniens et ils se servent de ce darwinisme en faveur de la bourgeoisie. Aujourd'hui la classe ouvrière n'est plus condamnée à la misère au nom de Dieu, mais elle y est condamnée au nom de la science ! ».

Mais ce n'est pas seulement contre le socialisme en particulier, c'est contre tout l'esprit démocratique que la biologie se retourne. Suivant la remarque de M. H. Michel [3], chaque terme de la devise léguée parla Révolution française à la démocratie « voit se dresser contre lui quelques-unes des données les plus saisissantes de ce qu'on appelle la science moderne ». « Les hommes laissent libres et égaux en droit, c'est, disait Huxley [4], une proposition risible au point de vue scientifique. Aussi longtemps que les hommes resteront hommes et la société société, aussi longtemps l'égalité des hommes restera un rêve. L'hypothèse qu'il y a une égalité est une erreur de fait, et elle marque d'avance toute théorie des fins sociales qui s'appuie sur elle du cachet de l'impossibilité »

L'anthropologie réfute victorieusement, d'après M. Vacher de Lapouge, les erreurs du XVIIIe siècle, « le plus songe-creux, le plus antiscientifique de tous les siècles » et démontre qu'un régime démocratique est la « pire condition pour faire de bonne sélection [5] ». M. Otto Ammon s'écrie à son tour avec lyrisme [6] : « C'est sur l'inégalité que repose l'ordre social, et l'inégalité n'est pas quelque chose qu'on puisse détruire; elle est inséparable de la race humaine comme, la naissance et comme la mort, invariable comme les vérités mathématiques, éternelle comme les lois des révolutions planétaires. » Bref, suivant la formule de M. Garofalo, « la nature a horreur de l'égalité » et il faut convenir, si la foi égalitaire est l'âme de la théorie des Droits de l'homme, « que les réalités objectives de la science sont en contradiction avec les aspirations

---

1 Die Naturwissenschaft und die socialdemocratische Theorie.
2 Conférence sur le *Socialisme et les Intellectuels,* reproduite dans les *Cahiers de la Quinzaine,* de Ch. Péguy (5 mai 1900, p. 65).
3 Notes sur l'Enseignement secondaire, p. 298.
4 Dans la *Zukunft* du 31 mars 1894.
5 Les sélections sociales, p. 259.
6 Die Gesellschaftsordnuug und ihre naturlichen Grunellagen. Entwurf einer sozialanthropologie, p. 256.

subjectives de l'humanité [1] ».

Comment ces déclarations devaient être exploitées dans la littérature politique, il suffit, pour s'en rendre compte, de feuilleter les périodiques des partis conservateurs. Leur tactique est aujourd'hui « éminemment moderne ». Ils se présentent comme les véritables héritiers de l'esprit positiviste, comme les néophytes ardents et seuls conséquents de la doctrine évolutionniste. Ce ne sont plus des traditions antiques, mais les découvertes toutes fraîches de la biologie qu'ils opposent aux ambitions populaires. C'est au nom de la science, en effet, et non plus au nom de la foi qu'ils démontrent l'inanité, le caractère « inorganique » des principes de 89. Dans une lettre au plus brillant protagoniste de ce néo-traditionnalisme, un des fils intellectuels de Taine, M. P. Bourget, se pose à plusieurs reprises cette question : « Que dit la science ? » Or la science répond que, la solution monarchiste est la seule qui soit conforme à ses enseignements les plus récents, - qu'en dehors d'un régime aristocratique il n'y a point de salut pour une nation, - qu'une république dans la hiérarchie des gouvernements est au même degré que l'embranchement des protozoaires dans la série animale, - qu'enfin « l'Idéal démocratique n'est dans son ensemble et dans son détail qu'un résumé, d'erreurs » (les classiques « erreurs françaises ») plus grossières les unes que les autres.

Et M. Ch. Maurras [2] de nous avertir que ce n'est pas tel ou tel de ses correspondants qui parle ainsi : « C'est l'irrésistible nécessité scientifique qui s'exprime par leur organe. Le fol illuminisme des gens de la Terreur disait : La *fraternité ou la mort !* La science politique pose un dilemme un peu différent, mais certain. Elle dit aux peuples : *L'inégalité ou la décadence ! L'inégalité ou l'anarchie ! L'inégalité ou la mort !* »

Ainsi, vous qui « croyez » à la science en même temps qu'à la démocratie, vous qui comptez qu'elles vont s'entendre et collaborer docilement pour porter toujours plus haut la civilisation occidentale, vous vous endormez sur une contradiction. En réalité ces deux puissances hurlent d'être accouplées. L'une crie contre l'autre. La biologie ne cesse de dénoncer l'utopie de l'égalitarisme. Et cette condamnation, que vous n'auriez acceptée ni de la bouche

---

1 Topinard. L'Anthropologie et la science sociale, p. 703.
2 Dans son Enquête sur la monarchie, pp. 38-39.

Célestin Bouglé

des théologiens, ni de celle des philosophes, vous êtes bien forcés d'y souscrire aujourd'hui. Car c'est justement celle en qui vous avez placé toute votre confiance, et de qui vous attendez le critère définitif du bien et du mal, c'est votre science elle-même qui la prononce sans recours.

*
* *

C'est cette thèse générale, destinée à retourner « la science contre la démocratie » que nous nous proposons d'examiner, sous les diverses formes qu'elle peut revêtir.

Les philosophes de profession estimeront peut-être qu'il suffirait, pour la réfuter, de quelque distinction critique, - comme par exemple la distinction entre le fait et le droit, entre le réel et l'idéal et qu'ainsi, grâce à une sorte de fin de non-recevoir préalable, le terrain serait plus vite déblayé. Mais nous croyons qu'en pareille matière une méthode plus patiente doit être aussi plus décisive. Puisque les adversaires de la démocratie cherchent à en imposer en citant des faits, en invoquant des théories scientifiques, ne craignons pas de soupeser un à un ces faits ni de rappeler ces théories à la barre. Consentons, en un mot, à la suite de la sociologie naturaliste, à « faire le grand tour » à travers la nature et la société. Ce sera sans doute le meilleur moyen d'éclairer définitivement l'opinion sur l'antagonisme qu'on lui représente chaque jour ; nous y trouverons en tous cas, chemin faisant, l'occasion de dresser quelques bilans, de dissiper quelques équivoques, d'enrichir enfin et de préciser nos idées sur la science naturelle et ses rapports avec notre morale.

Deuxième partie
Les trois piliers du naturalisme contemporain

Nous avons vu comment, devant le discrédit de nos disciplines traditionnelles, beaucoup semblent en revenir à la formule morale, si longtemps abandonnée, de l'antiquité, et rappellent aux sociétés qu'il faut avant tout « vivre conformément à la nature ». Mais nous avons noté aussi l'ambition propre de ce naturalisme moderne. Il n'entend plus tolérer que quelque nouveau système métaphysique se glisse dans le corps de la nature, comme naguère le prêtre dans le corps de la statue, pour lui faire rendre des oracles. Il s'abstient par principe de toute projection de la conscience : il élimine méthodiquement tout ce qui pourrait rappeler de près ou de loin les procédés de l'anthropomorphisme : il prétend enfin laisser parler la science elle-même.

Quelle est donc la conception de la nature vers laquelle nous achemine le progrès des sciences biologiques ? Quelles sont les « lois » qu'il dresse devant nous ?

On peut en distinguer trois principales, - la loi de la *différenciation,* celle de *l'hérédité,* celle de la *concurrence.* À la première se rattache le nom de Milne-Edwards ; à la deuxième celui de Lamarck ; à la troisième celui de Darwin ; nous allons brièvement rappeler, en remontant à leurs écrits, les théories de ces trois savants ; [1]. Et en effet nous constaterons, en passant de l'une à l'autre, que la nature nous apparaît de plus en plus dépouillée des attributs humains, et que tous les matériaux sont prêts pour la construction d'un naturalisme aussi indemne d'anthropomorphisme, aussi « objectif» qu'il est possible.

*

* *

Que vent-on dire quand on constate que la différenciation est la loi du progrès des êtres ?

Au premier regard jeté sur la nature on est frappé, dit Milne-Edwards, non seulement de la diversité, mais de l'inégalité des êtres. Ils sont inégaux, c'est-à-dire plus ou moins parfaits. Comment se mesure donc leur perfection ? Pour nous l'expliquer, le naturaliste

---

1 Nous utilisons pour ces résumés les ouvrages suivants :
    Lamarck. Philosophie zoologique, nouvelle édition. Paris, Baillière, 1830. - Darwin, De l'origine des espèces par sélection naturelle, ou Des lois de transformation des êtres organisés, trad. Royer, 5e édition. Paris, Flammarion. - Id. La Descendance de l'homme et la sélection sexuelle, trad. Barbier. Paris, Reinvald, 1873. - Id. De la variation des animaux et des plantes, trad. Moulinié. Paris, Reinwald, 1868. - H. Milne-Edwards, Éléments de zoologie, ou Leçons sur l'anatomie, la physiologie, la classification et les mœurs des animaux. Paris, Masson, 1840. - Id. Introduction à la zoologie ,générale, ou Considérations sur les tendances de la nature dans la constitution du règne animal. Paris, Masson, 1851. - Id. Leçons sur la physiologie et l'anatomie comparées de l'homme et des animaux. Paris, Masson, 1857-1881.

Célestin Bouglé

emprunte une image à l'ordre social. Dans une société primitive, chaque individu produit lui-même à peu près tout ce dont il a besoin ; par suite, la quantité de ses produits ne saurait être grande, ni leur qualité raffinée ; la vie est grossière et précaire. Dans une société civilisée au contraire le travail est divisé. L'un cultive le blé, l'autre cuit le pain : l'un fabrique des chaussures, l'autre écrit des livres. D'où l'augmentation de la quantité et l'amélioration de la qualité des produits : d'où l'élargissement et le raffinement de la vie [1]. Milne-Edwards ajoute « La division du travail portée à la limite extrême rend, il est vrai, bien étroite et bien décolorée la sphère d'activité où s'agitent la plupart des travailleurs, mais chaque ouvrier, appelé à répéter sans cesse les mêmes mouvements ou à méditer un même ordre de faits devient par cela seul plus habile à remplir sa tâche ; et par la coordination judicieuse des efforts de tous, la valeur de l'ensemble des produits s'accroît avec une rapidité dont l'imagination s'étonne. » Ainsi, fût-ce au prix d'une gène pour les individus, la prospérité du tout ne s'obtient que par le progrès de la division du travail.

Il en est des organismes comme des sociétés. Chez les uns « la puissance vitale ne s'exerce que dans une sphère étroite et elle s'éteint promptement » ; les actes varient peu et sont d'une simplicité extrême ; c'est que le travail y est peu divisé. Les organismes en question ressemblent à ces ateliers mal dirigés où les ouvriers font un peu de tout. Chez d'autres, au contraire, « la vie se complique et se prolonge; les facultés grandissent et le jeu de l'organisme s'effectue avec non moins de précision que de, puissance » ; c'est que les fonctions nécessaires à l'entretien de l'ensemble se sont multipliées et spécialisées.

Comparons en effet, aux animaux supérieurs, ces animaux élémentaires qui tiennent encore du végétal, et nous verrons saillir le lien étroit qui unit à la supériorité organique la spécialisation des fonctions. Chez les polypes de Trembley, on voit une même cellule s'acquitter des diverses fonctions nécessaires à la conservation de l'individu et de l'espèce ; elle se meut, elle digère, elle engendre. Dans les Ilydractinies déjà on distinguera les Gonozoïdes des Gastrozoïdes et de ceux-là les Dactylozoïdes. On peut donc se figurer,

---

1 *Leçons*, I, pp. 15-23 ; XIV, p. 279. Cf. *Introduction*, chap. III.

Introduction

dit M. Perrier [1], une colonie d'Hydractinies comme une espèce de ville dans laquelle les individus se sont partagé les devoirs sociaux et les accomplissent ponctuellement. Les uns sont de véritables officiers de bouche ; ils se chargent d'approvisionner la colonie, ils chassent et mangent pour elle ; d'autres la protègent ou l'avertissent des dangers qu'elle peut courir ; ce sont les agents de police. Sur les autres repose la prospérité numérique de l'espèce et ils sont de trois sortes, à savoir : les individus reproducteurs chargés de produire les bourgeons sexués, les individus mâles et les individus femelles. bans la ville, le nombre des « corporations » n'est pas inférieur à sept.

Mais si de ces colonies animales nous nous élevions graduellement au plus haut degré de l'échelle des organismes, -des poissons aux amphibies, des amphibies aux reptiles,, des reptiles aux oiseaux, des oiseaux aux mammifères, - à quelle prodigieuse subdivision des fonctions élémentaires pourrions-nous assister ! Combien d'activités diverses, - vision, audition, odorat, toucher, - supposent nos seules fonctions de relation ! Et de combien d'opérations variées une seule de ces activités, la vision, par exemple, est-elle capable de s'acquitter !

Or en vertu. des rapports étroits qui unissent la fonction à l'organe, cette division des travaux ne saurait aller sans une multiplication des instruments. Pour remplir un office non-veau, un nouvel organe se crée. Et c'est ainsi que les organismes deviennent « différenciés ». Chaque élément y prend la figure de son emploi.

Et sans doute, la division du travail peut apparaître, sans qu'on aperçoive aussitôt une différenciation nette des organes. Car la nature est économe. Elle procède par substitutions ou par emprunts physiologiques. Elle verse le vin nouveau dans de vieilles outres. Elle fait servir les organes anciens aux fonctions qu'elle diversifie. Mais ces fonctions n'atteignent leur perfection que lorsqu'elles se sont créé des organes spéciaux. Certains êtres utilisent pour la respiration les organes qui leur servent déjà à la locomotion. Mais, entre les exigences de l'une et les exigences de l'autre fonction, il subsiste une contrariété. La locomotion réclame la solidité, la respiration réclame la perméabilité de ces pattes branchiales. La respiration devient donc singulièrement plus parfaite, quand un organe

---

1 Les colonies animales, p. 713.

Célestin Bouglé

distinct s'en acquitte. Il peut offrir, par sa constitution propre, la plus large surface aux échanges qui doivent s'opérer entre l'ait et le sang. C'est ainsi que dans nos poumons, grâce à la structure aréolaire de leurs lobules, le sang vient s'étaler au contact de l'air sur une surface de cent cinquante mètres carrés [1]. De même, un estomac propre à digérer seulement les substances végétales, ou seulement les substances animales, extrait soit des unes, soit des autres une plus grande quantité de sucs nutritifs. On pourrait passer ainsi en revue les diverses fonctions organiques : on constaterait qu'elles sont d'autant plus parfaitement remplies que les organes sont plus strictement spécialisés.

Un organisme différencié s'acquitte donc mieux qu'un autre de ses diverses fonctions ; il constitue donc à n'en pas douter un ensemble plus parfait. Et il semble ainsi que le degré de différenciation doive devenir à nos yeux le criterium objectif et définitif du progrès des êtres. « Il n'est pas un naturaliste, disait Darwin (2), qui révoque en doute les avantages de la division du travail physiologique » [2], il déclarait adopter pour son compte la norme de Von Baër, « qui consiste à évaluer le degré de supériorité d'un être organise d'après la localisation et la différenciation plus ou moins parfaite de ses organes, et leur adaptation spéciale à différentes fonctions : ce que Milne-Edwards appelait la division du travail ».

À vrai dire, la théorie ainsi présentée n'élimine pas nécessairement l'anthropomorphisme. Les interprétations finalistes y restent au contraire aisément adaptées. Nous n'en voulons pour preuve que la façon dont Milne-Edwards lui-même parle de la nature [3] : curieuse de diversités, mais aussi soucieuse d'économies, artiste raisonnable, elle veut produire le plus grand nombre de statues, mais sans gâcher son plâtre, et cherche à utiliser ses ébauches antérieures pour réaliser les modèles nouveaux qu'elle se propose. Inégalement proches de la perfection, ces modèles restent séparés, et les espèces qui les reproduisent peuvent nous être présentées encore, suivant les expressions d'Agassiz, comme autant « d'incarnations de pensées créatrices distinctes ».

La théorie de la descendance essaie de rendre inutiles ces repré-

---

1 Leçons, I, pp. 506-513. Cf. Bourdeau, Le Problème de la vie, p. 14.
2 Origine des espèces, pp. 86, 128.
3 Leçons, p. 21 sqq.

Introduction

sentations anthropomorphiques, elle pousse plus loin l'explication strictement scientifique ; elle nous rapproche davantage du naturalisme objectif. C'est pourquoi, malgré leur antériorité, nous avons cru devoir rappeler les idées de Lamarck après celles de Milne-Edwards.

*

* *

Là où on ne faisait d'ordinaire que classer, Lamarck veut en effet expliquer. Il commence par constater à sa façon le fait que devait préciser Milne-Edwards. En parcourant d'une extrémité à l'autre la chaîne animale, des animaux les plus parfaits aux plus imparfaits, on observe, nous dit-il, une sorte de dégradation et de simplification des organismes : « les organes spéciaux (ou spécialisés) se simplifient progressivement ou perdent leur concentration locale; au plus bas degré de l'échelle, chez certaines classes d'infusoires, on pourra s'assurer que toute trace du canal intestinal et de la bouche a entièrement disparu ; il n'y a plus d'organe particulier quelconque [1]. »

À cette considération Lamarck en ajoute aussi une autre que développera plus tard Darwin. Entre les êtres, plus ou moins parfaits, il n'y a pas à vrai dire de solution de continuité. Les extrémités de la série nous paraissent n'avoir plus rien de commun ; mais le progrès de nos connaissances nous découvre, entre les termes extrêmes, une multitude inaperçue d'intermédiaires. De là l'embarras croissant des naturalistes lorsqu'il s'agit aujourd'hui de limiter les espèces. « Comment étudier maintenant, ou pouvoir déterminer d'une manière solide les espèces, parmi cette multitude de polypes de tous les ordres, de radiaires, de vers surtout, d'insectes où les seuls genres papillon, phalène, noctuelle, teigne, mouche, ichneumon, charançon, capricorne, scarabée, cétoine offrent déjà tant, d'espèces qui s'avoisinent et se confondent presque les unes avec les autres ? » Il ne faut donc pas que les ligues de séparation que l'infirmité de notre esprit nous force à dessiner sur la nature nous empêchent de voir son unité: il ne faut pas que les « parties de l'art » nous voilent les « rapports des organismes [2] ». Pour qui ne ferme pas les yeux à cette fusion des nuances, il apparaît que la

1 Philos. zool., I, p. 210.
2 Ibid., 1, pp. 61, 27, 33.

Célestin Bouglé

série animale ne constitue pas une échelle, mais bien plutôt une « chaîne ». Il y a dans la nature de la continuité en même temps que de la hiérarchie. Entre ses productions, la gradation est marquée, mais les distinctions ne sont pas tranchées.

Si ces deux faits sont exacts et si dans la chaîne animale les organismes, inégaux en complication, se touchent de si près, n'est-on pas naturellement amené à supposer que les supérieurs sortent en effet des inférieurs, qu'ils les continuent en les dépassant, qu'ils n'en sont en un mot que la transformation et le perfectionnement ? C'est ce pas que Lamarck nous fait franchir.

Mais, avant de franchir ce pas, dirons-nous, encore faut-il que nous ayons constaté qu'en fait les organismes se transforment ? Jetez seulement les yeux autour de vous, répond Lamarck [1]. Vos animaux domestiques, vos plantes cultivées vous offrent cent exemples de variations. Votre froment, vos choux, vos laitues ne sont-ils pas autant de créations nouvelles ? Le canard domestique n'a-t-il pas perdu le haut vol de son frère le canard sauvage? Rendez-vous donc compte que ce qui se passe autour de vous, dans vos basses-cours et vos jardins, se passe loin de -vous dans les montagnes et dans les plaines, sur toute l'étendue de la nature sauvage. Là vous verrez, sous la pression des milieux différents, les êtres se transformer, et leurs transformations engendrées dans l'individu par l'habitude se fixer dans l'espèce par l'hérédité. « Dans tout animal qui n'a pas dépassé le terme de ses développements, l'emploi plus fréquent et soutenu d'un organe quelconque, fortifie peu à peu cet organe, le développe, l'agrandit et lui donne une puissance proportionnée à la durée de cet emploi : tandis que le défaut constant d'un tel organe l'affaiblit insensiblement, le détériore, diminue progressivement ses facultés, finit par le faire disparaître [2]. » Ainsi par le défaut d'usage, les dents ont disparu chez les baleines et chez les oiseaux. Inversement par l'usage constant, les pattes des oiseaux aquatiques sont devenues palmées. « L'oiseau que le besoin attire sur l'eau « pour chercher sa proie s'écarte les doigts du pied lorsqu'il « veut frapper l'eau et se mouvoir à sa surface. La peau qui unit ces doigts à leur base contracte par ces écartements sans cesse répétés l'habitude de s'étendre: ainsi, avec le temps, les larges

---

1 I, pp. 267, 227.
2 I, p. 235.

membranes qui unissent les doigts des canards, oies, etc... se sont formées telles que nous le voyons. » De même façon, par une série d'efforts répétés toujours dans le même sens, s'expliquerait l'allongement de la langue du pic, le déplacement des yeux des poissons aplatis, l'extension du cou de la girafe, la formation des griffes chez certains mammifères. Les modifications des êtres résultent des besoins et des habitudes que leur milieu leur impose.

Mais croirons-nous que les modifications acquises par l'individu meurent avec lui et qu'ainsi, à chaque naissance, l'effort d'adaptation est à recommencer ? Non, répond Lamarck « tout ce que la nature a fait acquérir ou perdre « aux individus par l'influence des circonstances où leur race se trouve exposée, et par conséquent par l'influence de l'emploi prédominant d'un tel organe ou du défaut constant d'usage de cette partie, elle le conserve par la génération aux nouveaux individus qui en proviennent, pourvu que les changements acquis soient communs aux deux sexes ou à ceux qui ont produit ces nouveaux individus. » L'hérédité conservera donc ce que l'habitude aura créé. Par ces deux lois, la fixation comme la variation des formes organiques est expliquée, et nous comprenons enfin comment les modifications des individus ont pu aboutir à la constitution des espèces.

Dès lors nous n'avons plus besoin de nous représenter la nature comme un Démiurge qui modèle les êtres du dehors et leur impose certaines formes préconçues. Nous voyons ici les vivants chercher spontanément leur forme, et se modeler en quelque sorte eux-mêmes, sous la seule pression des milieux.

« La nature, dit Lamarck [1], ce mot souvent prononce comme s'il s'agissait d'un être particulier, ne doit être à nos yeux que l'ensemble d'objets qui comprend : 1° tous les corps physiques qui existent ; 2° les lois générales et particulières qui régissent, les changements d'état et de situation que ces corps peuvent éprouver ; 3° enfin le mouvement diversement répandu parmi eux, perpétuellement entretenu ou renaissant dans sa source, infiniment varié dans ses produits et d'où résulte l'ordre admirable des choses que cet ensemble nous présente. » En trois mots, de la matière, du mouvement, des lois, voilà toute la nature, et l'ordre admirable de l'ensemble n'est que le résultat du mouvement des parties. Cet ordre nous apparaît

1 I., p. 359.

Célestin Bouglé

comme une conséquence, mais non plus comme une fin. Il n'explique plus, il est expliqué au contraire. Nous comprenons par quel mécanisme il est atteint : nous n'avons donc plus besoin de croire qu'une volonté l'a visé. La théorie de la descendance tend donc nettement à éliminer le finalisme anthropomorphique que la théorie de la différenciation laissait subsister.

La théorie propre à Darwin, celle de la sélection naturelle, rendra plus complète encore et plus cohérente la conception mécaniste de la nature.

*

* *

Comment donc Darwin est-il arrivé à cette théorie ?

C'est l'observation de la technique humaine qui l'a guidé d'abord. C'est en considérant les procédés employés par l'homme à l'égard des plantes cultivées ou des animaux domestiques qu'il a été amené à deviner les procédés employés par la nature pour la formation progressive de toutes les espèces. Weismann en fait la remarque [1] : les naturalistes avaient longtemps dédaigné ce champ d'observation : ce monde artificiel leur semblait sans doute incapable de révéler les lois naturelles. Darwin a le mérite de ne rien négliger au contraire de ce que lui révèle l'expérience des cultivateurs ou des éleveurs, et en ce faisant, il n'est pas étonnant qu'il ait renouvelé la science naturelle : il la mettait ainsi à l'école de la méthode expérimentale.

Qu'y a-t-il donc, dans les enclos de l'homme, qui frappe l'attention des naturalistes ? C'est la présence de variétés de plus en plus divergentes et de plus en plus perfectionnées, descendues d'une souche commune. Par exemple les races de canards ou de lapins, de pigeons ou de chevaux vont chaque jour se différenciant, et il semble que cette différenciation puisse, au gré de l'éleveur, porter sur tous les organes, et jusque sur la conformation du squelette et du cerveau [2]. D'où vient cette « baguette magique » qui semble permettre à l'homme d'appeler à la vie la forme qu'il lui plaît ?

L'homme ne crée rien, mais il peut choisir partout. Aucun des individus que produit la nature n'est absolument semblable aux

---

1 Vorträge über Descendenztheorie, I, p. 36.
2 Darwin, *Origine, pp.* 20-29. Weismann, *Vorträge*, pp. 36-16.

autres. En retenant, pour en multiplier les exemplaires, ceux qui présentent à quelque degré le caractère ou la forme que son intérêt ou ses goûts demandent, l'homme devient capable de façonner les races. Son pouvoir sélectif tient à ce qu'il sait accumuler, pendant des générations, des variations de même sens. La sélection résulte donc ici d'une collaboration de la nature et de l'intelligence. La nature fournit les types que l'intelligence trie, conformément à l'idéal qu'elle s'est fixé.

Mais là où il n'y a personne pour fixer l'idéal, comment le tri peut-il s'opérer? Comment cette sélection artificielle peut-elle, par suite, nous aider à comprendre le processus de la sélection naturelle ? On voit bien que la nature n'attend pas l'homme pour produire des individus différents les uns des autres; elle multiplie sans doute à chaque instant des variations indiscernables pour nous. Mais d'où viendra, sans nous, le signe de rédemption ou de condamnation qui doit retenir les uns pour la survie et rejeter les autres à la mort ?

C'est encore, comme l'on sait, une idée dictée par l'observation de l'humanité qui devait ici guider Darwin. La population croît plus vite que les subsistances, avait dit Malthus. « Un homme qui naît dans un monde déjà occupé, si sa famille n'a pas le moyen de le secourir et si la société n'a pas besoin de son travail, n'a pas le moindre droit à réclamer une portion quelconque de nourriture: il est réellement de trop sur la terre. Au grand banquet de la nature, il n'y a point de couvert mis pour lui. La nature lui commande de s'en aller, et elle ne tarde pas à mettre elle-même cet ordre à exécution. » Malthus indiquait déjà que la même loi se vérifie chez tous les êtres vivants. Ils manifestent tous « une tendance constante à accroître leur espèce plus que ne le comporte la quantité de nourriture qui est à leur portée... La nature a répandu d'une main libérale les germes de la vie dans les deux règnes, mais elle a été économe de place et d'aliments».

« L'idée me frappa, écrit Darwin [1], que dans ces circonstances les variations favorables tendraient à être préservées, tandis que d'autres moins privilégiées seraient détruites. » La loi de Malthus, a appliquée à tout le règne animal et végétal [2] », le conduisait donc naturellement à la théorie de la concurrence vitale. Résultant de

---

1 Vie et Correspondance de Charles Darwin, 1, p. 86.
2 *Origine*, p. 4.

Célestin Bouglé

la disproportion entre la quantité des aliments et la quantité des êtres, la lutte universelle apparaissait comme une nécessité bienfaisante.

Et en effet si la nature n'enrayait leur progression, les espèces même les moins prolifiques auraient vite fait de remplir le monde de leur postérité. Sans parler des animaux remarquablement féconds, Comme les carpes, dont une seule suivant Weismann procréerait jusqu'à 100 millions d'œufs, Wallace a calculé, en mettant les choses-au minimum, que la postérité d'un seul couple d'oiseaux s'élèverait en 15 ans à presque 10 millions d'êtres. Darwin démontre de même que les descendants d'un couple d'éléphants ne seraient pas moins, au bout de 500 ans, de 15 millions [1]. C'est cette prodigalité même de la nature qui lui fait de la cruauté une loi. Un milieu limité ne saurait nourrir un nombre illimité d'êtres. L'élimination est le contrepoids fatal de la surproduction. Mathématiquement, « la formation d'un nouvel individu, dit M. Le Dantec [2], est subordonnée à la mort d'un ou de plusieurs individus préexistants ».

Mais si cette nécessité est bienfaisante, c'est que cette lutte universelle doit tirer fatalement hors de pair et assurer le triomphe des types les mieux doués, des plus forts, des meilleurs. Parmi les dispositions variées que les individus apportent en naissant, les unes sont utiles, les autres nuisibles ; le mauvais sort tombera naturellement sur le plus faible. D'une troupe de louveteaux, les plus agiles, en temps de disette, raviront les premiers la proie fugitive, et les autres périront d'inanition. D'une portée de coqs écossais, ceux dont les couleurs se confondent le moins facilement avec celles des bruyères seront les plus vite aperçus par l'œil perçant du faucon : ils sont les victimes désignées. Ainsi les races s'épurent et se perfectionnent. *Vae victis !* Pour le plus grand bien de l'espèce les individus les plus aptes doivent Survivre seuls.

C'est par cette considération que Darwin se rassérène : « La pensée de ce combat universel est triste; mais pour nous consoler nous avons la certitude... que ce sont les êtres les plus vigoureux, les plus sains et les plus heureux qui survivent et se multiplient... C'est ainsi que de la guerre naturelle, de la famine et de la mort résulte direc-

1 Wallace, Sélection naturelle, p, 31. Haeckel, Création naturelle, p. 227. Weismann, Vorträge, p. 51.
2 *Revue de Paris,* 1er octobre 1901.

tement l'effet le plus admirable que nous puissions concevoir : la formation lente des êtres supérieurs [1] ». C'est donc la pression exercée par les êtres les uns sur les autres qui, en diversifiant et en améliorant leurs types, produit l'ascension des races. Tout s'enchaîne automatiquement: la surproduction détermine la concurrence, qui détermine à son tour la sélection. Ainsi, sans qu'il y ait personne pour les élire, les meilleurs sont élus par la force des choses.

On voit, par ce bref résumé, combien fut lourde l'erreur de ceux qui n'aperçurent, dans le darwinisme, qu'une restauration paradoxale de l'anthropomorphisme [2]. « La nature douée d'élection ! s'écriait Flourens. Dernière erreur du dernier siècle ! Le XIXe siècle ne fait plus de personnifications... » Mais Darwin avait prévu et paré la critique. Il avait averti qu'on ne prît pas à la lettre des métaphores nécessaires. Vous parlez d'affinité en chimie ou d'attraction en astronomie sans imaginer pourtant que l'acide recherche la base ou que le soleil aime-la terre. Ainsi vous faut-il parler de sélection en biologie sans attribuer à la nature on ne sait quelles options conscientes [3]. « Il est malaisé, ajoutait-il, d'éviter de personnifier le mot nature; mais par nature, j'entends seulement l'action combinée et les résultats complexes d'un grand nombre de lois naturelles, et par lois la série des faits que nous avons reconnus [4] ».

C'est en un mot sur des constatations de faits, non sur des suppositions de fins que Darwin prétend bâtir sa théorie. Si l'analogie de l'activité humaine le guide à son point de départ, il exclut, à son point d'arrivée, tout ce qui ressemble à une intervention de l'activité humaine. Comment il peut s'opérer des choix dans le monde vivant, mais sans la présence d'aucune providence opératrice, c'est précisément ce que démontre la théorie de la lutte pour l'existence: elle ne prête, en aucun moment, aucune visée à la force des choses. Étant données, d'une part, des circonstances déterminées, - une disette de proies, une sécheresse du sol, un abaissement brusque de la température, - d'autre part certaines variations individuelles, -des pattes plus ou moins musclées, des racines plus ou moins longues, une fourrure plus ou moins épaisse, - la sélection des plus

1 Origine, pp. 79, 506.
2 Voir Huxley, *L'Évolution et l'origine des espèces*, trad. fr. Paris, Baillière, 1892.
3 Origine des espèces. p. 83.
4 La sélection naturelle, dira Weismann, est *zweckmässig* mais non sweckthätig. Le but est atteint sans avoir été visé.

Célestin Bouglé

aptes en résulte spontanément, ou, pour mieux dire, automatiquement.

Huxley avait donc raison : « L'originalité du darwinisme est de montrer comment peuvent s'expliquer sans l'intervention d'une volonté intelligente des harmonies qui paraissaient impliquer avant lui l'action d'une intelligence et d'une volonté. » Et après qu'on a renforcé les idées de Milne-Edwards par celles de Lamarck, et celles-ci par celles de Darwin, le mouvement enveloppant du mécanisme paraît achevé : il n'y a plus de place désormais, dans notre conception de la nature, pour les conjectures d'un finalisme anthropomorphique : c'est du sein même des faits que nous avons enfin dégagé, semble-t-il, les lois objectives du progrès des êtres.

*

* *

On comprend quel prestige devaient revêtir, aux yeux de ceux qui se défient de la métaphysique, des lois ainsi présentées. Ce ne sont plus, pense-t-on, des aprioristes qui les promulguent, ce sont des observateurs qui les enregistrent, gravées qu'elles étaient au cœur même de la nature. Jaillissant des faits comparés, et non plus de fins imaginées, comment ces vérités scientifiques ne transmettraient-elles pas, aux prescriptions pratiques qui en découlent, une valeur impersonnelle et universelle ? Quel plus sur moyen, par suite, si l'on veut estimer les avantages ou les dangers de telle organisation sociale, que de rechercher si elle se plie ou non aux conditions inéluctables du progrès, telles que les a révélées l'étude impartiale des organismes ?

Tel est l'espoir qui a présidé aux diverses tentatives de la sociologie naturaliste. Et comme nous avons distingué, dans les théories biologiques contemporaines, trois idées maîtresses, ainsi pouvons-nous y faire correspondre trois tendances principales de cette sociologie. Tantôt elle appelle notre attention sur la nécessité de laisser faire en toute liberté, entre les membres dès sociétés humaines, l'universelle concurrence ; elle peut prendre alors le nom de *darwinisme social*. Tantôt elle compare directement ces sociétés elles-mêmes à des organismes, et rappelle que celles-là comme ceux-ci doivent, sous peine de déchéance, se différencier de plus en plus; c'est la *théorie organique* proprement dite. Tantôt enfin on met en relief la toute-puissance de l'hérédité, et on mesure ce que les sociétés perdent lorsqu'elles oublient ou refusent de séparer et de hiérarchiser leurs éléments suivant les races ; c'est ce que démontre surtout *l'anthroposociologie.*

Quelles sont donc les critiques scientifiques que la sociologie ainsi comprise adresse, au nom des lois de l'hérédité, de la différenciation, et de la concurrence au mouvement démocratique ? Nous nous proposons de les rappeler et de les discuter les unes après les autres.

Célestin Bouglé

Livre I
Hérédité

Position du problème

La philosophie des races et l'anthroposociologie. - L'apologie scientifique des castes, de la noblesse, de la bourgeoisie.

On sait quelle large place a conquise, dans la littérature du XIXe siècle, la notion de la toute-puissance de l'hérédité. Il semblait que cette notion fût faite pour répondre simultanément à deux aspirations bien diverses : à un ancien besoin d'admiration mystique, et à un besoin nouveau d'explication scientifique. On s'émerveillait de la pérennité des influences ancestrales ; l'obscurité même de leur mode d'action en décuplait le prestige. Et d'autre part, en affirmant que la vie antérieure de nos ancêtres a déposé, au sein de nos organismes, des traces matérielles ineffaçables, on pensait adopter un langage conforme aux tendances de la science : connaître scientifiquement un phénomène, n'est-ce pas, semblait-il, montrer les racines par lesquelles il plonge dans la matière ? C'est pourquoi le roman naturaliste devait tant user des « fatalités de l'atavisme », pendant que les historiens prêtaient couleur de science à leurs récits par des considérations sur le « génie des races ». « Les Germains ont dans le sang le besoin de l'indépendance. - Les Sémites ont le crâne monothéiste. - Héréditairement, l'homme de sang latin aime l'unité... » La vulgarisation de pareilles thèses donnait créance à cette opinion, à laquelle le nationalisme de nos jours devait faire une si belle fortune, que « la question de race prime tout », que tant valent les races, tant valent les peuples, et qu'enfin, comme la destinée des individus par leur constitution physique, la destinée des nations est déterminée par leur composition ethnique.

Et à vrai dire, on s'est vite aperçu que, sous sa forme nationaliste, cette philosophie des races était scientifiquement intenable. C'est au moment où elle était bannie du cabinet des savants, remarque M. Darlu [1], que nous avons vu l'idée de race descendre dans la rue.

1 Discours au Congrès des Sociétés savantes, de 1898, p. 24.

On se rend compte en effet qu'il est vain de fonder sur des identités biologiques les unités nationales, et de dériver le génie d'un peuple d'une prédisposition ethnique : par la raison que partout, plus ou moins rapidement, les nations se sont constituées au mépris des différences de souches. Elles sont toutes « métisses, cent fois métisses », s'écrie M. de Gobineau [1]. Il se peut que la communauté de sang ait été le lien nécessaire des sociétés primitives ; mais la civilisation consiste précisément dans la dissolution de ces premières sociétés, étroites et jalouses. Toutes ses vagues passent sur leurs frontières. Elle brasse incessamment et mêle intimement les matériaux les plus hétérogènes. Dans ces grands dépôts d'alluvions qui sont les nations modernes, la philosophie des races cherche en vain l'unité de composition ethnique nécessaire à ses spéculations. -Aujourd'hui, c'est un anthropologiste qui en fait l'aveu [2], - entre race et nation il n'y a plus aucun rapport.

Mais l'anthroposociologie proprement dite évite ces errements : elle se débarrasse résolument des identifications dangereuses. Elle ne confond plus les races avec les nations, mais à l'intérieur des nations mêmes, elle espère distinguer, par des mesures précises, les types anthropologiquement différents. C'est ainsi qu'elle ne parlera plus de race anglo-saxonne, de race latine ou de race française, mais de race brachycéphale ou dolichocéphale. Elle montrera qu'à ces caractères proprement biologiques, des caractères psychologiques correspondent. Elle discernera méthodiquement les éléments « eugéniques » des éléments inférieurs. Et dès lors, par la façon dont ces éléments y sont répartis, elle pourra expliquer scientifiquement la grandeur ou la décadence des nations.

Toute organisation sociale est en effet une superposition de races ; et du mode de superposition des races dépend la valeur de telle ou telle société. Les représentants des races supérieures, les « eugéniques » sont-ils en bon nombre et surtout en bonne place ? Les trouve-t-on nantis des fonctions directrices et garantis contre les mésalliances corruptrices ? Alors la société prospère. Sinon c'est le déclin fatal. L'histoire explique donc vainement la destinée des peuples par de vagues raisons économiques ou morales. Elles ne

1 *Essai sur l'inégalité des races humaines*, I, p. 219. Cf. La Philosophie de l'antisémitisme, dans nos conférences Pour la Démocratie française. [Ouvrage disponible, en version intégrale, dans Les Classiques des sciences sociales. JMT.]
2 Topinard, Éléments d'anthropologie générale, p. 213.

Célestin Bouglé

sautaient être que superficielles. C'est à un procès d'évolution biologique qu'il faut ramener, suivant M. Vacher de Lapouge [1], l'évolution historique des civilisations. Toutes les luttes de classes, dit un autre anthropologiste [2], ne sont en leur fond que des luttes de races, Et toutes les questions sociales seraient vite résolues si l'on voulait seulement « mettre chaque race à sa place [3] ». Telle nous apparaît dans ses grandes lignes, à travers les recherches ou les manifestes des Gobineau, des Otto Seeck et des Reibmayr, des Lapouge et des Ammon, la doctrine de l'anthroposociologie.

Avec quelle sévérité une pareille doctrine jugera la « poussée égalitaire », on le devine. L'égalitarisme ne tend-il pas à tout niveler et à tout mêler, à abaisser toutes les barrières qui maintenaient les races isolées, à balayer tout ce qui survit des antiques hiérarchies ? Il est donc un vœu contre nature, une imagination de raisonneurs métis, un rêve ou un calcul de brachycéphales [4]. Il méconnaît les conditions élémentaires du progrès des espèces. En deux mots, il nie l'hérédité.

Tel est le thème que s'empresseront de commenter les polémistes hostiles à l'esprit de la Révolution française. Ils l'accuseront de laisser perdre, par ses innovations étourdies, le meilleur de « cette énergie accumulée par nos ancêtres, par ces morts qui parlent en nous ». Si la science prouve, dit Mi. Bourget [5], qu' « un des facteurs les plus puissants de la personnalité humaine est la race... rien de plus contraire aux principes scientifiques que cette formule : les *Droits de l'homme,* qui pose, comme donnée première du problème gouvernemental l'homme en soi, la plus vide, la plus irréelle des abstractions». Quelle folie de vouloir ouvrir à tout venant l'accès de toutes les fonctions sociales quand il est constaté que « des individus déjà différenciés par l'exercice d'un métier produisent, en général et en moyenne, des individus différenciés et, pour ainsi dire, polarisés en un même sens [6] ». Il y a dans le principe de trans-

---

1 Les lois fondamentales de l'anthroposociologie, dans la Revue scientif., 1897.
2 M. Collignon.
3 Cité par Manouvrier, *L'indice céphalique,* p. 253.
4 Gobineau, *Essai sur l'inégalité des races humaines,* I, p. 35. [Ouvrage disponible, en version intégrale, dans Les Classiques des sciences sociales. JMT.] - Ammon, *Natürliche Auslese,* p. 185. - Lapouge, *Sélections sociales,* p. 239, .259.
5 Enquête sur la monarchie, 1er fasc., p. 38.
6 Ch. Maurras, *Enquête,* 2e fasc., p. 85.

mission héréditaire, dit M. de Lur-Saluces [1], « un élément d'accélération méthodique qui permet aux forces humaines de produire sans déperdition leurs plus grands effets » ; mais nos démocrates font fi de ces bénéfices, oublieux qu'ils sont, par principe, de « tout ce qui se transmet avec le sang ».

Sur ce qui se transmet au juste avec le sang, les adversaires du régime démocratique pourront d'ailleurs discuter. L'étendue et la genèse des patrimoines organiques s'entendent de façons assez différentes. Pense-t-on que ces patrimoines s'accroissent peu à peu sous l'influence de la manière de vivre, et que les habitudes acquises dans l'exercice d'une fonction se transmettent par l'hérédité ? Ce sera alors le régime des castes lui-même qui paraîtra le plus conforme aux tendances de la nature. Est-on persuadé seulement qu'il y a des types eugéniques innés, et dont les qualités résultent moins des habitudes acquises pendant la vie que des aptitudes apportées dès la naissance ? On défendra alors, d'une façon générale, le règne des aristocraties. Admet-on enfin la nécessité d'un renouvellement anthropologique, d'un mouvement de « circulation des élites [2] » qui permette de remplacer progressivement les éléments supérieurs une fois usés ? C'est proclamer la légitimité des aristocraties ouvertes ; c'est plaider pour la distribution moderne des classes.

Nous allons donc examiner successivement les apologies « scientifiques » des castes, de la noblesse, de la bourgeoisie, qu'on peut ainsi opposer aux revendications démocratiques.

Note bibliographique
pour le livre I

Nous avons utilisé pour préparer cette partie -indépendamment des ouvrages de Lamarck, Darwin, Milne-Edwards, déjà cités, p, 22. - les livres ou articles suivants. Nous ne les désignerons plus désormais, en y renvoyant, que par des abréviations.

Weismann. *Essais sur l'Hérédité,* trad. fr. Paris, Reinwald, 1892. Id. *Vorträge über Descendenztheorie,* 2 vol. Iéna, 1902. - A. R. Wal-

---

1 Ibid., 1er fasc., p. 311.
2 C'est l'expression employée par Vilfredo Pareto, *Les systèmes socialistes,* I, p. 46.

Célestin Bouglé

lace, *Studies Scientific and social,* 2 vol. Londres, Macmillan, 1900. - Y. Delage. *La structure du protoplasma et les théories sur l'hérédité.* Paris, Reinwald, 1895. - Le Dantec. *Lamarckiens et Darwiniens.* Paris, Félix Alcan, 1899. - Id. *Théorie nouvelle de la vie.* Paris, Félix Alcan, 1896, - Id. *Évolution individuelle et Hérédité.* Paris, Félix Alcan, 1898. -Id. *Traité de biologie.* Paris, Félix Alcan, 1903. - Haycraft, *Natürliche Auslese und Rassenverbesserung,* trad. allemande. Leipzig, Wigand, 1895. - Platt Ball, *Are the effects of use and disuse inherited ?* Londres, Macmillan, 1890. - W. Haacke. Gestaltung und Vererbung. Leipzig, Weigel, 1893. - Costantin. *L'hérédité acquise.* Paris, Carré et Naud 1901. - D. Roustan. *La méthode mécanique en biologie,* dans la *Revue de métaphysique,* juillet 1903. - L. Cuénot, *L'Évolution des théories transformistes,* dans la *Revue générale des sciences,* 1901, pp. 264-269. - F. W. Headley, *Problems of Evolution.* Londres, Duckworth, 1900. - Topinard. *L'Anthropologie et la science sociale.* Paris, Masson, 1900. - *Éléments d'anthropologie générale.* Paris, Lecrosnier, 1886. - Gobineau. *Essai sur l'inégalité des races humaines,* 2e éd. Paris, Didot, 1884. - Otto Ammon, *Die natürliche Auslese beim Menschen.* Iéna, 1893. - *Die Gesellschaftsordnung und ihre natürlichen Grundlagen. Entwurf einer sozialanthropologie.* Iéna, Fischer, 1896, 2e édit., traduite par H. Muffang, sous ce titre : *L'Ordre social et ses bases naturelles,* Paris, Fontemoing, 1900. -Vacher de Lapouge. *Les sélections sociales.* Paris, Fontemoing, 1896. - Id. *L'Aryen, son rôle social.* Paris, Fontemoing, 1899. - Carlos C. Closson. *La dissociation par déplacement,* dans la *Revue internationale de sociologie,* juillet 1896. - A. Reibmayr. *Inzacht und Vermischung b beim Venschen.* Leipzig, Deuticke, 1897. - Otto Seeck. Geschichte des Untergangs der Antiken Welt, 2 vol., 2e éd. Berlin, Siemenroth, 1897. - Galton. *Hereditary Genius,* 2e édition. Londres, Macmillan, 1892. - *Natural Inheritance,* Londres, Macmillan, 1887. - Id. *Inquiries into human faculties and its development.* Londres, Macmillan, 1883. -Id. *English men of science : their nature and, nurture.* Londres, Macmillan, 1874. - De Candolle. *Histoire des sciences et des savants.* Genève, Georg, 1873. - Odin. *Genèse des grands hommes,* 2 vol. Paris, Welter, 1881-1895. - Jacoby. *Études sur la sélection dans ses rapports avec l'hérédité chez l'homme,* Paris, Germer Baillière et Cie, 1881. -G. Hansen. *Die drei Bevölkerungsstufen.* Münich, 1899. - Carl Jentsch. *Sozia-*

lauslese. Leipzig, Grunow, 1898. - Van der Smissen. *La population*. Paris-Bruxelles, 1893. - G. Mayr. *Statistik und Gesellschaftslehre*. Fribourg, Mohr, 1897. - Dumont, *Dépopulation et civilisation*. Lecrosnier, Paris, 1890. - Id. Natalité et Démocratie. Paris, Schleicher, 1898. -*Volksdienst, von einem Sozialaristocraten*, Berlin, Wiener 18493. - W. H. Mallock. *Aristocracy and Evolution, a study of the rights, the origin, and the social functions of the wealthier classes*. Londres, Adam, 1898. - Colajanni. *Le Socialisme*, trad. fr. Paris, Giard, 1900. - Vilfredo Pareto, *Les systèmes socialistes*, 2 vol, Paris, Giard, 1902. - Senart. *Les castes dans l'Inde, les faits et le système*. Paris, Leroux, 1896. -Ribot. *L'Hérédité, étude psychologique*. Paris, F. Alcan, 1873. - Guyau. *Éducation et Hérédité*, 2e édition. Paris, Félix Alcan, 1890. - Patten. *Heredity and social Progress*. New-York, Macmillan, 1903. - Manouvrier. *Les aptitudes et les actes*, dans la *Revue scientifique*, 1891, II, pp. 225-237. - Id. *La fonction psycho-motrice*, dans la *Revue philosophique*, 1884, pp. 503-525, 628-651. - Id. *L'indice céphalique et la pseudo-sociologie*, dans la *Revue de l'École d'anthropologie*, août et septembre 1899. - D. Draghicesco. *Le Problème du déterminisme social*. Paris, éd. de la Gr. France, 1903. - Ch. Maurras, *Enquête sur la monarchie*, 2 fasc., 1900. - Nesfield, *Brief view of the Caste system of the N. W. Provinces and Oudh*, Allahabad, 1885. -Jogendra nath Bhattacarya. *Hindu Castes and Sects*, Calcutta, 1896. - Pramatha nath Bose. *A history of Hindu civilisation during Brittish rule*, Londres, Paul, 1894. - Risley. *The Tribes and Castes of Bengal*, Calcutta, 1891. - Crooke. *The Tribes and Castes of the N. W. Provinces*, Calcutta, 1895. - Bouglé. *Remarques sur le régime des Castes*, dans *l'Année sociologique*, IV, 1901, pp. 1-64.

Chapitre I
Le lamarckisme et l'hérédité des qualités professionnelles

L'apologie du régime des castes implique la solidité des principes posés par Lamarck

L'apologie du régime des castes repose sur cette idée, que les habi-

Célestin Bouglé

tudes acquises par les pères tendent à constituer autant d'aptitudes innées chez les fils, et que ceux-ci naîtront, par suite, d'autant plus propres à l'exercice d'une fonction que leur famille l'aura depuis longtemps monopolisée. En un mot c'est par la puissance d'enregistrement des habitudes héréditaires qu'on justifie l'accouplement des métiers et des lignées: les piliers du régime ne sont autres, semble-t-il, que les lois mêmes dressées par Lamarck au seuil du siècle.

« Un manouvrier, assure M. Topinard, lève tant de kilogrammes, et arrive par son expérience à tripler le chiffre ; son fils, s'il lui ressemble et s'il se livre au même travail, atteindra un chiffre plus élevé, et léguera à son fils la disposition à monter plus haut encore [1]. » Et ce qu'on affirme ainsi des professions manuelles doit être vrai des professions intellectuelles. Schmoller lui-même paraît admettre [2] qu'il se forme dans tous les ordres, par la spécialisation continuée des activités, de véritables différenciations des individus, dont les différences de rang ou de richesse ne seraient que des conséquences secondaires. Il est donc permis de dire qu' « on naît juge ou marchand, militaire, marin ou agriculteur [3] » et que comme les fils de menuisiers doivent être naturellement les meilleurs menuisiers, les fils de médecins doivent être les meilleurs médecins. Il est vraisemblable que les qualités professionnelles non seulement se fixent, -mais se majorent là où les fonctions sont transmises avec le sang. C'est sans doute à des majorations de ce genre que pense M. de Lur-Saluces [4], lorsque, reprenant la thèse du duc d'Argyll, il nous rappelle que « les forces réunies dans un instant donné s'augmentent de toutes les forces accumulées pendant les instants qui le précédèrent ». Et rapprochant les lois de l'hérédité de celles du mouvement, il compare le procédé de la transmission héréditaire à l'ingénieux mécanisme d'Atwood ; ici comme là il y a « addition croissante, accélération continue », et c'est alors que les plus grands effets s'obtiennent par le moindre effort. Le maximum du progrès est assuré par l'accumulation des qualités acquises.

1 Anthropologie et science sociale, p. 294.
2 Dans le *Grundriss der allgeinemen Volkswirthschaftslehre* (I, pp. 393, 396), on trouve atténuée, mais non abandonnée, la thèse soutenue dans le *Jahrbuch für Gesetzgebung, XIV.*
3 Maurras, *Enquête*, 2e fasc., p. 85.
4 *Enquête*, 1er fasc., p. 31.

N'est-ce pas singulièrement imprudent, s'il en est ainsi, d'abandonner le choix des professions à l'arbitraire des goûts individuels ? Voit-on la nature envoyer aux reins, aux muscles, aux centres nerveux les cellules qui descendent des cellules hépatiques? « Dans un animal vivant, dit Spencer [1], le progrès de l'organisation implique non seulement que les unités composant chacune des parties différenciées conservent chacune sa position, mais aussi que leur descendance leur succède dans ces positions. » Le même ordre ne s'impose-t-il pas, a fortiori, aux sociétés humaines, s'il est vrai que le patrimoine organique des fils s'y enrichit de toutes les acquisitions des pères ? Il semble donc avéré que la démocratie, dans son effort pour anéantir tout ce qui survit du régime des castes, prend le contre-pied des lois du progrès naturel.

Tous ces raisonnements impliquent, on le voit, la solidité des principes posés par Lamarck. Il importe donc de se demander si leur solidité est en effet à toute épreuve, et si les mouvements récents des sciences naturelles ont passé sur eux sans les ébranler. Il arrive assez fréquemment, pendant que la philosophie politique édifie ses palais sur une théorie scientifique, que la science mieux informée bouleverse de fond en comble cette théorie elle-même. Il y a des astres dont la lumière arrive aujourd'hui seulement à la terre, qui depuis longtemps sont éteints. Ainsi de certaines « vérités » éteintes, et pourtant toujours brillantes. Ne serait-ce pas le cas du lamarckisme?

I

Restrictions imposées au lamarckisme par le progrès de la biologie. - Le weismanisme: ses arguments théoriques et ses arguments expérimentaux. - Sélection et panmixie.

Nous avons indiqué en quel sens les découvertes de Darwin complètent celles de Lamarck, et rappelé la convergence des deux conceptions maîtresses du transformisme. Elles ne sont nullement, a priori, exclusives l'une de l'autre. Toutefois en fait, ne les a-t-on pas vues entrer en lutte, et la dernière venue ronger le domaine naguère reconnu à la première ? La transformation des espèces

---

1 *Principes de sociologie,* III, p. 349 (Paris, Félix Alcan).

Célestin Bouglé

s'explique, disaient les lamarckiens, par les habitudes individuelles acquises durant la vie et transmises par l'hérédité. Elle s'explique et s'explique seulement, diront les darwiniens, par les variations individuelles données dès la naissance et triées par la sélection. Le duel de ces deux thèses remplit l'histoire de la biologie contemporaine [1].

À vrai dire, toujours modeste et prudent, Darwin, bien qu'il n'eût pas une haute idée des mérites de son devancier, s'était gardé de juger l'hypothèse lamarckienne inadmissible ou même inutile. Il reconnaît à plusieurs reprises que la, sélection n'est pas l'instrument unique de la métamorphose des espèces. Il donnera lui-même, dans les Variations *des* animaux et *des* plantes, des exemples de modifications acquises qui ont dû être transmises par l'hérédité [2]. Mais, comme il arrive souvent, les disciples se sont montrés plus intransigeants que le maître. Les « néo-darwiniens » sont plus darwiniens que Darwin. Et l'on sait que Weismann, leur plus brillant porte-parole [3], proclame que l'hypothèse de l'hérédité des qualités acquises, bien loin d'être indispensable, est invérifiable, et même inconcevable.

L'idée directrice du weismanisme est qu'il y a lieu de distinguer radicalement, dans le vivant, entre la part de l'individu et la part de la race, entre les cellules qui appartiennent en propre à l'être détaché, composant ses organes éphémères, et celles qui, réservées pour la reproduction, sont destinées à assurer la durée du type, entre le plasma constitutif et le plasma germinatif, entre le *soma* et le *germen*. Dès lors, si ces deux parties sont en effet nettement séparées, pourquoi et comment une modification éprouvée par celle-là déposerait-elle une trace durable sur celle-ci ? Pourquoi les qualités acquises par un individu s'incorporeraient-elles au patrimoine de la race, au point de devenir, pour les descendants de cet individu, des qualités innées ? « Comment le renforcement d'un muscle ou d'une articulation par l'exercice, comment l'allongement de l'œil par la lecture assidue, comment la suppression de la queue par amputation, comment l'aptitude musicale développée par la

---

1 Voir l'exposé des thèses que les deux écoles opposent dans Le Dantec, *Les Théories néo-lamarckiennes (Revue philos.,* 1897). Haycraft. *Natürl. auslese,* p. 23.

2 Voir les passages relevés par Le Dantec, *Lamarckiens, p.* 82, et par Hayeraft, *Natürl, auslese,* p. 32.

3 Voir les Essais sur l'hérédité. Cf. les récents Vorträge, chap. XVII-XX.

culture de cet art, comment tout cela pourrait-il se transmettre à l'ovule ou au spermatozoïde où il n'y a ni muscle, ni oeil, ni queue, ni cerveau ? À supposer même qu'il y ait dans l'élément sexuel des rudiments distincts de tous ces organes, comment et par quelle voie la modification de l'organe du corps pourrait-elle influencer son rudiment germinal [1] » ? Ce sont ces difficultés théoriques qui éveillèrent la critique de Weismann et l'amenèrent à contester hardiment les faits que l'opinion générale tenait pour définitivement acquis.

Il semblait en effet qu'on eût vu se lever, en faveur du lamarckisme, les preuves expérimentales les plus frappantes. Ne montrait-on pas des portées de chats ou de chiens qui naissaient, de mères dont la queue avait été écourtée, pourvus tous d'une queue plus courte? De même ne signalait-on pas des fils qui portaient, disait-on, dans les malformations congénitales de leurs yeux ou de leurs oreilles, la trace des traumatismes survenus aux yeux ou aux oreilles de leurs parents [2] ?- Mais, lorsqu'il fallut relever le défi des néo-darwiniens, on s'aperçut, non sans étonnement, que la plupart des observations ainsi vulgarisées étaient controuvées, ou insignifiantes ; qu'il était très difficile de les préciser, et très facile de les interpréter sans recours a l'hypothèse lamarckienne. Pflüger pouvait écrire [3] : « J'ai pris une complète connaissance de tous les faits qui sont invoqués pour démontrer l'hérédité des caractères acquis, - c'est-à-dire des caractères ne dépendant pas d'une organisation particulière de l'œuf et de la liqueur séminale qui forment l'individu, mais résultant des influences extérieures accidentelles qui s'exercent plus tard sur l'organisme : pas un seul de ces faits ne démontre la transmission des caractères acquis. »

Et, en sens inverse, combien d'observations rendent cette transmission invraisemblable ! Comment se fait-il, si elle s'opère, que malgré des déformations répétées pendant tant de siècles, les petites Chinoises ne montrent pas dès leur naissance des pieds raccourcis, ni les petits Toulousains des crânes allongés ? Chose plus frappante encore [4] : depuis les origines de l'espèce humaine l'hymen des vierges a été régulièrement détruit à chaque géné-

1 Voir Delage, op. cit., p. 202.
2 Voir Vorträge, II, p. 74.
3 Voir Costantin, op. cit., p. 37 sqq.
4 Delage, *Struct. du protopl.*, p. 361.

Célestin Bouglé

ration ; il ne s'est pas atrophié cependant. Les expérimentations systématiques auxquelles on peut soumettre les animaux ne provoquent nullement, d'ailleurs, la réapparition de cas analogues à ceux que l'on citait. Weismann a pu couper la queue aux deux sexes de 22 générations de souris, qui donnèrent 1 592 rejetons; pas un seul ne naquit avec une queue diminuée [1]. Nœgeli, pratiquant pour des végétaux une expérience analogue, a transplanté dans le jardin botanique de Munich 2 500 variétés de plantes de montagnes bien caractérisées, qu'il a observées pendant treize ans ; dès la première année elles reprenaient les caractères des plantes de plaines.

Des faits de ce genre rendent la thèse lamarckienne d'autant plus suspecte que tous ceux qui paraissent au premier abord la confirmer se prêtent en dernière analyse a une interprétation darwinienne. Il est vrai, par exemple, que nos races d'animaux domestiques semblent devenir de plus en plus sociables. Mais le fait prouve-t-il vraiment l'influence héréditaire du dressage ? Ne s'explique-t-il pas aussi simplement par les choix spontanés qu'a dû opérer l'homme, laissant périr ou détruisant les spécimens qui naissaient intraitables ? Le progrès du cheval de course en un siècle a été si remarquable que Cope y voit la démonstration péremptoire de l'influence héréditaire de l'entraînement. Mais en réalité, selon Morgan [2], aucun éleveur n'aurait observé que les chevaux soumis à un entraînement actif aient donné naissance à des produits supérieurs. Le choix des échantillons les mieux doués rendrait suffisamment compte du perfectionnement de la race. Et ce qu'on dit des perfectionnements il faut le dire des régressions. Les muscles masticateurs des petits chiens de salons sont atrophiés. Est-ce faute d'usage, et parce que pendant des siècles l'effort destiné à broyer des os a été épargné à leur race ? C'est plutôt, ici encore, affaire de choix, et parce que, pendant des siècles, on a retenu pour perpétuer leur race les exemplaires les plus menus, ceux-là mêmes qui devaient posséder, en vertu de la loi de corrélation des organes, les mâchoires les moins musclées.

Or, le premier résultat du darwinisme est de montrer comment la nature, grâce à ses mécanismes inconscients, opère un choix tout comme* l'homme parmi la descendance des êtres. Elle aussi per-

---

1 Voir Weismann, *Vorträge*, II, p. 73.
2 Cité par Costantin, *L'héréd.*, p. 9.

fectionne les races en retenant de préférence, pour la reproduction, les exemplaires « les plus aptes ». Si donc le cou de la girafe s'est en effet allongé, ce n'est pas sans doute à cause des efforts déployés pendant leur vie par des générations de girafes, mais plutôt à cause des avantages assurés, dans la lutte pour la vie, aux petits qui se trouvaient avoir le cou le plus long. On peut reprendre ainsi, les uns après les autres, tous les exemples qui soutenaient l'espoir de Spencer, attendant de l'hérédité des qualités acquises une métamorphose de l'humanité [1] : toutes les modifications alléguées s'expliqueront aussi bien par la survivance des qualités innées.

Dira-t-on que si la sélection rend bien compte du perfectionnement des organismes, elle ne saurait rendre compte de leur régression? On comprend que le caprice de l'homme entraîne l'atrophie de tel ou tel membre, s'il retient pour la reproduction des types malformés. Mais la nature eût condamné ceux-ci sans rémission : elle ne travaille que pour le

bien des êtres, elle ne couronne que les supériorités réelles. Il semble donc qu'on ne saurait expliquer, par la sélection, que le progrès ? - Mais Weismann lève la difficulté par sa théorie de la « panmixie ». Imaginons que pour une raison ou pour une autre, la sélection de certains caractères soit arrêtée; que par exemple, - comme il arrive à telles espèces vivant dans les cavernes, - aucun avantage ne soit plus assuré aux spécimens qui possèdent de bons organes visuels. Est-il étonnant dès lors que ces organes s'atrophient ? La sélection ne s'exerçant plus, les individus mal doués sont appelés à perpétuer le type aussi bien que les autres : d'où, chez celui-ci, des « arrêts de développement » faciles à prévoir. Ajoutons que lorsqu'un organe perfectionné n'assure plus d'avantage dans la lutte pour la -vie, l'entretien de cet organe devient, pour son possesseur, un désavantage marqué ; à nourrir cette inutilité, il dilapide son capital vital [2]. Nous concevons donc comment, par la seule balance des forces, une avance est assurée à ceux qui laissent moins de place et accordent moins de substance à de pareils organes.

Et ainsi ce n'est plus seulement le développement, c'est l'atrophie de certaines qualités qui nous est expliquée, sans que nous ayons eu besoin d'emprunter l'hypothèse lamarckienne. Inconcevable et

---

1 C'est ce que fait M. Platt Ball, *Use and Disuse.*
2 *Vorträge,* chap. XXV.

Célestin Bouglé

indémontrée, elle nous apparaît encore comme superflue.

Le triomphe du néo-darwinisme semblait donc complet. La majorité des biologistes, nous assure-t-on, est aujourd'hui antilamarckienne [1]. L'idée que les habitudes contractées durant leur vie par les parents ne se transmettent pas à leur postérité est, d'après M. Delage, celle qui de beaucoup a le plus d'adhérents et parmi les naturalistes les plus distingués [2]. Et plus récemment, M. Cuénot [3], résumant l'évolution des théories transformistes, pouvait inscrire en première ligne « l'abandon de l'hérédité des caractères acquis ».

II

Le weismanisme limité à son tour. - Observations nouvelles, concessions forcées. - Comment la question se précise aujourd'hui et ce qui manque pour la résoudre.

Mais le lamarckisme sort du débat diminué: il faut, pour que les qualités acquises se transmettent, des circonstances exceptionnelles. - La transmission des qualités professionnelles est en tous cas invraisemblable: lois du retour à la moyenne, et de l'instabilité des complexes. - Différences entre les coordinations instinctives et les coordinations intelligentes. Importance croissante des « causes actuelles ».

Est-ce à dire que nous ayons le droit, dès à présent, de tenir pour définitivement démontrée la non-hérédité des qualités acquises quelles qu'elles soient, et ainsi, sans plus ample débat, de renvoyer à une science mieux informée les apologistes du régime des castes ?

Il faut croire que la question est particulièrement complexe, car l'opinion des Savants arrive difficilement, en cette matière, à se fixer: après nous avoir éloignés des idées de Lamarck, voici, dirait-on, qu'elle nous en rapproche.

Et d'abord, les conceptions théoriques en vertu desquelles Weismann déclarait inconcevable l'opération de l'hérédité, telle que la supposait Lamarck, sont elles-mêmes bien près d'être abandonnées. La plupart de ceux qui admettent les critiques de Weismann,

1 Haycraft, op. cit., pp. 33, 38.
2 Année biologique, I, p. 963.
3 Art. cité, p. 265.

à l'égard d'observations trop aisément accueillies, repoussent ses propres explications. Le même auteur qui nous laisse entrevoir la faillite de l'hypothèse lamarckienne ne nous cache pas celle de l'hypothèse weismannienne : « Cette théorie de l'hérédité, malgré son ingéniosité, s'est écroulée sous le poids de sa complication eu de son invraisemblance [1]. »

Au surplus, que la transmission des qualités acquises paraisse intelligible ou non en vertu d'une théorie préconçue, il faut s'incliner devant les faits. Or, il semble bien qu'un certain nombre d'expériences contrecarrent celles des néo-darwiniens. Si Naegeli a vu, dans le jardin de Munich, les plantes de montagnes reprendre leurs caractères de plantes de plaines, Detmer a vu, à Ceylan, le cerisier de nos pays se transformer en un arbre à feuilles persistantes. Les blés d'Allemagne ont pris en Suède une durée de végétation plus courte et des graines plus pesantes. En contraignant des plantules en germination à se développer sous la terre accumulée, on arrive, chez les espèces les plus variées, à métamorphoser complètement les tissus [2].

Dira-t-on que chez les végétaux, les organismes étant moins différenciés, le plasma germinatif étant moins distinct du plasma constitutif, la transmission des qualités acquises se laisse plus aisément comprendre ? Mais chez les animaux des cas analogues se présentent qui restent inexplicables par la seule sélection. Le sillon dorsal des céphalopodes de Hyatt résulte d'une pression que leur coquille, originairement enroulée, exerçait sur elle-même. La forme de la coquille s'est modifiée, la pression ne s'exerce plus ; et pourtant le sillon dorsal subsiste. Au surplus, les fameuses expériences de Brown-Séquard conservent leur valeur. Une lésion provoquée du nerf cervical de certains cochons d'Inde a fait apparaître, chez leurs descendants, divers états morbides de la peau. Weismann assignait vainement à ces affections une origine microbienne ; on a recommencé les expériences sans endommager les tissus externes des sujets, et de façon à exclure définitivement cette hypothèse hasardée [3]. D'ailleurs, dans les mains de Weismann lui-même, le papillon Phlaeas allemand, qui a d'ordinaire les ailes

---

1 Cuénot, art. cité. Cf. Haycraft, op. cit. Appendice.
2 Costantin, op. cit., pp. 28, 51.
3 Voir Costantin, ibid., pp. 63-68.

Célestin Bouglé

rouges, n'a-t-il pas donné naissance, sous l'influence de températures élevées, à une variété qui a les ailes tachées de noir comme le *Phlaeas* des pays chauds [1] ?

Weismann essaie de sauver, du milieu de ces expériences, les débris de sa théorie. Il déclare admettre la transmission de modifications acquises durant la vie lorsque ces modifications sont capables d'agir non seulement sur les organes, mais sur les déterminants qui y correspondent, non seulement sur le soma, mais sur le *germen*. Il parle d'une « sélection intragerminale » qui expliquerait, par la prépondérance que conquièrent certains éléments, les transformations continuées que la sélection darwinienne des variations heureuses est visiblement impuissante à expliquer [2].

Quoi qu'il en doive être de ces théories nouvelles, le fait à retenir est qu'elles constituent d'importantes concessions an lamarckisme. Les néo-darwiniens les plus intransigeants ne tiennent donc plus pour si absolue la distinction entre la partie éphémère ou individuelle et la partie durable ou typique des organismes. Ils admettent que, dans certains cas, les acquisitions de l'une s'enregistrent au sein de l'autre. Le tout est de discerner ces cas. Et la question de l'hérédité des caractères acquis se ramène à celle-ci [3] : Quels sont les caractères capables d'influer sur les éléments génitaux des êtres ? C'est ce que des expériences méthodiques établiront sans doute progressivement ; et alors il sera permis de proposer des solutions plus précises à ce problème si controversé.

Devrons-nous donc avouer que, dans son état actuel, la biologie n'autorise aucune conclusion, ni pour ni contre ceux qui appuient, sur une croyance a la transmissibilité des qualités professionnelles, leur apologie du régime des castes ?

Bien loin de là. Malgré les flux et les reflux de l'opinion des savants, nous avons gagné du terrain. Si la thèse lamarckienne est loin d'être condamnée à jamais, comme l'avait cru Weismann, du moins sort-elle du débat singulièrement diminuée. L'hérédité des qualités acquises passait jadis pour la règle : force est de reconnaître aujourd'hui son caractère exceptionnel. Weismann défiait qu'on lui citât un seul cas ou une modification acquise eût été sû-

1 *Ibid.*, p. 58. Le Dantec, *Lamarckiens*, p. 86.
2 *Vorträge*, chap. XXV et XXVI.
3 Voir Roustan, art. cité, p. 519.

rement transmise ; nous avons vu qu'on en peut citer. Mais il faut noter que ce sont des cas spéciaux. Ce n'est que lorsqu'elles ont entraîné des troubles graves et profonds, altérant l'état général, intéressant tout l'organisme de l'individu, qu'on a vu les mutilations ou déformations agir sur sa descendance. De là à soutenir que rien de ce qui est conquis par l'individu n'est perdu pour sa race, il y a loin. Pour qu'une modification individuelle s'incorpore à une race, nous nous rendons compte maintenant qu'il faut qu'elle ait été intime, essentielle et comme constitutionnelle ; qu'elle ait influe directement on indirectement jusque sur l'état des cellules reproductrices. Seules les habitudes dont le stylet aura porté jusqu'au noyau de l'être seront enregistrées par l'hérédité.

Or les habitudes professionnelles peuvent-elles être de celles-là ? Les transformations que l'exercice de tel métier impose à tel organe seront-elles assez profondes pour qu'on voie reparaître chez le fils, non seulement l'état général, mais l'habileté technique du père ? Est-il permis d'escompter en pareille matière, les « additions croissantes » et les accélérations continues » dont parlait M. de Lur Saluces ?

Hypothèses invraisemblables, d'après tout ce que nous pouvons savoir des tendances de la nature.

Ne semble-t-elle pas travailler précisément à empêcher l'addition croissante des qualités spéciales, et l'accélération continue du progrès dans un sens déterminé ? Les études de Galton [1] sur les variations de la taille ou de la couleur des yeux à travers une suite de générations en ont fourni la preuve. Pas plus au physique qu'au moral il ne se forme de races de géants ou de races de nains. Pour ce qui est des yeux, les couleurs moyennes l'emportent bientôt sur les couleurs extrêmes. C'est que a le centre filial n'est pas situé au même point que le centre parental ; il revient vers la moyenne, il régresse vers le centre racial » [2]. La nature en un mot ne tolère pas la perpétuité des excentricités ; à chaque transmission de la vie, le poids des caractères généraux de l'espèce se fait sentir et ramène vers le niveau commun les caractères spéciaux que l'organisme individuel avait pu acquérir : ainsi la vague à chaque marée nivelle les tours de sable élevées sur le rivage. Qu'il soit ou non clairement

---

1 Voir Natural Inheritance.
2 Hereditary Genius, p. XVII.

Célestin Bouglé

expliqué par « l'amphimixie » - par la dualité des procréateurs dont les qualités en se mêlant se neutralisent - le fait paraît établi, et il suffit à ruiner les espérances des apologistes de la caste : quand bien même certaines familles posséderaient depuis des siècles le monopole de telle ou telle profession, la nature se refuserait à une véritable spécialisation des races.

Un autre phénomène explique d'ailleurs que les habitudes acquises par l'exercice d'une profession soient difficilement transmissibles : c'est l'instabilité essentielle des qualités complexes. « La simplicité des faits psychiques, dit M. Durkheim [1], donne la mesure de leur transmissibilité. Plus ils sont complexes, et plus ils se décomposent facilement, parce que leur plus grande complexité les maintient dans un état d'équilibre instable. » Les coordinations très compliquées d'aptitudes qui constituent l'habileté technique ne sauraient donc résister au transbordement de la génération ; en passant d'un organisme à l'autre elles se disloquent, et d'autant plus sûrement qu'elles sont plus compliquées. Une habitude comme celle de combiner des lettres d'imprimerie, d'agencer les pièces d'un mécanisme, ou de vérifier scrupuleusement une expérience ne se consolide pas en instinct. Aucun « geste héréditaire » ne correspond à l'exercice de semblables activités : il y faut l'intervention de l'intelligence qui est essentiellement renouvellement et adaptation. Or, à des degrés différents, toutes les professions en sont là, et surtout dans nos sociétés. De plus en plus l'homme reste l'ajusteur, c'est-à-dire l'être capable, pour répondre aux occurrences, de combiner ses aptitudes des façons les plus diverses. Mais les combinaisons qu'il élabore de la sorte, si elles se perfectionnent par l'habitude, sont choses trop complexes pour être transmises par l'hérédité.

« Pour qu'un caractère, écrit un défenseur du lamarckisme [2], puisse devenir héréditaire (encore ne le devient-il pas forcément même dans ce cas) il faut que ce caractère soit complètement fixé dans l'organisme des parents : si ce caractère est relatif à l'exécution d'une certaine opération, il faut donc que cette opération soit devenue tout à fait instinctive, ce qui n'a jamais lieu pour aucun

---

1 *Division du travail*, p. 345. [Œuvre disponible dans Les Classiques des sciences sociales. JMT]
2 Le Dantec, *Traité de biologie*, p. 515 (Paris, Félix Alcan).

métier humain, l'accomplissement de ce métier exigeant toujours, même pour les métiers les plus simples et les plus Ion-temps exercés, une part incontestable d'intelligence. » Ce n'est donc jamais l'aptitude au métier qui peut être héréditaire. Soutenir qu'il y a des hommes a cordonniers-nés » ou « magistrats-nés » « c'est un agréable paradoxe : « l'hérédité est déjà quelque chose d'assez admirable pour qu'on ne s'avise pas de lui prêter une puissance encore plus grande ».

C'est en effet l'erreur commune des nouveaux adorateurs de l'hérédité ; ils l'imaginent inscrivant tout et ne laissant rien perdre. Ils ne distinguent pas entre les facultés élémentaires et indéterminées, d'une part, et d'autre part les capacités proprement dites, compliquées et spécialisées. Ils ne se rendent pas compte que celles-ci, souvent trop fragiles pour supporter le transfert d'un organisme à un autre, doivent fatalement disparaître avec celui qui les a composées.

Fatalité heureuse, d'ailleurs, s'il est vrai que, sans cette dislocation qui libère les aptitudes ainsi combinées, l'initiative des héritiers serait comme écrasée par la consolidation des héritages ; tous les modes de son activité étant préformés, l'enfant serait « aussi incapable de réadaptation que le vieillard » ; l'homme ne serait plus qu'un complexus d'instincts, et non une intelligence. Mais ce qui fait la supériorité de l'homme, c'est que son cerveau n'est jamais adulte [1]. Par cela même qu'il n'est. pas encombré par l'hérédité de coordinations toutes faites, il reste capable d'adapter ses aptitudes aux exigences du présent, et c'est en fonction du présent, bien plutôt qu'en fonction du passé, que s'ordonneront les éphémères combinaisons d'aptitudes qui constituent les qualités professionnelles.

Il est donc vain de regretter que le fils ne succède plus au père dans sa profession, comme la cellule hépatique succède, dans le foie, à la cellule hépatique. Les fonctions sociales sont toujours choses infiniment moins simples que la sécrétion de la bile. Pour les bien exercer il ne suffit pas que l'individu au laissé faire, en quelque sorte, les dispositions innées de son organisme ; il faut que celles-ci aient été façonnées, limées et ajustées par la coopération incessante de ses efforts et des circonstances. C'est dire que

---

1 Manouvrier, *L'indice céphalique*, p. 238. *Aptitudes et actes*, p. 238. Cf. Draghicesco, *Détermin. soc.*, pp. 52, 73.

Célestin Bouglé

la capacité d'un homme tient aux habitudes que lui-même aura contractées, bien plutôt qu'aux habitudes contractées par ses ancêtres. C'est dire que vraisemblablement les pressions du milieu pèsent, dans la détermination des vocations, plus lourd que les acquisitions de la race. Les causes actuelles l'emportent Sans doute ici sur les « survivances ataviques », et toutes les instigations de la vie sur « la voix des morts ». La biologie contemporaine n'a pas projeté encore, sur les processus de l'hérédité, toute la lumière désirable ; une conclusion se dégage pourtant de ses recherches : dans l'état actuel de la science, rien n'est moins « scientifique » que la doctrine des prédestinations professionnelles.

III

Confirmation de ces résultats généraux par les recherches spéciales portant sur le monde humain. - Les dynasties d'hommes célèbres. - Elles ne prouvent nullement l'existence d'une hérédité professionnelle. - Difficulté de discerner l'apport de l'hérédité et l'apport de l'éducation.

Les tendances générales de la nature, telles qu'elles se dégagent aujourd'hui des recherches biologiques, rendent donc invraisemblable la transmission des qualités professionnelles. Mais, dira-t-on peut-être, cette réfutation a priori, par la vraisemblance, ne suffit pas a nous convaincre. Observons directement le monde humain lui-même. N'y relève-t-on pas. des « suites » de qualités professionnelles, se perpétuant au sein des mêmes familles, et de véritables « dynasties » de talents, qui prouvent - qu'elle vous paraisse vraisemblable ou non, - la vérité de notre thèse ?

On connaît le résultat des enquêtes de Galton, de De Candolle ou d'Odin [1] sur l'ascendance et la descendance des hommes célèbres.

300 familles de juges, d'hommes d'État, de grands capitaines, de littérateurs et de savants étudiées par Galton ont produit plus de 1 000 hommes éminents. La famille d'Herschel a compté 3 astronomes, la famille de Darwin 3 naturalistes, la famille d'Euler 3 ma-

---

1 Nous empruntons les faits qui suivent aux ouvrages de ces trois auteurs cités dans la note bibliographique du livre I. Cf. aussi l'ouvrage anonyme intitulé *Voldsdienst*.

thématiciens : il y en a eu 8 dans la famille de Bernouilli, et dans la famille de Bach, 22 musiciens de talent. On pourrait énumérer bon nombre de coïncidences de ce genre.

Mais que prouveraient-elles au juste ?

D'abord il faudrait qu'elles fussent singulièrement multipliées pour cesser d'être exceptionnelles. La plupart du temps le talent surgit de l'ombre, et brille dans une sphère toute nouvelle. Si Mill est fils d'un économiste, Kant est fils d'un sellier; si Bach est fils d'un musicien, Haendel est fils d'un chirurgien; Gauss n'était pas fils de mathématicien, et il n'y avait pas de chimiste parmi les ascendants de Pasteur, ni d'historien parmi ceux de Renan. D'ailleurs dans les cas où on rencontre en effet des dynasties d'hommes remarquables, on y suit bien plutôt la trace d'une supériorité générale, propre à exceller dans des professions diverses, que d'une capacité spéciale, enfermée dans une profession déterminée. Dans la famille de Feuerbach, nous trouvons un jurisconsulte, un philosophe, un peintre de talent. La succession de ces capacités variées prouve-t-elle l'accumulation des qualités acquises ? Si celle-ci était la règle et si l'éminence scientifique était uniquement affaire d'hérédité, De Candolle eût dû, comme il le remarque lui-même, rencontrer, sur les listes de membres appartenant aux Académies de médecine, plus de fils de médecins ou de pharmaciens que de fils de pasteurs. Or c'est le contraire qu'il découvre. Sur 100 associés de l'Académie de Paris, il compte 14 fils de pasteurs pour 5 fils de médecins ou de pharmaciens ; de même, sur 48 associés de l'Académie royale de Londres, pour 4 fils de médecins, 8 fils de pasteurs.

Enfin, là même où c'est bien dans l'exercice d'une fonction identique que brille une suite d'hommes remarquables, comment prouver que le talent des fils est dû au fait que les pères se sont exercés dans cette fonction ? Euler, fils de mathématicien, est mathématicien hors ligne : qui démontrera que ses aptitudes spéciales sont dues aux efforts déployés, aux habitudes contractées, aux qualités acquises par son père, bien plutôt qu'aux dons innés qui ont pu se retrouver chez l'un comme chez l'autre ? Auriez-vous nettement constaté l'existence de véritables races de mathématiciens, de médecins ou de peintres, il resterait encore à démontrer que la formation de ces races est bien due à la pratique ancestrale de la peinture, de la médecine ou de la mathématique, et que cette hérédité est bien fille de l'habitude.

Mais s'il en était ainsi, ne devrions-nous pas remarquer en effet, de génération en génération, une « addition croissante » des quali- tés, une « accélération continue » du progrès, un perfectionnement indéfini des organes ans le sens de la fonction héréditaire ? Les descendants d'une race de manouvriers devraient en effet soule- ver de plus en plus de kilogrammes, comme les descendants d'une race de pasteurs protestants, prêcher de mieux en mieux. C'est, dit K. Bücher [1], ce qui se laisse difficilement constater. Dans cer- tains cas bien nets, comme dans l'histoire des. Jurandes du XVIe au XVIIIe siècle, on peut suivre, de père en fils, une dégradation de l'habileté technique - ce qui s'explique d'ailleurs par des raisons d'ordre psychologique ou social bien plutôt que par des raisons d'ordre biologique - mais mille part un affinement continu et in- défini. Le fils d'un athlète, remarque Weismann [2], hérite peut-être des dispositions que son père avait en venant au monde, mais non d'une augmentation de celles-ci : lui non plus n'arrivera pas à sou- lever plus de trois ou quatre quintaux. D'ailleurs, si la conservation de certaines aptitudes dans certaines familles s'expliquait par un exercice ancestral, n'est-ce pas à la fin de la lignée que devraient apparaître les individus qui possèdent ces aptitudes communes à leur plus haut degré de concentration ? N'est-ce pas à la dernière distillation que s'obtient la meilleure liqueur ? Or repassez l'his- toire de ces familles célèbres - celle de la famille Bach ou de la famille Bernouilli, par exemple - et vous verrez que les talents les plus éminents sont rarement aussi les derniers venus [3]. La preuve de l'accumulation escomptée continue donc à nous manquer ; et il reste plus naturel de supposer que les qualités innées du fils sont comme une épreuve nouvelle de celles que le père apportait lui- même en naissant, bien plutôt qu'une projection de celles qu'il a pu acquérir durant sa vie.

Qui peut au surplus discerner nettement, dans le talent d'un in- dividu, l'apport de l'hérédité et l'apport de l'éducation ? la part de la race et la part du milieu ? ce qui jaillit des dons innés et ce qui découle des influences ambiantes ? Nous sommes ordinairement

---

1 Die Entstehung der Volkswirthschaft, 2e édition, p. 338 sqq.
2 Essais sur l'hérédité, p. 479.
3 Weismann, loc. cit., p. 147.

inclinés à faire honneur des vocations et des capacités aux dons naturels, plutôt qu'à l'éducation. C'est que nous entendons alors l'éducation au sens étroit et personnel plutôt qu'au sens large et social. Si l'action consciente et voulue du maître n'effleure souvent, en effet, que la surface de l'âme, l'action inconsciente et involontaire non seulement des hommes mais des choses la remue et la retourne dans ses profondeurs. Des chocs insensibles mais incessants sont capables de sculpter un être intérieur aussi bien qu'ils sculptent les choses extérieures. Ce sont peut-être aussi des « causes actuelles » qui donnent leur tour aux esprits comme elles donnent, nous dit-on, leur forme aux rochers. La permanence d'un certain dispositif de causes actuelles pourrait alors expliquer la réédition des vocations au sein d'une même famille.

Par exemple, on a remarqué que des familles de savants se rencontrent beaucoup plus souvent en Suisse que partout ailleurs. Les lois de l'hérédité auraient-elles donc plus de puissance en Suisse ! Non, mais les Universités locales y sont très nombreuses : pour pousser jusqu'au bout leurs études supérieures, les enfants n'ont pas besoin de se déraciner. Les fils peuvent plus longtemps rester sous la tutelle de leur père, utiliser ses conseils, ses matériaux, ses instruments ; ils sont, par suite, plus disposés et mieux préparés à marcher dans sa voie [1]. La fréquence des dynasties de musiciens ne s'expliquerait-elle pas d'une manière analogue? Weismann a justement observé [2] qu'il faut, pour former le talent d'un musicien moderne, une quantité considérable de traditions, de procédés, d'instruments même qui représentent un capital nullement biologique, mais social, enregistré dans les esprits et dans les choses, mais non dans les organismes. S'il s'est rencontré en effet nombre de musiciens « de race », cela ne tient-il pas surtout à ce qu'ils trouvaient, dès leurs premières années, ce capital à leur portée ? Sur seize musiciens célèbres d'Allemagne, nous trouvons huit fils d'organistes et huit fils de paysans ; il est remarquable que presque tous, jeunes garçons, ils ont fait partie des chœurs d'église et passé leur première enfance entre l'orgue et le clavecin. La pente du milieu ne rendrait-elle pas souvent compte, ainsi, de ce qu'on est d'abord tenté d'attribuer à la seule poussée de l'hérédité ?

1 Cf. Durkheim, *Division du travail social*, p. 350. (Paris, Félix Alcan). [Ouvrage disponible, en version intégrale, dans Les Classiques des sciences sociales. JMT.]
2 Essais sur l'héréd., p. 490 sqq.

Célestin Bouglé

Il resterait peut-être un moyen de décider entre les deux « facteurs » : si l'on pouvait par exemple constater la vocation avant l'éducation, surprendre la nature au prime saut, dans son premier jet, avant toute pression sociale ? On l'a essayé. Galton a interrogé [1] sur leurs goûts premiers et leurs dispositions natives un bon nombre de savants anglais, naturalistes ou ingénieurs. Beaucoup répondent en effet : « J'ai toujours aimé les plantes. - Autant que je puis m'en souvenir, j'ai toujours aimé la nature et désiré en Connaître les secrets. -Très tôt je me suis adonné à des recherches de mécanique. - À l'école mon sobriquet était Archimède, j'ai toujours aimé construire, - etc... » Mais, quand elles seraient multipliées à l'infini, est-il besoin de démontrer combien de pareilles réponses sont peu concluantes ? Sans parler des illusions de toutes sortes auxquelles est sujette la mémoire des intéressés, il faut craindre, dans les enquêtes de ce genre, cet oubli des cas défavorables qui est le père des sophismes inductifs. Tous ces goûts d'enfants changent, remarque de Candolle [2], et « les seuls importants pour la carrière d'un homme sont ceux qui persistent. Dans ce cas, l'individu qui se distingue dans une science ou qui continue de la cultiver avec plaisir ne manque jamais de dire que c'est chez lui un goût inné. Au contraire ceux qui ont eu des goûts spéciaux dans l'enfance et n'y ont plus pensé n'en parlent pas ». En réalité, fussent-ils absolument sincères et aussi objectifs que possible, les examens de conscience d'autant de spécialistes éminents que l'on voudra ne sauraient suffire à démontrer la doctrine biologique des prédestinations professionnelles. Comme cachée sous un entrelacs de branches, la source profonde de nos goûts et de nos aptitudes est encore plus obscure à nos propres yeux qu'aux yeux du prochain.

À vrai dire nous préférons d'ordinaire expliquer nos capacités par l'hérédité plutôt que par l'éducation ; c'est sans doute que l'opération de celle-là nous parait plus mystérieuse, et par la même plus admirable. Mais il faut se rendre compte que cette préférence mystique n'a rien de commun avec une démonstration scientifique. En fait, si l'observation des empreintes individuelles frappées par la vie depuis la première enfance ne rend pas inutile l'hypothèse de l'empreinte héréditaire, elle rend, en tout cas, cette hypothèse invé-

---

1 Cf. English men, p. 874.
2 Cf. Odin, *Genèse*, p. 210 sqq.

rifiable. S'il est vrai, comme le dit Lamarck lui-même, que « nous devons nos goûts, nos habitudes, nos passions, nos facultés, aux circonstances infiniment diversifiées, mais particulières dans lesquelles chacun s'est rencontré », il n'est pas étonnant que l'accumulation de ces acquêts empêche de mesurer l'importance de notre apport inné. En ce sens on pourrait dire que l'action de la première loi lamarckienne nous empêche de saisir l'action de la seconde: les variations nouvelles ou renouvelées à chaque génération empêchent de relever ce qui est fixé dans la race : l'œuvre incessante de l'habitude empêche de voir l'œuvre permanente de l'hérédité.

Il faut donc renoncer à vérifier avec précision, par l'étude des « dynasties » qui se rencontrent autour de nous, l'hypothèse lamarckienne. Si déjà, quand il s'agissait des animaux, il était difficile de prouver que l'incorporation de telle qualité à telle race était bien l'œuvre de l'hérédité des caractères acquis, et non l'œuvre de la sélection naturelle, les difficultés redoublent en présence de l'humanité. Car ici, à la sélection avec tous ses procédés, s'ajoute l'éducation sous toutes ses formes. Derrière l'entre-croisement des formes sociales, le jeu de l'hérédité nous restera caché plus que jamais ; et lors même que nous verrons réapparaître chez un individu les qualités qui correspondent à la fonction de ses aïeux, libre à nous de croire qu'elles tiennent ou bien à ses dons innés, ou bien à ses exercices propres, plutôt qu'aux pratiques traditionnelles de sa lignée.

IV

Examen du «cas privilégié» de la civilisation hindoue. - Il est impossible d'y relever rien qui ressemble à une prédestination professionnelle des membres des diverses castes, - La thèse des apologistes de la caste reste invérifiable autant qu'invraisemblable.

Un espoir reste aux partisans du régime des castes. Si presque tous les peuples se sont émancipés, plus ou moins rapidement, de ses prohibitions bienfaisantes, il en est un qui les a religieusement observées, depuis des siècles. L'Inde obéit tout entière au Code de Manou, génial éleveur, précurseur étonnant de la biologie moderne ; les hommes y restent parqués, de père en fils, entre les

Célestin Bouglé

mêmes barrières ; la race et le métier y sont deux bœufs accouplés pour l'éternité. Ce « peuple modèle [1] » ignore donc le va-et-vient social, les agitations de toutes sortes, les changements de professions et de situations qui brouillent en quelque sorte les cartes de l'anthroposociologie et l'empêchent de vérifier ses thèses. Ici du moins nous sommes à l'abri de l'esprit qui bouleverse tout pour tout niveler ; les sangs ne se mêlent pas plus que les fonctions ne s'échangent. Cette civilisation privilégiée nous réserve donc, sans doute, la démonstration qui nous était refusée jusqu'ici : l'excellence des spécialisations héréditaires s'y manifestera de façon éclatante.

Depuis des siècles, en effet, les fils y héritent nécessairement du métier de leurs pères: comment cette transmission du métier, accompagnant la transmission du sang, n'aurait-elle pas graduellement adapté, aux qualités que le métier exige, les qualités que le sang transmet ? Cette coïncidence de l'hérédité sociale avec l'hérédité physique n'a-t-elle pas dû constituer peu à peu des types qui se distinguent, sinon par des formes tout extérieures, visibles à l'œil nu ou mesurables au compas, du moins par des dispositions intimes, appréciables à l'expérience ? Comment des habitudes tant de fois séculaires ne se déposeraient-elles pas dans les cerveaux sous la forme de facultés innées ? Il y a donc tout lieu de croire que les enfants de castes différentes ont « dans le sang » comme l'on dit, l'un l'aptitude à la méditation, l'autre le goût de la guerre, celui-ci le don du commerce, et celui-là, enfin, l'instinct des métiers serviles. L'immobilité du monde hindou conserve pour notre édification ces échantillons précieux que l'anthroposociologie recherche en vain dans notre monde trop agité.

Mais ici encore l'hypothèse se laissera-t-elle vérifier avec précision ?

Des difficultés préalables nous arrêtent. Le régime des castes a un caractère fâcheux. Il cache ses meilleurs effets et dérobe Son excellence au contrôle. Il est comme un armurier fameux dont on ne pourrait essayer les armes : ces qualités héréditaires qu'il forge dans l'ombre, il les empêche de luire au soleil, de se manifester clairement, de faire leurs preuves. Et en effet, pour prouver péremptoirement la réalité des spécialisations constitutionnelles, il faudrait

---

1 Voir Reibmayr, *Inzucht*, p. 94. Risley, *Tribes and Castes*, I, p. XXVI.

démontrer) par exemple, que les fils des Brahmanes sont inaptes à manier l'épée, ou les fils des Kshatriyas inaptes à manier la plume. Or, c'est précisément à cette démonstration que le régime des castes se refuse, puisqu'il ne met jamais, par principe, la plume aux mains du fils des Kshatriyas, l'épée aux mains du fils des Brahmanes. Il spécialise a priori les enfants des diverses castes : il nous empêche ainsi de prendre la mesure de leurs facultés personnelles. De quel droit prétendre que l'enfant des castes serviles est congénitalement incapable de guerroyer ou d'interpréter les Védas, puisque, en fait, il n'est jamais mis « au pied du mur » ? Qui sait combien le régime des castes laisse ainsi, dans ses basses classes, de talents inutilisés, et inversement, dans ses hautes classes, combien de non-valeurs respectées ? La répartition héréditaire des fonctions nous cache la répartition naturelle des facultés.

Mais l'intervention de la civilisation anglaise va peut-être nous rendre, en ce point, un service inattendu. Elle dissout lentement le régime des castes ; or, précisément dans la mesure où elle le dissout, ne permet-elle pas d'en juger les effets ?

Faisant profession d'oublier les différences de races comme les différences de religions, elle ouvre brusquement, devant cette hiérarchie immobilisée, un régime de concours. Elle fournit donc à l'individu plus d'occasions de donner sa mesure; et c'est nous fournir du même coup plus d'occasions d'éprouver si, réellement, les membres des différentes castes ont été différemment modelés par l'hérédité des professions. La civilisation occidentale jouerait ainsi, à l'égard de la civilisation hindoue, le rôle d'une pierre de touche; elle nous permettrait de discerner, expérimentalement, les qualités naturelles des éléments spécialisés par le régime des castes.

Mais peut-être, dans la mesure où elle est possible, l'épreuve va-t-elle nous procurer des arguments tout différents de ceux qu'escomptaient nos apologistes.

Considérons, en effet, les résultats de cette mobilisation sociale à laquelle donne lieu la domination anglaise ; classons les fonctions que s'approprient les membres des différentes castes et les rangs qu'ils atteignent ; nous n'obtiendrons rien moins ainsi qu'une démonstration de leurs qualités spécifiques [1].

1 Nous empruntons les faits qui suivent aux ouvrages de Pramatha nath Bose et Jogendra nath Bhattacarya, cités dans la note bibliographique, p. 43.

Célestin Bouglé

Pour les qualités militaires, ceux qui prétendent descendre de la caste des Kshatriyas les possèdent sans aucun doute : mais en ont-ils le monopole? Il y a longtemps qu'on a remarqué, au contraire, que l'armée anglaise était un rendez-vous pour toutes les castes, et que les plus basses, suivant l'expression de Jacquemont « s'élèvent en prenant le mousquet». Du moins, si on leur interdit d'abord de prendre rang dans l'armée du Bengale, elles firent librement partie de l'armée de Madras et de celle de Bombay. Aujourd'hui l'armée anglaise reçoit dans ses cadres non seulement des membres des basses castes, mais des membres des tribus « sans castes » ; et leurs chefs s'en déclarent fort satisfaits. Ainsi le Brahmane ne fait pas moins bonne figure sous les armes que le Kshatriya, le Vaiçya que le Brahmane, l'Aborigène que l'Aryen. Revêtus d'un même uniforme, soumis à une même discipline, pénétrés d'un même esprit, les types ethniques variés se fondent en un seul type social, le cipaye.

La répartition des fonctions intellectuelles sera encore plus significative. Sans doute, un grand nombre d'entre elles sont tenues par les descendants des « philosophes ». Les jeunes Brahmanes en quête d'un 'métier se souviennent que l'étude fut le privilège de leur caste. lis se portent de préférence vers les professions « libérales », et beaucoup y réussissent. Mais ces succès sont-ils la preuve de supériorités intellectuelles héréditaires ? On en doute légitimement, si l'on constate que des succès analogues ne sont nullement refusés aux membres des autres castes. Pendant longtemps les Radjpoutes n'ont pas brillé dans les situations qui demandent de la culture ; c'est qu'ils mettaient en quelque sorte leur point d'honneur à ne pas s'instruire. Mais le jour où ils se sont décidés à sortir de leur tente, on n'a pas vu que les descendants de la race guerrière fussent fatalement moins aptes à l'étude. Deux des « Babous » les plus fameux de la haute cour du Bengale, Prasanna Chandra Roy et Saligram Sing sont de caste radjpoute. Dans le service judiciaire de la même province, les petits-fils de Kasava Roy de Nakesipara, qui fut naguère la terreur du pays, occupent de hautes fonc

Si nous regardions maintenant du côté des castes inférieures, nous verrions nombre de leurs unités s'élever facilement aux fonctions qui leur étaient naguère interdites. Les Kayasthas ne sont pas admis parmi les « deux fois nés » ; le port du cordon sacré leur est défendu. On les rencontre cependant aujourd'hui dans les plus hautes couches de la société. Ils ont autant de succès aux Universités que les Brahmanes; ils les surpassent même, nous dit-on, comme auteurs, comme journalistes, comme orateurs. Des deux aigles du barreau bengalais, l'un est un Brahmane, l'autre un Kayastha. Les Banyas, commerçants-nés, ont pourtant donné naissance à nombre d'écrivains distingués. La caste des Telis, caste de Sudras, caste de fabricants d'huile et de marchands de grains - s'enorgueillit aujourd'hui de la mémoire de Rai Kisto Das Pal Beador, l'un des plus grands journalistes de l'Inde. Srinath Pal, l'un des plus brillants élèves de l'Université de Calcutta, qui administre les vastes États de son oncle le Maharani Svarnamayi, est encore un Teli. Les Nairs du Malabar, qui constituaient naguère une tribu plutôt encore qu'une caste, s'ils fournissent beaucoup de domestiques, comptent aussi nombre d'esprits cultivés. Il était entendu que les tisserands étaient gens actifs, mais peu ouverts, et inaptes à la culture: les voici cependant, à Calcutta, qui prennent à leur tour les grades universitaires et ils ne se laissent distancer, nous dit-on, ni par les Brahmanes ni par les Kayasthas. Un grand nombre de castes « inférieures » ont donc fait pénétrer leurs membres dans lés classes « supérieures » de la société anglo-indienne.

Et si d'ailleurs toutes n'y ont pas également réussi, qui nous permet d'en accuser la structure cérébrale des races qui les constituent ? Les circonstances sociales ne pèsent-elles. pas d'un poids plus lourd dans la balance ? On n'a vu jusqu'ici aucun Napit, aucun barbier s'élever sur l'échelle des fonctions : cela tient-il à la spécialisation constitutionnelle, à la race des barbiers, ou bien plutôt à la pression de l'opinion générale qui, regardant les barbiers comme des êtres à la fois impurs et sacrés, enchaîne leurs fils à leur situation traditionnelle ?

Donc, alors même que les descendants des castes restent à leur rang héréditaire, cela ne saurait suffire à démontrer la toute-puissance des influences ancestrales, ni que le « déterminisme biologique » interdise ici toute évasion.

En réalité, contrairement à l'espoir de l'anthroposociologie, les bouleversements récents de la civilisation hindoue ne nous ont nullement révélé les marques héréditaires et comme les poids spécifiques des diverses castes : rien ne nous prouve que leurs

Célestin Bouglé

membres portent, gravée à jamais dans leur organisme, telle vocation déterminée. Bien au contraire, si cette immense expérience démontrait quelque chose, ce serait l'extrême imprudence de vouloir assigner des bornes à la plasticité des esprits.

Après comme avant l'observation de ce « cas privilégié », l'idée que nous sommes les prisonniers de notre race, et ne devons bien faire que ce que nos ancêtres ont toujours fait, - l'idée directrice des apologistes de la caste - reste invérifiable autant qu'invraisemblable.

Chapitre 2
Noblesse, métissage
et dégénérescence

Vous avez démontré, nous accordera-t-on, qu'il est invraisemblable que les qualités acquises et spéciales se transmettent du père au fils. Mais vous n'avez pas démontré la même chose des qualités innées et générales. Vous avez nié que les fils de naturalistes, de capitaines, de peintres dussent posséder, en vertu même des habitudes contractées par leurs pères, des aptitudes spéciales, les uns pour la peinture, les autres pour l'art militaire, les autres pour la science naturelle. Mais vous admettrez bien qu'une intelligence large, une volonté ferme, une sensibilité fine, innées chez les parents, ont des chances de réapparaître chez les descendants. Vous accorderez d'autre part que ces capacités générales, si elles ne prédestinent pas ceux qui les possèdent à tel métier déterminé, les rendent cependant plus aptes que d'autres à remplir les fonctions sociales dominantes, directrices, supérieures. Des lors, quoi de plus raisonnable - c'est-à-dire de plus conforme aux lois de la nature - que de réserver, à ces lignées de première qualité, les situations de première importance ? que d'organiser la société de façon que « les meilleurs » puissent gai-der leur rang et sauver leur sang ? Abandonnons s'il le faut les cloisons multiples qui spécialisaient ces familles, mais maintenons du moins la grande barrière qui préserve les races supérieures du contact des races inférieures. - Ainsi se substitue, à l'apologie du régime des castes, l'apologie du régime aristocratique.

I

L'aristocratie. Les services qu'elle a partout rendus à la civilisation. - La décadence des peuples expliquée par la disparition des classes nobles, où les talents se concentrent.

De ce dernier régime il sera plus facile de relever les effets que du régime précédent. Si l'institution des castes spécialisées se réalise rarement, l'institution de la noblesse est chose quasi universelle. Ce n'est pas seulement sur notre moyen âge qu'on voit se dresser cette pyramide de privilèges étagés qui constitue le régime féodal. La plupart des grands empires ont ainsi connu des classes nobles ayant leurs charges et leurs privilèges propres, tantôt appuyées sur la royauté, tantôt luttant contre elle, mais toujours dominant de haut la masse du peuple. Dans la civilisation qui nous touche du plus près, la civilisation gréco-romaine, nous ne rencontrons plus, sans doute, un régime féodal, mais un régime municipal ; au lieu des bourgs isolés sur les collines, nous y voyons les cités déployées sur les rivages. Mais est-ce un esprit démocratique qui règne dans ces cités ? C'est un esprit doublement aristocratique au contraire : le patricien s'isole du plébéien ; le citoyen vit de l'esclave. Il ne faut donc pas oublier, lorsqu'on admire la splendeur du monde gréco-romain, la cariatide sur laquelle ce globe repose en l'écrasant. Les républiques de l'antiquité sont encore des aristocraties.

Comment s'étonner d'ailleurs que presque toutes les civilisations aient connu la forme aristocratique - quand on se rend compte que, sans aristocratie, une civilisation proprement dite ne saurait naître ? Pour que surgissent ces grandes inventions qui la constituent - mythes et rites, arts et sciences, pratiques et techniques de toutes sortes - encore faut-il que tous les hommes ne soient pas perpétuellement courbés sur la terre par les soins matériels; encore faut-il que quelques-uns puissent relever la tête pour regarder le ciel et scruter l'horizon. Le loisir est aussi nécessaire à l'esprit humain, pour qu'il fleurisse, que l'oxygène à la plante. Les loisirs que ses privilèges créaient à la classe noble en faisaient donc le foyer désigné des inventions civilisatrices. Ajoutons que, comme elle est faite pour créer, une classe noble est plus évidemment encore faite pour conserver. Précisément parce qu'elle se recrute toujours dans le même cercle de familles, unies dans le culte d'un même idéal, elle n'est pas exposée à perdre ce qu'elle a acquis: le respect des aïeux lui commande la, sauvegarde de leurs oeuvres. Qu'elle soit enfin, pour ces mêmes oeuvres, en même temps qu'un instrument de conservation, un instrument de propagation, il est aisé de le comprendre. Que faut-il pour qu'une pratique se répande, pour qu'une idée se développe à l'intérieur d'une société ? Que celui qui l'a inventée trouve des imitateurs. Mais que faut-il pour qu'il soit imité? Qu'il soit connu et respecté, qu'il oriente toutes les activités en fixant tous les regards [1]. Or, n'est-ce pas là précisément le cas des noblesses ? Les peuples se contemplent et se mirent, en quelque sorte, en elles : elles fixeront les « opinions à répandre », elles détermineront l'idéal. De toutes façons donc elles lui sont nécessaires: grâce à leurs privilèges, elles l'élaborent; en vertu même de leur pureté elles le conservent ; et par leur prestige elles le propagent. Privilège, pureté, prestige des aristocraties, voilà les trois branches du trépied qui porte les civilisations.

En veut-on des preuves par le fait ? L'histoire démontre clairement, d'après l'anthroposociologie, qu'une civilisation vacille et décline rapidement, là où viennent à lui manquer ces supports naturels. Quand leur noblesse disparaît, c'est que l'heure de la déchéance générale a sonné pour les peuples. D'après Gobineau [2] on peut constater, en suivant l'histoire des sociétés égyptienne, assyrienne et hindoue, « qu'elles se perpétuent dans la mesure où se maintient le principe blanc qui fait également leur base ». La décadence de la Grèce ne coïncide-t-elle pas, de même, avec la disparition des représentants du pur type hellène ? D'après Otto Seeck, si le monde antique a été si facilement submergé par le flot de la barbarie, c'est qu'elles avaient été décimées par les guerres, ou dépravées par les mélanges, les races nobles qui avaient fait sa grandeur. Les historiens expliquent ordinairement le déclin des empires par l'ébranlement des institutions, la corruption des mœurs, le désordre des idées, mais tous ces phénomènes sont des symptômes bien plutôt que des causes : ils sont les symptômes d'un mal plus profond et véritablement organique: la disparition des noblesses [3].

---

1 Voir Tarde, *Les transformations du pouvoir,* 1899, pp. 74, 199 (Paris, Félix Alcan).

2 Essai, I, p. 401.

3 Voir Otto Seeck, *Untergang.* Reibmayr, *Inzucht.*

Opposera-t-on à cette thèse les grandes inventions -religieuses ou esthétiques, scientifiques ou industrielles - qui sont dues à des hommes d'extractions basses ? Rappellera-t-on Palissy et Faraday, ou Luther et Rousseau ? Il est vrai qu'on voit ainsi, parfois, des idées de génie monter des bas-fonds de la société. Mais sachons bien que si nous sommes si frappés de ces ascensions, c'est précisément parce qu'elles sont inattendues. Elles restent en somme exceptionnelles. À envisager les grands nombres, on s'apercevrait sans nul doute que, dans l'œuvre civilisatrice, la part des classes nobles est hors de proportion avec la part des autres classes. De Candolle a recherché l'origine de 90 correspondants étrangers de notre Académie des sciences, au XIXe siècle [1]. Le cas n'est pas favorable à notre thèse, puisque la recherche porte sur un temps où les privilèges des classes supérieures étaient déjà battus en brèche. Or les chiffres montrent que ces classes ont fourni 41 pour 100 des savants en question, tandis que la classe moyenne en fournissait *52* pour 100 et la classe ouvrière 7 pour 100. Notez que dans l'établissement de ce tant pour cent, il n'est tenu compte que du nombre des savants élus, et nullement du nombre total des individus qui composent les classes d'où ces savants sont sortis ; si l'on prenait ce nombre en considération, on verrait - étant donné que la classe noble est infiniment moins nombreuse que les autres, - grossir démesurément la part de la noblesse. M. Odin a fait ce calcul [2]. Ses recherches ont porté sur 6 382 gens de lettres, nés en France depuis le XIIIe siècle. Il arrive à cette conclusion que la noblesse a produit relativement « 23 fois plus de gens de lettres de talent que la bourgeoisie, et 200 fois plus que le prolétariat, ce dernier chiffre n'étant encore qu'un minimum ».

Comment s'expliquer cette étonnante concentration des talents dans une certaine classe, sinon par ce fait que les éléments eugéniques, au lieu de se diluer et de se dissoudre dans la mer de la démocratie, se sont concentrés en effet, et comme condensés dans les lacs fermés de l'aristocratie

II
Réquisitoire contre le métissage: ses fâcheuses conséquences

1 Op. cit., pp. 82, 89.
2 *Genèse*, I, p. 541.

Célestin Bouglé

physiques et mentales.
- Mais l'observation ne confirme pas ces arguments.

C'est sur ce fait d'ordre biologique que l'anthroposociologie attire notre attention. Que les privilèges de l'aristocratie se justifient, que son prestige s'explique par la pureté de son sang, c'est de cela qu'elle prétend nous apporter des preuves scientifiques. Théognis disait déjà : « D'un oignon on ne voit sortir ni rose ni hyacinthe ; ainsi point d'enfant noble d'une femme esclave... Il n'est pas étonnant, disait-il encore, que la belle race des citoyens dégénère, quand les nobles se croisent avec les gueux. » Rien n'était mieux fondé en raison que cet instinct séparatiste, que cet orgueil du sang bleu : voilà ce que la « science » d'aujourd'hui nous démontre. En mesurant, les crânes et les tailles, en comparant les couleurs des yeux et des cheveux, elle manifeste que « les luttes de classes sont vraiment des luttes de races », elle prouve que les classes se distinguent, non seulement par l'éducation mais encore « par des caractères de race qui peuvent partiellement être mesurés, par des caractères somatologiques immuables la vie durant [1] ». Elle apporte en un mot une apologie de la noblesse fondée, non plus seulement sur des motifs psychologiques, mais sur des lois biologiques.

Et en effet si les classes correspondent vraiment à des races distinctes, qu'est-ce à dire sinon que le mélange des classes aboutit à un métissage véritable ? et que la société dont les classes se mêleront ne sera plus composée que de ces races métisses ? - Or la science naturelle n'a-t-elle pas prouvé que les races métisses sont forcément dégradées, aussi bien moralement que physiquement ? Elles sont le rebut de la nature ; elles seront la plaie de la civilisation.

Tout croisement, dit le prophète de l'anthroposociologie, le comte de Gobineau, est en lui-même une cause de dégradation : « la race supérieure, lorsqu'elle s'unit à la race inférieure, s'abaisse sans l'élever. » Si les croisements auxquels les sociétés ont déjà consenti se multiplient, si la confusion des sangs devient complète, alors « les nations, non, les troupeaux humains accablés sous une morne somnolence, vivront engloutis dans leur nullité, comme des <u>buffles ruminants</u> dans les flaques stagnantes des Marais Pontins. »

1 Ammon, L'Ordre social, p. 199.

« Chez les métis, dit Otto Ammon [1], se combinent les qualités dis-
cordantes des parents et se produisent des retours a des ancêtres
éloignés: les deux choses ont pour effet commun que les métis sont
physiologiquement et psychologiquement inférieurs à leurs races
composantes. » Le métissage entraîne, suivant V. de Lapouge [2], non
pas seulement la régression, mais finalement l'extinction de la race.
Déjà on avait essayé d'établir que les métis meurent plus aisément :
il faut ajouter que, leur désharmonie fondamentale impliquant des
malformations cachées, ils se multiplient moins vite. L'infécondité croissante de certaines nations modernes s'expliquerait donc en
partie parce qu'elles sont « métisses, cent fois métisses ». Comme
la capacité de résister à la mort, le métissage diminue la capacité
de propager la vie.

Ses effets mentaux ne sont pas moins désastreux, d'ailleurs, que ses
effets physiques. « Tous les voyageurs ont remarqué, dit Darwin, la
dégradation et les dispositions sauvages des races humaines croisées. » « On ne peut comprendre, dit Livingstone [3] en parlant du
Zambèse, pourquoi les métis sont plus cruels que les Portugais,
mais le fait est incontestable. » Un habitant disait au même voya-
geur : « Dieu a fait l'homme blanc et Dieu a fait l'homme noir; mais
c'est le diable qui a fait le métis. » L'intelligence des métis ne paraît
pas supérieure à leur caractère. On ne les voit pas briller par l'art ou
la science, s'acquitter avec éclat des grandes fonctions civilisatrices.
Ils portent en tout le goût du médiocre - et peut-être, si des idées
aussi grossières que les idées égalitaires empoisonnent lentement
la civilisation occidentale, faut-il l'attribuer au métissage croissant
de ses races. Ce sont bien des idées de « raisonneurs métis ».

Que penser cependant de ce réquisitoire ?

La vigueur et la fécondité des métis sont moindres, nous dit-on.
Mais Darwin ne nous a-t-il pas fait observer que le croisement,
qu'il s'agisse des plantes ou des animaux, est souvent employé
comme un moyen de rendre précisément la vigueur et la fécondité
a une variété épuisée [4] ? En fait, là où les métis humains ont pu se
répandre librement, rien ne prouve que leur résistance à la mort ait

1 Loc. cit., p. 188.
2 *Sélect. soc.*, p. 168. M. Manouvrier rassemble dans ses articles sur *l'Indice cépha-
tique, p.* 293, les aphorismes de l'anthroposociologie contre le métissage.
3 Cités par *Ribot, L'Hérédité*, p. 415 sqq.
4 Delage, Structure du protopl., p. 253.

Célestin Bouglé

été moindre que celle des races pures. Au Mexique et dans l'Amérique du Sud, ne se sont-ils pas élevés en trois siècles au cinquième de la population totale ? Ne constate-t-on pas en Polynésie, aux îles Marquises, que tandis que la population indigène décroît, les métis se multiplient ? La thèse qui veut que leur fécondité soit moindre reste en tout cas dénuée de preuve. Les quartiers pauvres de Paris n'ont-ils pas une population aussi métissée que les quartiers riches ? Leur fécondité est cependant plus élevée. Dans les départements de la Seine-Inférieure, du Nord, des Bouches-du-Rhône, la natalité se maintient à un taux satisfaisant : ces départements ont-ils cependant une population plus homogène ? Inversement, dans l'île de Ré, la population est peu mélangée : cela n'empêche pas sa fécondité de diminuer [1]. Il faut donc chercher, ailleurs que dans le métissage, les raisons de la « dépopulation » de certaines nations modernes.

Soutiendra-t-on du moins que le croisement des races, s'il n'entraîne pas une déchéance physique, entraîne une déchéance morale ? C'est ici qu'il faut se rappeler combien il est difficile de discerner, sous les influences sociales, les influences proprement biologiques. Le métis vit presque toujours dans une situation plus ou moins fausse, dédaigné des uns, envié des autres, exposé parfois aux haines convergentes des deux races dont il sort. N'est-il pas naturel qu'il devienne, sous la pression même des circonstances, aussi barbare à l'égard de la race inférieure, que souple à l'égard de la race supérieure, et ardent à se dédommager, en faisant souffrir celle-là, de ce que lui fait souffrir celle-ci ? Combien de fois n'at-on pas attribué ainsi, à des caractères de races, des défauts bien plus aisément explicables par des situations sociales ?

En fait, là où l'opinion ne pèse pas sur eux, on voit les métis s'élever aussi aisément que les races pures. Des voyageurs ont retrouvé dans une petite île une population métisse, descendant de quelques matelots anglais et de quelques femmes polynésiennes. Elle était, d'après leur rapport, aussi remarquable par ses qualités morales, par son intelligence vive, par son désir de s'instruire, que par sa force et son agilité. Au Brésil, où l'opinion est moins rude aux métis, la presque totalité des peintres et des musiciens appartient à la race croisée, qui compte aussi beaucoup de médecins. Au Vé-

---

1 Dumont, Natalité et Démocratie, pp. 112-115.

nézuéla, nombre de mulâtres se sont distingués comme orateurs, comme publicistes, comme poètes [1]. Les races croisées seraient donc aussi capables que les races pures de remplir les fonctions « intellectuelles » d'une société.

III

Inversement l'observation prouve la nécessité des croisements dégénérescence des aristocraties. Qu'elle ne s'explique sans doute pas par les seuls mariages consanguins? par les fâcheux effets du surmenage intellectuel? ou du privilège lui-même? - Isolement et étiolement.

Il est par conséquent impossible de prouver que les croisements soient aussi dangereux que le prétendent nos anthroposociologues ; et peut-être sera-t-il possible de prouver que les croisements sont très utiles, au contraire, sinon indispensables.

Considérons en effet ces aristocraties qu'on loue de leur orgueil isolateur, et essayons de suivre leur trace à travers les siècles ; nous constaterons que leur moindre défaut est de ne pas durer. Au bout de peu de temps elles dégénèrent et progressivement s'éteignent.

Rien qu'à voir leurs représentants, on a parfois l'impression de cette dégénérescence. Pope faisait remarquer à Spencer que les nobles anglais n'avaient pas du tout le grand air qu'ils devraient avoir. Quand on annonce un grand d'Espagne, attendez, disait-on en Espagne, un avorton. Le marquis de Mirabeau, qui avait, lui, une belle santé, traitait les nobles de son temps de pygmées, « plantes sèches et mal nourries [2] ». Mais ce ne sont là que des impressions. Peuvent-elles être confirmées par des renseignements objectifs ?

Les Spartiates étaient 9 000 au temps de Lycurgue ; en 480 on n'en trouve plus que 8 000, 6 000 en 420, 2 000 en 371, 1 000 au temps d'Aristote, et 700 en 230 dont 100 seulement pouvaient prendre place aux tables communes. A Athènes, après Chéronée, on éleva au rang d'eupatrides, d'un seul coup, 20 000 métèques et esclaves. À Rome, pour ramener le Sénat au chiffre constitutionnel de 300 membres, il fallut y faire entrer 177 plébéiens. Les aristocraties de

---

1 Ribot, op. cit., p. 417 sqq.
2 Cf. Colajanni, *Le* Socialisme, p. 299.

Célestin Bouglé

l'antiquité ont donc incontestablement souffert de l'oliganthropie [1] ; en est-il de même des nôtres ?

Benoîton de Châteauneuf, dans un mémoire fameux sur *la durée des familles nobles en France* [2], remarque que cette durée ne dépasse pas 300 ans en moyenne. En Angleterre, sur 500 familles de la plus ancienne noblesse, il n'y en a que 5 aujourd'hui qui puissent remonter en ligne directe, par les hommes, jusqu'au XVe siècle [3]. On a pu faire sur la noblesse municipale, sur les familles patriciennes des villes du moyen âge des observations plus précises : elles manifestent des résultats analogues.

À Augsbourg, en 1368, on comptait 51 familles de sénateurs. Il n'en reste que 8 en 1538. A Nuremberg 118 familles en 1390 constituent le patriciat : cent ans après 63 d'entre elles ont disparu. À Mulhouse, en 1552, on dresse un nouveau livre des citoyens, et l'on constate que sur 629 connues, 152 seulement se retrouvent, c'est-à-dire seulement 25 pour 100. À Lindau, de 306 familles de patriciens il n'en reste que 4. À Lubeck, en 1818, on sonna les cloches, en l'honneur du dernier rejeton des races patriciennes de la ville, qui venait de mourir comme *Vereinsdiener* [4]. Ainsi, antiques ou modernes, municipales ou féodales, les aristocraties semblent bien soumises à la même loi fatale d'extinction. Comment expliquer ce phénomène ?

Benoîton de Châteauneuf en rendait responsables les causes de destruction auxquelles, plus que toute autre classe, la noblesse se trouve exposée; par exemple les guerres et les duels. Certaines guerres, comme la guerre des Deux-Roses, sont fameuses pour avoir décimé l'aristocratie, et l'on sait quels ravages, au temps de Richelieu, la mode du duel faisait dans la noblesse. Cette cause est-elle cependant assez générale pour expliquer le phénomène en question ? Il faut bien remarquer, avec Littré, que si la noblesse était plus exposée que les autres classes à certains périls de mort, elle était aussi mieux garantie contre certains autres. Il lui était toujours relativement facile de trouver bon gîte et bonne chère ; elle souffrait moins des famines et des épidémies qui désolaient

1 Cf. Dumont, Natalité, p. 97.
2 Cité par Reibmayr, op. cit., p. 261.
3 D'après les recherches de Galton et d'Evelyn Shirley (cit. par Kidd, *L'Évol. soc.*, p. 251).
4 Hansen, op. cit., pp. 175-179.

le moyen âge. D'autre part, comme les familles nobles en général, les dynasties royales s'éteignent. Or bien peu, parmi les membres de ces dynasties, sont morts sur les champs de bataille. Enfin la noblesse municipale ne disparaît-elle pas comme la noblesse guerrière ? Faut-il accuser la seule guerre de l'extinction des lignées des sénateurs d'Augsbourg ou de Nuremberg ? Force est donc de chercher ailleurs la raison essentielle de l'usure des aristocraties.

Mais les sciences naturelles ne nous offrent-elles pas cette raison toute prête ? L'essence de la noblesse est l'horreur de la mésalliance. Pour préserver son sang de toute contamination, l'aristocratie se recrutera « dans son propre sein ». Les nobles chercheront femme toujours dans le même cercle de familles. Qu'est-ce à dire, sinon que la noblesse sera amenée à multiplier les alliances entre proches, à pratiquer les mariages consanguins? Or ne sait-on pas que l'usage du mariage consanguin a vite fait de ruiner une race ? L'imbécillité, la surdimutité, la scrofule, le rachitisme, l'albinisme, les malformations, enfin l'abâtardissement, la dégénérescence et finalement la stérilité, tel serait, d'après de nombreuses observations médicales, le bilan de la consanguinité [1].

Sur ce point, d'ailleurs, la sagesse des nations avait devancé la science. De tout temps, dans presque toutes les sociétés, l'exogamie est commandée on défend à l'homme d'épouser une femme de son groupe preuve qu'on a le sentiment des déplorables effets de ces alliances entre proches, auxquelles l'orgueil des noblesses les condamne.

L'argumentation est séduisante. Il est tentant de relever l'épée du naturalisme, pour montrer qu'elle a deux tranchants, et peut à son tour blesser les adversaires de la démocratie. Mais l'argument est-il autorisé par les faits ?

Nous croyons aisément aux mauvais effets des mariages consanguins; une longue tradition nous les présente comme prohibés : comment une prohibition si répandue et si antique ne serait-elle pas fondée sur quelque observation vague, ou tout au moins sur quelque juste pressentiment des lois de la nature ? Toutefois, à rechercher les origines des prescriptions exogamiques, on s'aperçoit qu'elles tiennent à des idées religieuses et principalement à des <u>croyances totémistes</u> qui ne semblent impliquer aucune connais-

1 Voir Ribot, *L'Héréd.*, p. 407 sqq.

Célestin Bouglé

sance quelconque des processus physiologiques [1]. En fait, aux exemples par lesquels on démontre la nocuité de la consanguinité des exemples inverses peuvent répondre.

Les Lagides et les Séleucides épousaient leurs sœurs, leurs tantes ou leurs nièces : leur sang fut vite appauvri. Les Juifs pratiquent forcément l'endogamie ; la neurasthénie est chez eux très fréquente. Mais, dans la commune de Batz ou de Bréhat, tout le monde est parent; il ne semble pas que la race dégénère. On connaît des familles, - celle du Dr Bourgeois par exemple, - où le mariage consanguin, pratiqué pendant plusieurs générations, n'a amené aucune déchéance. Tout ce qu'on peut constater, c'est que la consanguinité additionne les tendances similaires des conjoints. « En elle-même elle ne paraît avoir ni inconvénients, ni avantages : tout dépend de l'état individuel des individus qui la pratiquent [2]. » Elle aggrave les défauts comme elle raffine les qualités. Elle pousse les générations toujours dans le même sens ; mais elle ne les entraîne pas forcément hors du bon chemin. Elle est une cause d'accélération, non forcément une cause de déviation.

Pour expliquer la dégénérescence et finalement l'extinction des aristocraties, la consanguinité ne suffit donc pas. Elle aggrave les tares, elle ne saurait les créer. Où est donc et d'où 'vient la tare des aristocraties ? Quel est ce défaut de la cuirasse que la consanguinité doit élargir à chaque génération ? Voilà ce qu'il faut maintenant rechercher.

On pourra pousser cette recherche de deux cotés différents : suivant qu'on envisagera les fonctions de la noblesse ou ses privilèges, ses char-es ou ses loisirs, son activité ou son inertie, on verra apparaître différentes causes possibles de sa décadence.

L'aristocratie, avons-nous dit, exerce les fonctions sociales supérieures. Elle crée, conserve, propage la civilisation. C'est dire que sa dépense intellectuelle, par suite sa dépense cérébrale et nerveuse est plus grande que celle de la moyenne. Dès lors son appauvrissement biologique ne s'explique-t-il pas comme le corollaire d'une loi connue ? C'est la loi établie par Carey et Spencer, et en vertu de

---

1 Cf. Durkheim, *La Prohibition de l'inceste et ses origines,* dans *l'Année sociologique,* I, 1898 (Paris, Félix Alcan). [Texte disponible, en version intégrale, dans les Classiques des sciences sociales. JMT]
2 Cf. Delage, *Structure du protopl.,* pp 248-250.

laquelle les individus les plus parfaits deviennent aussi les moins féconds. « L'évolution individuelle est en antagonisme avec la dissolution procréatrice. Soit à cause du développement plus considérable des organes qui concourent à la conservation de l'individu, soit à raison de leur plus grande complexité de structure, soit parce que leur activité est accrue, la quantité de matériaux qu'ils exigent et qu'ils absorbent diminue d'autant la réserve des matériaux destinés à perpétuer la race. » Ne voit-on pas qu'à mesure qu'on s'élève dans l'échelle animale, en passant des êtres les plus amorphes aux mieux organisés, et des plus inconscients aux plus intelligents, la fécondité des espèces diminue ? On a calculé qu'un petit infusoire remplirait en un mois le soleil de sa postérité. Les petits de l'éléphant au contraire sont peu nombreux. Ainsi, dans l'espèce humaine, les plus intelligents seront aussi les moins prolifiques. Il semble que la nature jalouse n'affine les races que pour les condamner à mort.

Cette théorie a joui d'une certaine faveur. Elle parait avoir pour elle la logique : si la fonction intellectuelle use toutes les réserves de la force nerveuse, n'est-il pas logique que ces réserves fassent défaut à la fonction sexuelle ? - Elle s'accorde avec certaines données biologiques : nombre d'animaux intelligents sont en effet peu féconds. - Elle flatte enfin certains sentiments : un peuple n'est pas malheureux de penser que si sa natalité diminue, c'est parce qu'il est très intelligent.

Toutefois les faits observés de plus près permettent-ils de conserver la théorie ? Parmi les animaux, si l'éléphant est moins fécond que les protozaires, l'espèce canine est plus féconde que l'espèce bovine ; elle n'est cependant pas moins intelligente. Parmi les hommes, il est difficile de prouver que les centres de moindre production vitale correspondent aussi exactement aux centres de surproduction intellectuelle. Rien ne prouve que ceux de nos départements où la natalité est le plus faible aient une activité cérébrale supérieure à la moyenne. On observe que le quartier de l'Élysée a une natalité plus faible que celle du Père-Lachaise ; mais sa natalité n'est pas plus faible que celle des départements du Gers, de l'Orne et du Lot-et-Garonne. Tandis que les communes agricoles des environs de Dunkerque augmentent encore de 50 pour 100, les communes agricoles des environs d'Argentan et d'Alençon n'augmentent plus que de 10 pour 100 ; celles-ci sont-elles plus « intellectuelles ? [1] »

Il est donc difficile de tenir pour prouvé que le développement de l'intelligence provoque directement l'extinction des races supérieures. Toutefois, que ce développement puisse indirectement hâter cette extinction, c'est ce qu'il est encore permis de soutenir. Toute qualité poussée à l'extrême et comme hypertrophiée devient un cas pathologique : elle écrase en quelque sorte les organismes qui la véhiculent. Pour que la vitalité d'une race se maintienne, un certain équilibre des fonctions est indispensable, le déséquilibre entraîne bientôt la misère physiologique. Or il n'est pas étonnant que les races aristocratiques, étant donnée leur mission civilisatrice, soient les plus vite déséquilibrées. Esquirol notait seize fois plus de maladies mentales dans la haute noblesse et les familles royales que dans le peuple. Cette supériorité morbide est sans doute la rançon de la suractivité cérébrale. La lame a usé le fourreau. Le surmenage intellectuel a entraîné l'épuisement nerveux. La pratique du mariage consanguin accélérant les fâcheux effets physiques de leur rôle social, les éléments eugéniques devaient naturellement être les plus vite brûlés. Les aristocraties seraient les victimes de cette haute culture dont elles sont les gardiennes.

Dira-t-on que, pour beaucoup d'aristocraties, l'explication semble paradoxale? Dans la plupart des civilisations, bien plutôt que la suractivité des nobles, c'est leur. oisiveté qui est proverbiale. Il arrive souvent que « la classe qui a des loisirs » mette son point d'honneur à ne pas s'occuper. Tout travail est « tabou » pour elle. Orgueilleuse de ses ongles longs, elle tue le temps par les cérémonies et les fêtes; mais on ne saurait dire qu'elle s'épuise au travail de la pensée. Elle profite de ses privilèges pour vivre dans un *farniente* absolu, mental aussi bien que physique [2].

Admettons, pour un certain nombre de cas au moins, l'exactitude de ces observations; elles nous laissent apercevoir une autre cause possible de la ruine physiologique des aristocraties. Car l'excès de loisir n'est pas moins dangereux que l'excès d'activité : le parasitisme est aussi bien que la suractivité une cause de dégénérescence. Non que nous croyions à une action directe du *farniente* sur la race, aboutissant à une atrophie héréditaire de tels ou tels

---

1 Dumont, *Natalité*, p. 93 sqq. - Cf. Colajanni, op. cit., p. 164 sqq.
2 Cf. Veblen, The Theory of the leisure class.

organes [1]. Mais au moins peut-on assigner une action indirecte à cette oisiveté princière. C'est ici le cas de rappeler qu'elle est la mère de tous les vices, et la cause, par conséquent, de mille dégradations physiques. Si le déséquilibre et la dégénérescence croissante de la gens Claudia ou de la maison d'Espagne peuvent être difficilement titis sur le compte d'une culture trop intensive, on les attribuera peut-être plus aisément à l'abus des débauches de toutes sortes. Les excès sensuels produisent des effets analogues à ceux des excès intellectuels. Ce qui ne s'expliquerait pas par les devoirs trop lourds que leur mission sociale impose aux noblesses, s'expliquerait ainsi par les tentations trop faciles que leur procurent leurs privilèges mêmes.

D'ailleurs, que le privilège en soi constitue un danger pour les races, on le comprendra plus aisément si l'on se rappelle que le privilège est essentiellement une barrière pour la sélection. Les naturalistes nous ont rappelé que l'opération de la sélection, destinée à éliminer les échantillons défectueux d'une espèce, est nécessaire, non seulement pour que celle-ci progresse, mais pour qu'elle garde son rang; qui dit arrêt de la sélection dit recul de l'espèce [2]. Or l'essence d'un privilège social n'est-elle pas de soustraire les descendants d'un certain nombre de souches à la sélection naturelle? Les rejetons de la classe privilégiée ne grandiront pas en pleine terre, mais en serre chaude; ils n'auront pas à lutter pour se faire une place au soleil ; ceux d'entre eux que la nature eût peut-être éliminés seront, de par la tutelle spéciale dont ils jouissent, soigneusement entourés, abrités, aidés à survivre.

Et certes - on l'a bien des fois noté - l'institution peut avoir ses avantages sociaux. Elle écarte de la jeune plante les cailloux et les ronces; elle lui permet de donner de bonne heure tous ses fruits. Ainsi s'explique, sans doute, l'élévation précoce des Canning, des Peel, des Palmerston, des Gladstone [3]. Mais si le privilège favorise parfois ainsi le développent précoce du bon grain, il sauve aussi, fatalement, le grain taré. Il aide les divers éléments de la race, si dégradés qu'ils soient, à faire souche à leur tour ; par les mariages consanguins, leurs tares sont, non seulement conservées, mais

1 Ce que parait admettre M. Colajanni, *Le Socialisme*, pp. 312-316.
2 Voir plus haut la théorie de Weismann, p. 51.
3 Cf. Taine, *Notes sur l'Angleterre*, p. 218. - Ribot, *L'Hérédité*, p. 526 (Paris, Félix Alcan).

Célestin Bouglé

multipliées : et de là suit la dégénérescence progressive de la race entière. Les avantages sociaux que la noblesse assure à ses enfants suffiraient, en ce sens, à expliquer son universelle dégradation physique.

*

* *

Les anthroposociologues auraient donc tort de croire que les qualités supérieures des élites se seraient conservées et concentrées de génération en génération, si les élites avaient su ne pas se mêler aux masses. Ils regretteront en vain la disparition des noblesses exclusives et jalouses. Les faits prouvent qu'une race qui se replie en quelque sorte sur elle-même se condamne à mort. Si elle ne veut pas descendre dans la tombe, il faut qu'elle consente à descendre sur la terre : pour échapper à l'anéantissement, il faut qu'elle tende la main à des races plus jeunes. Le croisement est donc une nécessité vitale. En travaillant à mêler les classes, la démocratie obéit - bien loin qu'elle le contrarie - au vœu de la nature.

Chapitre 3
La bourgeoisie et le renouvellement anthropologique

La science, nous disait-on, démontre le bien-fondé des institutions dont la démocratie dénonce l'injustice : la science déplore, par exemple, la dissolution des castes, et l'effacement des noblesses. Mais nous avons vu, au contraire, que l'apologie scientifique du régime des castes ne pouvait se soutenir - car il est douteux que les qualités acquises par l'exercice d'une fonction soient transmises par l'hérédité. L'apologie scientifique du règne de la noblesse ne nous a pas paru plus solide - car il n'est pas douteux qu'une race dont les membres se marient entre eux et sont soustraits à la sélection soit vouée à la dégénérescence. Des observations auxquelles nous a conviés l'anthroposociologie, un fait se dégage nettement : c'est que l'existence de classes fermées et privilégiées est un danger pour les races. Leurs privilèges mêmes les étouffent. Leur isolement entraîne leur étiolement.

Est-ce donc chose démontrée que nous devions, en conséquence, balayant jusqu'aux traces de l'existence des classes, travailler méthodiquement à tout niveler et à tout mêler ? - Ou au contraire, si elle n'a pu défendre l'aristocratie proprement dite, l'anthroposociologie ne tient-elle pas en réserve d'excellents arguments pour une apologie scientifique de la bourgeoisie ? Si elle n'a pu justifier l'organisation hiérarchique des sociétés anciennes, ne nous apprendra-t-elle pas, du moins, à respecter les survivances modernes de l'antique organisation ?

I

Comment les classes survivent, et ce qui les sépare: faut-il viser à maintenir ou à diminuer leurs distances? - Il faut, nous dit-on, que les ascensions sociales soient possibles, mais il est heureux qu'elles soient difficiles. - On démontre a priori qu'aucune capacité n'est perdue. Faiblesse de cette démonstration.

Il est entendu que, dans nos sociétés modernes, « il n'y a plus de classes ». De quelque souche qu'ils descendent, tous les citoyens sont égaux devant la loi. Ils jouissent des mêmes droits politiques. Ils ont libre accès aux mêmes fonctions. La société n'est plus une hiérarchie de mondes distincts : tous ses membres sont placés officiellement sur le même plan. En fait, que de profondes distinctions continuent de les séparer, on le sait de reste.

Manifestées par la différence des costumes et des manières, ces distinctions correspondent aussi, d'une façon générale, à des inégalités de traitements consacrées par les mœurs, sinon sanctionnées par les lois. L'homme « comme il faut », fût-il criminel, ne sera pas traité comme le pauvre hère. Le rang social en impose même à la police. Il en impose en tout cas à l'administration. La considération dont certains citoyens sont entourés leur garantit ainsi une puissance sociale particulière, et se traduit, dans la vie de tous les jours, sinon par des privilèges proprement dits, au moins par des avantages indéniables [1]. Or, à quoi tient ordinairement cette considération? Pour une part, sans doute, à la fonction exercée ; pour

---

1 Voir Goblot, Les Classes sociales, dans la Revue d'Économie politique, janvier 1899.

Célestin Bouglé

une autre part, plus certainement, à la richesse possédée. Il est généralement admis, par exemple, qu'il est plus honorable, et comme plus noble d'être avocat que d'être greffier, d'être maître de forges que d'être forgeron, d'être médecin que d'être vétérinaire. Il s'est ainsi établi, dans nos sociétés, comme une hiérarchie des fonctions qui détermine la situation sociale des individus. Mais est-ce seulement, ou même surtout la fonction qui détermine cette situation ? Encore faut-il, pour que l'individu qui exerce une fonction réputée noble reste considéré, qu'il puisse tenir son rang, représenter, et en un mot, suivant l'ancienne expression, « vivre noblement ». S'il n'est pas difficile de conserver le prestige social sans rien faire, il est extrêmement difficile de le conserver sans rien posséder. Qu'est-ce à dire, sinon que le prestige social tourne le plus souvent autour de la richesse ? Et la possession de la richesse n'est-elle pas le plus souvent, à son tour, le résultat d'un privilège ? Si quelques-uns conquièrent leurs capitaux par leur travail, le plus grand nombre ne les reçoivent-ils pas par l'héritage, et ne possèdent-ils pas, à ce titre, un véritable droit de naissance ? Quelle distance entre celui qui trouve ainsi, auprès de son berceau, la bourse pleine, et celui qui n'y trouve que la besace vide ! On dira légitimement que l'un appartient à une classe privilégiée, l'autre à une classe déshéritée.

Le règne de la bourgeoisie, dans nos sociétés modernes, repose en définitive sur l'alliance des hautes fonctions avec les gros capitaux ; elle est possédante en même temps que dirigeante ; ses avantages moraux sont le plus souvent soudés à des privilèges économiques. C'est ce qui explique que, malgré l'égalité officielle et légale, nos sociétés apparaissent de plus en plus comme divisées en deux mondes, l'un sombre et terne, l'autre lumineux et brillant, empruntant son éclat à l'or autour duquel il gravite - le monde du travail, et le monde du capital. Doit-on viser à maintenir ces deux mondes aussi distincts et séparés que possible ? Ou au contraire à diminuer les distances et à rapprocher les conditions ? Telle est maintenant la question que nous posons à l'anthroposociologie.

Qu'il faille réserver des passages d'une couche sociale à l'autre, et qu'en ce sens toute classe doive désormais être ouverte, on ne le contestera sans doute plus. Car, indépendamment de l'histoire de l'ancienne noblesse, l'analyse des phénomènes propres à la civilisation moderne prouve surabondamment la nécessité des renouvellements anthropologiques.

Une des caractéristiques de notre civilisation est l'hypertrophie des villes ; toutes ses activités affluent vers la ville : c'est dans la ville et par la ville que règne la bourgeoisie. Si la noblesse était surtout une aristocratie terrienne et rurale, la bourgeoisie est essentiellement une aristocratie urbaine et citadine. Or la ville fait une énorme consommation d'hommes. Si elle continue de s'agrandir sans relâche, ce n'est pas par la multiplication progressive de ses éléments anciens, mais bien par l'infiltration ininterrompue d'éléments nouveaux. Diverses analyses statistiques l'ont clairement prouvé : ici, dans une ville catholique entourée d'une campagne protestante, on voit varier avec une extrême rapidité la proportion des membres de l'une et l'autre confession ; ailleurs la proportion des citoyens majeurs est beaucoup plus foi-te qu'on ne l'aurait supposé, si l'on n'avait tenu compte que du nombre des enfants nés dans la ville même ; la masse des hors venus l'emporte à chaque génération sur celle des indigènes [1]. Livrées à elles-mêmes, on verrait sans doute les villes atteintes à leur tour par l'oliganthropie, car la vie urbaine a vite fait de consumer les races qu'elle attire ; c'est l'affaire, en moyenne, de trois ou quatre générations [2]. Cette aristocratie citadine qui est la bourgeoisie serait donc, de toutes les aristocraties, la plus exposée à l'épuisement ; plus que toute autre elle a besoin d'être rafraîchie, régénérée, renouvelée. C'est pourquoi, dans la civilisation moderne plus que dans toute autre, il est indispensable que, des classes inférieures aux classes supérieures, un courant de population, un *Bevölkerungsstrom* puisse s'établir.

Est-ce à dire qu'il faut, autant qu'il est en nous, abaisser toutes les barrières qui séparent encore les classes ? Il importe au contraire, nous répondra-t-on, de les maintenir hautes et fermes. Si l'ascension sociale doit être possible, il faut qu'elle reste difficile. Il est important que les familles qui s'élèvent « ne brûlent pas les étapes [3] ». Une irruption de la masse dans les cercles réservés à l'élite les ferait éclater, et abaisserait fatalement le niveau général. Les classes doivent être ouvertes, sans doute, mais nettement distinctes. Il est bon que les dirigeantes soient aussi les possédantes. Leur privilège

---

1 G. Hansen, Die drei Bevölkerrungsstufen, pp. 27, 36.
2 Ammon, *L'Ordre social*, p. 204.
3 On reconnaît la thèse illustrée par le roman de M. P. Bourget, *L'Étape*.

Célestin Bouglé

et leur prestige sont des instruments nécessaires à la production et au rendement maximum des talents, - opérations autrement importantes pour la société, disait Carlyle, que la récolte du coton.

Les privilèges de la bourgeoisie, assurant des loisirs aux possédants, leur permettent de cultiver leur esprit au mieux de l'intérêt général ; d'un autre côté, par cela même qu'ils excitent l'envie des non-possédants, ces privilèges leur donnent un coup de fouet salutaire, et décuplent leur ardeur à développer toutes leurs facultés naturelles. D'autre part encore, une classe supérieure soucieuse de son prestige choisira ses femmes et isolera ses enfants avec un soin jaloux ; donc, en évitant méthodiquement les contacts qui débauchent ou dégradent l'esprit, et les mélanges qui abâtardissent le corps, elle aidera l'hérédité et l'éducation à produire leurs meilleurs effets [1]. La société tout entière a un intérêt évident a ce qu'il soit constitué, pour la culture de son élite directrice, de ses « autorités sociales », un milieu spécial, où un terreau plus riche et un air plus pur hâtent la floraison des plantes plus délicates. C'est le résultat qu'obtient l'institution actuelle des classes, et c'est pourquoi cette institution doit être énergiquement défendue contre les entreprises d'une démocratie imprudente.

Mais, dira-t-on, ne craignez-vous pas, à laisser l'entrée du monde supérieur aussi étroite, d'en interdire fatalement l'accès à nombre d'individus qui s'y trouveraient pourtant à leur place naturelle ? Si la distance reste trop grande entre les deux mondes, s'il faut pour monter de l'un à l'autre tant d'efforts, et surtout tant de points d'appui, s'il importe non seulement de s'aider, mais d'être aidé pour se frayer sa voie, n'y a-t-il pas trop de chances pour que beaucoup de ces talents, dont l'élévation est si précieuse à la société, tombent en roule, ou même restent enlisés dans les bas-fonds ? Le séparatisme des classes risquerait de laisser aussi bien des forces perdues.

Vains scrupules, nous répond M. Ammon. Nous pouvons vous démontrer a *priori,* par un calcul très simple, qu'il ne doit y avoir que bien lien de talents arrêtés et de forces perdues. Les supériorités naturelles peuvent être considérées comme résultant de la rencontre d'un certain nombre de qualités, intellectuelles et morales, économiques et physiques, portées chacune à leur maximum. De

---

1 Voir la démonstration de ce quadruple avantage dans Ammon. *L'Ordre social,* pp. 129, 199.

ce point de vue la naissance d'un homme éminent, destiné à être une autorité sociale, apparaît comme un coup de dés heureux qui a fait sortir tous les six. Or le calcul des probabilités prouve que ces coups extrêmes, comparés aux coups moyens, sont forcément très rares, Galton a établi ainsi la courbe de fréquence des talents. Rapprochez-la de la courbe des revenus. Vous constaterez que les talents supérieurs ne sont pas plus fréquents que les revenus supérieurs. En fait, d'une manière générale, les deux courbes coïncident. Dans les classes possédantes, vous trouverez rassemblées un nombre de capacités réelles plus grand que le calcul ne vous l'aurait fait espérer : ne craignez donc pas qu'il en reste beaucoup d'inutilisées ou de stérilisées dans les classes misérables [1].

Que vaut ce raisonnement « scientifique » ? Passons pour l'instant sur ses postulats nécessaires. Pour appliquer le calcul des probabilités à la question de la production des talents, on nous représente ceux-ci comme résultant de la combinaison d'un certain nombre d'aptitudes déterminées. Il y aurait sans doute bien à dire sur cette transformation un peu violente de la qualité en quantité [2]. Mais ce qui nous importe, pour décider si la démocratie est bien ou mal venue à réclamer contre la séparation des classes, c'est la façon dont on démontre la correspondance de la courbe des revenus avec celle des talents, et que toutes les supériorités naturelles dont une société peut normalement espérer la production sont effectivement concentrées dans ses classes supérieures. Or, on ne le démontre, nous semble-t-il, que par des impressions personnelles. M. Ammon a l'impression que la plupart des autorités sociales qu'il a rencontrées étaient à la hauteur de leur tâche. Il a l'impression encore que la plupart des prolétaires qu'il a rencontrés méritent leur sort et n'étaient réellement pas capables d'assumer quelque fonction supérieure [3]. Mais si nous avons reçu des impressions contraires ? L'opinion de M. Ammon aura-t-elle plus de valeur scientifique que la nôtre ?

Et sans doute, par des analyses de statistiques, on nous a montré qu'en fait les gens supérieurs, ici les savants et là les gens de lettres, étaient de beaucoup plus nombreux dans les classes privilégiées

---

1 Ammon, op. cit., pp. 109, 182.
2 Cf. Carl Jentsch, *Socialauslese*, pp. 176, 199.
3 Loc. cit., p. 92, 146-184.

Célestin Bouglé

que dans les autres. Mais qui peut dire à quelles causes il faut faire honneur de cette disproportion ? Quelle part en revient aux aptitudes naturelles, et quelle part aux situations sociales ? Le même statisticien qui nous apprend, par l'étude de 6 382 cas, que la classe privilégiée a été deux cents fois plus féconde en célébrités littéraires que la classe déshéritée, remarque que cette fécondité respective des classes s'explique bien plus aisément par l'organisation sociale que par les prédispositions naturelles. Elle varie suivant les époques, et ses fluctuations, qui ne se comprendraient guère si elle tenait surtout à l'hérédité, se montrent étroitement liées aux déplacements des ressources économiques, de la puissance politique, des avantages pédagogiques. La fécondité littéraire des classes apparaît en un mot « exactement proportionnelle aux moyens qu'avait chaque classe de fournir à ses ressortissants un milieu éducateur convenable [1] ». Qui nous dit dès lors que, pourvue de moyens suffisants, les classes inférieures ne se révéleraient pas, à leur tour, riches en individualités supérieures ?

On ne saurait sans doute invoquer, à l'appui de cette hypothèse, d'observations précises, puisque, à vrai dire, l'expérience n'a jamais été faite. Toutefois, à de certains moments critiques, dans le bouleversement de l'ordre social, n'a-t-on pas vu surgir des plus basses couches de la société les hommes « nécessaires » ? Pour faire un grand général, il faut sans doute une combinaison heureuse de qualités variées de la tête et du cœur. Or cherchez d'où sont sortis les grands généraux de la Révolution. Lannes était fils d'un garçon d'écurie, Soult fils d'un paysan, Ney fils d'un tonnelier, Kléber fils d'un maçon, Hoche fils d'un palefrenier [2]. Qui pourrait soutenir, après ces exemples, qu'il ne naît guère, dans les basses classes, d'individus réellement aptes à la direction des sociétés ?

Il est donc impossible de nous prouver a priori et mathématiquement que le rendement maximum des qualités naturelles est obtenu par l'organisation sociale actuelle. Cet optimisme reste indémontrable. Et l'on découvrirait au contraire bien des raisons de penser que la société n'exploite pas son jardin aussi rationnellement qu'on le dit.

---

1 Odin, *Genèse,* pp. 550, 599.
2 Cf. Dumont, Dépopul. et Civilis., p. 217.

II
Effets fâcheux de l'institution des classes sur la vitalité, la mortalité, la nuptialité chez les classes « supérieures ».

Considérons en effet les conséquences démographiques de l'institution des classes, comment elle influe sur le mouvement, sur la quantité et la qualité de la population, en quel sens elle modifie la vitalité, la mortalité, la nuptialité dans les mondes qu'elle sépare ; nous douterons légitimement que cette séparation soit toute bienfaisante.

Et d'abord, s'il s'agit de mesurer la croissance ou la décroissance de la vitalité dans les classes dirigeantes et possédantes, on aperçoit, dans l'optimisme de leurs apologistes, une sorte de contradiction. Que l'air des sommets sociaux soit en effet funeste à la santé, ils ont pris soin de nous le rappeler. Ils nous ont montré que les familles dominantes, d'où qu'elles viennent, ne font que passer sur la scène lumineuse. À peine ont-elles eu le temps d'échanger un sourire avec la fortune : leur rôle est bientôt fini, car leur vitalité est vite usée. « La stérilité, les psychopathies, la mort prématurée, et finalement l'extinction de la race, ne constituent pas un avenir réservé spécialement et exclusivement aux dynasties souveraines. Toutes les classes privilégiées, toutes les familles qui se trouvent dans des positions exclusivement élevées partagent le sort des familles régnantes, quoique a un degré moindre et qui est toujours en rapport direct avec la grandeur de leurs privilèges et la hauteur de leur position sociale. De l'immensité humaine surgissent des individus, familles et races qui tendent à s'élever au-dessus du niveau commun ; ils gravissent péniblement les hauteurs abruptes, parviennent aux sommets du pouvoir, de la richesse, de l'intelligence, du talent, et une fois arrivés, sont précipités en bas et disparaissent dans les abîmes de la folie et de la dégénérescence [1] ». À cette dégénérescence on nous a montré que nos aristocraties citadines n'étaient pas soustraites, mais au contraire, en un sens, plus exposées que les autres. La vie qu'elles mènent dans leurs royaumes modernes, qui sont les villes, vie à la fois sédentaire et agitée, qui n'exerce pas assez le corps en exerçant trop l'esprit, n'est-elle pas essentiellement déséquilibrante ? Cette trépidation morale est plus

1 Jacoby, Études sur la sélection, p. 431.

Célestin Bouglé

déprimante que la trépidation matérielle. Cette suractivité mentale jointe à l'inactivité physique, qui tend jusqu'à les rompre certains ressorts de l'organisme tandis qu'elle relâche les autres, a vite fait de ruiner les constitutions les plus solides. Ainsi M. Ammon [1] nous apitoie sur le sort de l'élite, victime de sa fonction sociale.

Mais qu'il prenne garde de trop la plaindre. Car ses doléances témoigneraient contre l'institution même qu'il veut défendre. Si elle anéantit ainsi, fatalement, ceux qu'elle élève, comment maintiendrez-vous encore que son mécanisme est parfait ? Vous vous plaignez que la part réservée aux classes possédantes soit trop belle, et qu'elles soient écrasées par le travail intellectuel qui leur incombe. C'est avouer que la division des travaux est actuellement mal comprise [2]. C'est reconnaître que les utopistes n'étaient pas si fous, qui demandaient une union, une alternance récréative et régénératrice du travail intellectuel et du travail manuel. Voici donc la pioche, la lime et le marteau ; en s'acquittant de leur part de travail corporel, que les classes dirigeantes se garantissent et s'assurent contre les fâcheuses conséquences de leur suractivité mentale. Faire alterner le travail intellectuel et le travail manuel, n'est-ce pas, remarquait M. Gide [3], le bon moyen d'enrayer la neurasthénie croissante de la bourgeoisie ? En tout cas, et de quelque côté qu'il faille chercher les correctifs, un mécanisme qui use si rapidement les éléments mêmes qu'il devrait le plus précieusement conserver ne saurait désormais passer pour intangible.

Si du moins il était sûr que, par telle autre de ses conséquences - par les alliances, par exemple, qu'il prépare - ce même mécanisme travaillait à réparer spontanément les pertes qu'il entraîne, et à régénérer incessamment les races qu'il use ! L'institution des classes, nous a-t-on dit, limite heureusement la panmixie ; elle empêche les éléments supérieurs de s'unir à des éléments quelconques ; elle permet aux membres de l'élite de choisir utilement entre les femmes. Darwin avait noté cet avantage : il se réjouissait du prestige des pairs qui les autorise à aller chercher, même dans les basses classes, les femmes de belle race [4]. Mais en fait, là ou il existe, est-ce au mieux des intérêts de la race qu'on use, le plus souvent, de ce

1 Loc. cit., pp. 204-208.
2 Cf. Jentsch, op. cit., pp. 178-199.
3 Dans une Conférence sur le Travail intellectuel et le Travail manuel.
4 Cité par Ritchie, *Darwinism and Politics*, p. 8.

droit de choisir ? Les membres de la classe supérieure devraient rechercher des alliances qui renouvellent son sang, appauvri, nous dit-on, par l'exercice même de ses fonctions sociales. En fait, est-ce la femme de belle race qui est par-dessus tout recherchée, ou la femme de belle dot ? N'est-il pas de notoriété qu'on se préoccupe moins, en matière matrimoniale, de la santé, grâce à laquelle les fonctions sociales pourraient être en effet plus utilement remplies, que de la fortune, grâce à laquelle les privilèges sociaux seront plus sûrement conservés ?

Qu'une pareille préoccupation doive être par-dessus tout préjudiciable à la race, c'est ce que l'exemple même de la pairie suffirait à prouver. Trop souvent, Galton le note [1], le fils de lord n'use de son prestige que pour épouser « une héritière », dont la dot lui permettra de conserver la situation qui convient à un législateur-né. Or, les héritières, filles uniques ou seules survivantes, sont sans doute moins robustes et moins fécondes que les autres. Toujours est-il que leur descendance est moins nombreuse. Tandis que cinquante pairs, n'ayant pas épousé d'héritières ont 168 fils et 142 filles, 50 pairs ayant épousé des héritières n'ont que 104 fils et 104 filles. L'alliance des hautes fonctions avec les gros capitaux, la fusion des dirigeants et des possédants semblerait donc, bien loin de les régénérer, hâter le déclin des meilleures races. La préoccupation, et, si on peut dire, l'obsession capitaliste n'intervient ici que pour précipiter la dégénérescence des eugéniques.

L'action néfaste de cette même préoccupation nous apparaîtrait encore plus clairement si nous abordions l'étude de la natalité, et non plus seulement de la nuptialité dans les classes supérieures. À considérer le rapport établi par la formule de Malthus, entre le mouvement de la population et le manque de subsistances, on pouvait croire a priori que les classes sociales les plus dénuées seraient aussi les moins fécondes. On sait maintenant, après observation, que ce serait plutôt le contraire : c'est par en haut que la dépopulation d'une société commence. « Les professions à revenu fixe, dit M. Dumont [2], son. moins fécondes que les professions à revenu aléatoire ; les professions libérales, bien que n'étant pas à revenu fixe, sont d'ordinaire peu fécondes. Les professions à la fois

---

1 Hereditary Genius, pp. 125-133.
2 *Natalité*, p. 225, Cf. Van der Smissen, *La Population*, chap. I-IV.

Célestin Bouglé

libérales et à revenu fixe sont les moins fécondes de toutes. » En un mot, les familles qui détiennent une part du capital semblent craindre par-dessus tout l'amoindrissement de cette part, qu'elles considéreraient comme un prodrome de déchéance sociale. Un trop grand nombre d'enfants réduirait les parents à la gêne, ou gênerait les enfants eux-mêmes, en diminuant la richesse nécessaire pour que chacun d'eux garde son rang et ne tombe pas dans une situation réputée inférieure. Tel est le raisonnement qui explique, dans la plupart des cas, l'infécondité croissante de nos classes dirigeantes et possédantes. Il prouve sans doute que, de l'aveu commun, pour s'introduire ou pour se maintenir dans les sphères supérieures de nos sociétés, il faut moins compter sur sa personne que sur les choses, sur le talent naturel que sur les appuis matériels, sur les capacités que sur les propriétés. Il prouve en tout cas que l'institution actuelle des classes n'est pas le meilleur instrument de sélection anthropologique qu'on puisse rêver, puisqu'ici elle empêche la naissance, comme tout à l'heure elle hâtait la mort des individus les plus précieux à la société.

Mais, dira-t-on, vous raisonnez toujours comme si ces individus étaient en effet les plus précieux. L'extinction des souches dirigeantes a en, réalité bien moins d'importance ; car la plupart de leurs rejetons sont mal venus, et inférieurs à leur fonction sociale.

Admettons le cas ; il manifestera encore, par un autre côté, combien la subsistance des classes peut être défavorable à l'ensemble.

Que prouve-t-il en effet, sinon que, par la force des situations acquises, des individus peuvent monopoliser des fonctions auxquelles ils sont manifestement inférieurs ? Ces disproportions des capacités avec les fonctions sont surtout frappantes, à vrai dire, dans le cas des aristocraties proprement dites ou des monarchies héréditaires. Une main débile portant le sceptre, ou une tête faible portant la couronne prouvent trop clairement qu'une société n'est pas organisée conformément au vœu de la nature. Mais, là même où il n'y a plus de privilèges légaux, le seul privilège effectif de la richesse héritée suffit à rendre des disproportions analogues assez fréquentes. Et sans doute nos sociétés ont élevé, autour de certaines fonctions directrices, un certain nombre de barrières ; avant de permettre qu'on exerce ces fonctions, elles réclament l'acquisition de certains titres, elles exigent la preuve d'un minimum d'efforts personnels. Mais on sait aussi que, même alors, les choses portent l'homme. La richesse facilite ou épargne les efforts. Le prestige abaisse les barrières. Celui qui devait être abaissé par ses facultés est relevé par ses propriétés. Elles le soustraient à la lutte, elles le retiennent sur la pente. Ainsi le même régime qui use trop vite des éléments qu'il devrait conserver conserve trop longtemps des éléments usés.

III

Ses effets chez les classes déshéritées. - L'institution n'a pas la valeur sélective qu'on lui attribue. - L'extrême inégalité des puissances économiques empêche souvent l'utilisation sociale des facultés naturelles.

Si nous poursuivions d'ailleurs les effets que ce régime produit, non plus sur les classes possédantes, mais sur les non-possédantes, l'optimisme anthroposociologique nous paraîtrait sans doute encore plus intenable.

Le prolétaire est celui qui n'a que son travail pour vivre, et qui est souvent obligé, pour vivre, d'accepter n'importe quel travail. Les conditions de vie que cette situation économique impose sont-elles favorables à la vitalité ? On ne pourrait l'affirmer sans paradoxe. S'il semble douteux que l'exercice des fonctions sociales qui leur sont réservées exténue les classes privilégiées par le surmenage mental, il ne semble pas douteux que l'exercice des fonctions sociales qui leur sont réservées n'exténue les classes déshéritées par le surmenage physique [1].

Ces fonctions sont en tout cas singulièrement dangereuses. Représentons-nous le triste cortège des filles de l'usine moderne, songeons, non pas seulement aux accidents, mais aux maladies qu'entraîne quasi-fatalement le travail dans les poussières, minérales ou métalliques, le travail devant les feux ou le travail à l'humidité, - de l'anthracose pulmonaire ou intestinale au saturnisme, et du mercurisme à la nécrose, - et nous comprendrons qu'on est d'ordinaire, dans le inonde dut travail, singulièrement plus exposé qu'ailleurs. Celui qui naît prolétaire naît aussi, a-t-on dit, avec un moindre

---

1 Cf. Carl Jentsch, *Sozialauslese,* p. 214 sqq.

Célestin Bouglé

crédit sur la vie. Et il semble bien, - si délicate que soit en pareille matière l'interprétation de leurs données, - que les statistiques de la mortalité professionnelle en apportent la preuve. En Suisse, d'après Kummer, la mortalité dans les professions manuelles, est, pour mille vivants, de 13,1 entre 30 et 35 ans, de 19,8 entre 40 et 49 ans, de 33,7 entre 50 et 59 ans, de 67,7 entre 60 et 69 ans. Elle ne serait aux mêmes âges, dans les professions libérales; que de 11,59 - 15,99 - 30,49 - 63,43. En Angleterre, d'après Ogli, des proportions analogues se retrouvent : dans la classe ouvrière 9,58 morts de 25 à 45 ans, - 26,76 de 45 à 65 ans, - en tout 18,17 de 25 à 65 ans. Aux mêmes périodes le taux des morts dans les professions libérales n'atteint que 8,96 -24,44 - 16,70 [1]. Il est donc permis de dire que l'infériorité sociale accroît la mortalité ; la misère économique se traduit en misère physique : le paupérisme appauvrit la race.

Il est vrai que cette mortalité plus grande des classes déshéritées est compensée par une plus grande natalité. D'une manière générale les pauvres produisent plus d'enfants que les riches. Mais pour le développement physique et mental de ces enfants, pour la mise en valeur de leurs qualités natives, comment le terrain est il préparé ? et quelle sorte de « puériculture » institue ici l'organisation sociale ? Avant sa naissance même, par le seul fait que sa mère est d'ordinaire astreinte au travail jusqu'à ses couches, l'enfant n'est-il pas déjà inférieur à ce qu'il aurait pu être ? D'après les observations du Dr Pinard, le poids de l'enfant d'une femme qui s'est reposée deux à trois mois est supérieur d'au moins 300 grammes à celui de l'enfant d'une femme qui a travaillé debout jusqu'à l'accouchement [2]. C'est pourquoi ceux qui sont soucieux de l'avenir de la race demandent aujourd'hui des mesures protectrices de la femme enceinte : l'infériorité économique est capable de vicier la vie jusque dans ses origines. Trop souvent en tous cas, l'enfant une fois né, cette même infériorité pèsera lourdement sur ses épaules, et travaillera à enrayer son développement.

On se souvient de l'émotion. qui saisit l'opinion anglaise et décida du vote des « factory acts » en 1833, lorsqu'on découvrit qu'il y avait des enfants de 5 ans condamnés à travailler 12 heures par

---

1 Relevé par Layet, dans *l'Encyclopédie d'hygiène,* de Rochard, t. VI, p. 776.
2 *Revue d'hygiène,* 1898, XX, p. 1075 sqq. - Cf. le récent volume de M. de Lanessan, *La lutte pour l'existence et l'évolution des sociétés,* livre III (Paris, Félix Alcan).

jour dans des mines mal aérées et pleines d'eau, en compagnie de malfaiteurs qui les maltraitaient ; qu'il y avait des filles attelées à des wagonnets de houille, et les traînant dans des galeries trop basses pour qu'on pût s'y tenir debout. Et certes toutes les législations modernes sont aujourd'hui d'accord pour interdire de pareils abus, qui tuent lentement l'être humain avant même qu'il soit formé. Mais qui n'avouerait qu'elles ont encore sur ce point beaucoup, presque tout à conquérir ? La défense de l'enfance s'organise à peine. En attendant, faute d'air et de lumière, on ne peut pas dire combien de plantes s'étiolent, qui auraient porté les meilleurs fruits. Et ainsi la société laisse retomber bien des forces que lui tendait la nature. Et ainsi la situation faite aux classes inférieures, qui doivent, d'après nos anthroposociologues eux-mêmes, fournir aux classes supérieures les éléments nécessaires à leur renouvellement, porte préjudice à tout l'ensemble.

Qu'on ne réponde pas que, pour ce renouvellement nécessaire, on n'a jamais compté sur le prolétariat des villes, fatalement condamné à la dégradation physique et morale, mais bien sur les classes rurales, seules robustes et saines [1]. Car pour monter vers les fonctions dirigeantes, il faut que les ruraux commencent par se faire citadins. Or, ce n'est pas d'ordinaire du premier coup que les races nouvelles venues dans la ville gagnent les hautes sphères de la société : le jour de leur incorporation est rarement aussi le jour de leur ascension. C'est dans les étages inférieurs de l'agglomération urbaine que le paysan vient prendre sa place. Stage dangereux, et qui risque de faner les qualités qu'il importe : si la classe rurale est l'eau vive et fraîche qui doit régénérer les classes supérieures, ne va-t-elle pas se contaminer à séjourner dans ces canaux malsains ?

Dira-t-on encore que cette organisation a tout au moins le mérite d'être un puissant instrument de sélection ? et que plus le milieu inférieur est délétère pour le corps et pour, l'esprit, plus on sera sûr qu'ils sont forts et vraiment dignes d'en sortir, ceux qui l'auront traversé sans défaillir ? Admettons que l'argument vaille pour les supériorités physiques ; il est du moins, en ce qui concerne les supériorités mentales, singulièrement sujet à caution. L'industrie demande au prolétariat ce qu'il peut donner de temps et de forces. Qu'après cela, faute de temps et faute de forces, nombre d'intelli-

---

1 C'est la thèse de Hansen, *Die drei Bevölkerungsstufen*.

Célestin Bouglé

gences restent atrophiées au sein du prolétariat, qui auraient pu s'épanouir utilement, elle n'a pas le loisir de s'en soucier : « Marche ! Marche ! » En ce sens la sélection industrielle est sans doute aussi sourde et aussi aveugle que la sélection guerrière. Pour être moins glorieuse, la guerre économique n'est pas moins meurtrière que l'autre. La machine aussi fauche bien des talents, ou plutôt les broie dans leur germe. Taillée pour la meilleure production des choses, elle ne l'est nullement pour la meilleure production des personnes.

Si du moins ceux qui survivent à cette lutte et résistent à cette vie étaient en effet utilisés suivant les facultés qu'ils auraient montrées pour le plus grand bien de l'ensemble ! Les éléments « eugéniques » des classes inférieures devraient être appelés à régénérer l'élite dirigeante et à exercer à leur tour les fonctions directrices. Mais qui ne sait qu'ici encore la quantité de choses possédées bien plutôt que les qualités manifestées par l'individu décident de son ascension? On nous fait espérer qu'il sortira une « aristocratie sociale » [1] vraiment égale à sa charge, du mariage du fils de l'ouvrier avec la fille des hautes classes. Mais, quelles que soient ses qualités de race, le fils de l'ouvrier ne saurait prétendre a un pareil mariage s'il n'a déjà conquis une situation suffisamment « noble ». Or de pareilles situations se laissent difficilement conquérir par qui ne dispose pas préalablement d'une certaine puissance économique.

Et sans doute chacun connaît d'incroyables histoires de « parvenus ». On se plaît à nommer tel ou tel millionnaire, qui débarqua jadis à Paris « avec trente sous dans sa poche » [2] : Cela ne prouve-t-il pas que le moindre ouvrier a le sceptre de capitaliste an fond de sa besace?, En réalité, la règle générale est que l'accès aux hautes fonctions directrices du commerce et de l'industrie est quasi impossible sans mise de fonds. Une mise de fonds est encore nécessaire pour l'accès aux carrières libérales. Pour s'y préparer il faut de l'argent, ou tout au moins du temps - qui est aussi de l'argent. Enfant, adolescent, jeune homme, celui qui s'instruit ne cesse de consommer, et ne commence pas à produire. Il faut d'ordinaire, pour qu'il puisse s'élever, que sa famille soit déjà quelque peu privilégiée : pour qu'il devienne dirigeant, il faut qu'elle soit déjà pos-

---

1 Cf. Volksdienst, p. 123.
2 Voir les exemples cités par M. d'Avenel, dans ses ouvrages sur le *Mécanisme de la Vie moderne*.

sédante. K. Bûcher protestait donc avec raison [1] contre l'opinion de Schmoller : celui-ci professait, nous l'avons vu, qu'au prix des différences d'aptitudes, résultant elles-mêmes d'hérédités diverses, les différences de rang et de fortune pèsent de peu de poids dans la détermination des vocations. Le contraire est plus vraisemblable. Le père, qui se demande vers quelle profession il orientera son fils, consulte moins les forces de l'enfant que les ressources de la famille.

L'extrême inégalité des facultés économiques empêche souvent ainsi le juste concours des facultés personnelles, et risque d'interdire, aux capacités supérieures qui apparaissent au sein des classes intérieures, le rôle pour lequel la nature les avait taillées. Un pareil système de répartition, comme il maintient trop longtemps dans les hautes sphères, au-dessus d'eux-mêmes, tels éléments vieillis, retient trop souvent au-dessous d'eux-mêmes et immobilise tels éléments nouveaux, dont la montée redoublerait la vitalité de l'ensemble. En un mot, bien loin qu'elle soit trop rapide, il est permis de craindre, dans l'état actuel des institutions, le ralentissement de cette circulation sociale dont on reconnaissait la nécessité ; et Il ne faut plus présenter, comme contraires au vœu de la nature, les tendances de la démocratie, s'il est vrai que leur premier effet devrait être de faciliter le renouvellement anthropologique des capacités, indispensable à la prospérité collective.

C'était donc abuser de l'autorité de la biologie que d'exiger en son nom, avec une disproportion extrême des conditions, une distinction tranchée des classes, qui rendît aussi difficile que possible l'accès des fonctions directrices. Pas plus que celui des castes ou de la noblesse proprement dite, le règne de la bourgeoisie n'est fondé en nature. L'institution actuelle des classes n'a pas le caractère inviolable que l'anthroposociologie voulait lui assurer par sa consécration scientifique. Cette institution se défendra peut-être par bien d'autres arguments, d'ordre économique ou moral ; mais il faut cesser du moins de l'étayer par des arguments naturalistes, et renoncer à opposer, Sur ce premier point, les « réalités objectives » à nos « aspirations subjectives ».

*

* *

---

1 Die Entstehung der Volkswirthschaft, pp. 332-350.

Célestin Bouglé

La tactique est en effet trop commode, de lier, pour les réduire à l'absurde, les aspirations démocratiques à des affirmations visiblement contraires aux faits. En réalité l'égalitarisme n'a nullement besoin d'affirmer que tous les individus naissent identiques, pas plus qu'il n'a besoin de nier que les fils ressemblent souvent à leurs pères.

Constatons seulement que, quel que soit le père, nulle science aujourd'hui ne peut prédire d'un fils ce dont il est capable, ni s'il sera *minus habens* ou génial: « l'esprit souffle où il veut. » Constatons encore qu'on n'a jamais pu prouver, d'une qualité acquise par les parents dans l'exercice d'une profession, qu'elle eût été héréditairement transmise aux enfants. Constatons enfin que, quelles que soient leurs qualités innées, les souches encloses par des privilèges quelconques semblent bien 'vouées à une dégénérescence fatale. C'est plus qu'il n'en faut pour dénoncer la vanité des différents régimes isolateurs des races.

En travaillant à abaisser toutes les barrières qui les séparent, et a ouvrir, au concours de tous, tous les cercles sociaux, il semble au contraire que la démocratie prenne des précautions très légitimes, pour la meilleure utilisation sociale des capacités naturelles.

Livre II
Différenciation

Position du problème

La différenciation des organismes, modèles des sociétés, entraîne la disparition de la liberté et de l'égalité de leurs éléments : d'où le caractère dangereux, parce qu'«antiphysique» des tendances démocratiques. -Exemple d'une argumentation contre la «tendance collectiviste».

Une différenciation croissante est la condition du progrès des organismes. - Or les sociétés sont des organismes. - Donc la démocratie montante est une cause de décadence pour nos sociétés.

Sous une végétation touffue de commentaires et d'illustrations variées, c'est ce même raisonnement qu'on retrouve aujourd'hui, au fond d'un bon nombre de réquisitoires anti-démocratiques.

Et il semble, au premier abord, que l'antithèse établie par ce raisonnement, entre les résultats de la biologie et les postulats de la démocratie, repose sur les inférences les plus plausibles. La biologie nous a démontré, en effet, que le perfectionnement des organismes exige, non seulement la division du travail physiologique, mais la constitution d'organes dûment spécialisés. Or quelle situation entraîne pour les éléments composants, - pour ceux qui sont comparables aux individus dans la société, - la constitution de ces organes ?

Quand l'organisme est encore rudimentaire, les individualités qui le composent sont relativement indépendantes. Par cela même que chacune d'elles accomplit de son côté et comme pour son compte toutes les fonctions essentielles, chacune peut au besoin se suffire à elle-même ; elle est capable de vivre encore, une fois détachée du tout ; en s'y rattachant, elle n'a pas perdu toute autonomie. Telles sont les spores des myxomycètes. Les organismes supérieurs n'autorisent plus cette indépendance de leurs parties.

La cellule enrôlée et comme enrégimentée dans un organe perd toute vie à part ; en vertu de ce que Geoffroy Saint-Hilaire appelait l'attraction du soi pour soi, on la voit se souder et comme se

Célestin Bouglé

fondre avec ses collaboratrices ; c'en est fait de son individualité. « Le développement de l'individualité sociale ou, si l'on veut, le perfectionnement de l'organisme entraîne nécessairement, écrit l'auteur des *Colonies animales* [1], la disparition plus ou moins complète des individualités élémentaires et souvent même la fusion de leurs parties constitutives dans des unités apparentes, nées de quelque nécessité physiologique et qui deviennent les organes de l'individualité. »

En même temps que la liberté, l'égalité se perd par le perfectionnement des organismes. La diversité des tâches entraînant la diversité des structures, chacun prend la figure de son emploi ; dans la *gastrula,* la colonie se trouvant formée de deux couches superposées, - l'une, l'exoderme, qui vit en pleine lumière, exposée à tous les chocs ; l'autre, l'endoderme, protégée et comme séparée du monde par la première, - les individus cesseront de se ressembler, différeront de plus en plus par la puissance et les facultés. Qu'on suive la transformation d'une colonie en organisme proprement dit, on verra les individus qui s'étaient directement associés pour composer la colonie, primitivement tous égaux entre eux, déchoir de leur rang et tomber à l'état d'organes. Il faudra donc conclure que « la division du travail, indispensable à la force, à la puissance, à l'autonomie de la société, entraîne fatalement avec elle, comme une nécessité qu'on n'a pas le droit d'appeler un mal parce qu'elle est dans l'essence des choses, l'inégalité des conditions ».

Ajoutons que les éléments ainsi différenciés et asservis, pour le perfectionnement de l'organisme, doivent encore perdre l'espoir de participer tous à la direction de ce travail auquel tous concourent; car, pour le perfectionnement de l'organisme, la fonction directrice aussi doit être différenciée, et réservée à un organe spécial. Suivant une expression de M. Espinas, le progrès des organismes a consisté à concentrer, par une longue série de « délégations successives », les activités directrices en un certain nombre de cellules qui, se consacrant tout entières au gouvernement, en enlèvent leur part à toutes les autres. Dans les êtres inférieurs dont l'activité reste imparfaite, les fonctions peu variées et mal coordonnées, comme chez les annélides, la domination des éléments directeurs est encore restreinte et temporaire ; mais montons vers les êtres supé-

---

1 pp. 679-720.

rieurs, capables d'actions combinées, et nous verrons cette domination se fixer et s'étendre. Les cellules cérébrales, chez l'homme, possèdent, en même temps qu'un rôle à part, une nature toute spéciale, et comme le privilège du gouvernement central. Il n'y a que les organismes primitifs pour tolérer quelque chose qui ressemble à la souveraineté populaire.

Mais s'il en est ainsi, et si le perfectionnement des êtres ne s'obtient qu'aux dépens de la liberté, de l'égalité, de la souveraineté de leurs éléments constituants, n'est-il pas d'ores et déjà manifeste que l'esprit démocratique est aveugle, qu'il ne tient nul compte des nécessités naturelles, et que les formes sociales par lui vantées, comme les matrices de toutes les améliorations désirables, ne sont propres qu'à la désorganisation ?

Ce sont ces conséquences qu'une certaine philosophie politique s'applique à dérouler. Ce sont les faits précités qu'elle utilise de diverses façons pour renforcer le principe que Taine appelait le « principe des spécialités » et pour dénoncer toutes les « erreurs amorphistes » des sociétés modernes. On s'en servira pour démontrer, par exemple, tantôt que l'État, étant insuffisamment spécialisé, ne saurait intervenir utilement en matière économique; tantôt que le suffrage universel, étant insuffisamment organisé, ne saurait juger raisonnablement des matières politiques. On puisera dans cet arsenal une masse inépuisable de traits à lancer contre « l'atomisation » et « l'émiettement » de l'individualisme, ou contre le « nivellement » de l'égalitarisme.

M. Prins [1], en combattant ce qu'il appelle la « tendance collectiviste » de la démocratie contemporaine, nous fournit un bon exemple du tour ordinaire de ces argumentations. Cette tendance supposerait, nous dit-il, *a:* le nivellement des inégalités, la fusion des éléments divergents, l'atténuation des différences et des variétés, de la hiérarchie des groupes, des organes, des individus. - Mais on peut se demander pourquoi l'évolution, qui a toujours agi dans le sens de la différenciation progressive des facteurs sociaux, se ferait soudain à rebours, pourquoi cette différenciation s'arrêterait toute seule, alors que jamais dans le passé la contrainte la plus rigoureuse n'est parvenue à l'empêcher. »

« Et en effet, continue l'auteur, ce qui se manifeste toujours et par-

1 *Revue des Deux Mondes,* septembre 1902, p. 421 sqq.

Célestin Bouglé

tout, c'est un passage graduel de l'homogène à l'hétérogène ; de la confusion à la division des organes, des fonctions, des compétences ; à la distinction des classes, à l'inégalité des conditions, des situations, des individus ; à la spécialisation de plus en plus accentuée de tous les éléments de la vie sociale. »

« Un groupe social doué de vitalité et d'énergie est un être collectif qui croît et se différencie comme tous les êtres> hommes, animaux ou plantes ; qui se subdivise, se ramifie et se spécialise comme les littératures et le langage, comme les sciences et comme le droit (les rameaux se séparent du tronc, ils forment des êtres distincts qui à leur tour se différencient). Dès qu'il y a développement, il y a différenciation et complexité... Le procédé de développement de la société est en principe celui de la nature organique. »

Que valent au juste les critères et que valent les analogies utilisés par les argumentations de ce genre ? C'est ce que nous allons maintenant rechercher.

Note bibliographique
pour le livre II

M. Verworn. *Physiologie générale*, trad. Edon. Paris, Schleicher, 1900. - F. Houssay. *La forme et la vie. Essai de la méthode mécanique en zoologie*. Paris, Schleicher, 1900. - E. Perrier. *Les colonies animales*. Paris, Masson, 1re édition, 1881, 2e édition, 1898. - Gaudry. *Essai de paléontologie philosophique*. Paris, Masson, 1896. - Roule. *Embryologie générale*. Paris, Reinwald, 1893. - Bourdeau. *Le Problème de la vie*. Paris, Félix Alcan. - Giglio-Tos. *Les Problèmes de la vie*. Turin, 1900. - A. Lalande, *La Dissolution opposée à l'Évolution*. Paris, Félix Alcan, 1899. - Spencer. *Principes de sociologie*, trad. fr., 4 vol. Paris, Félix Alcan, 1890. - Id. *Les Institutions professionnelles et industrielles*. Paris, Guillaumin, 1898. - Schäffle. *Bau und Leben des Socialen Körpers*, 2 vol., 2e édition, Tübingue, Lauppe, 1896. - R. Worms. *Organisme et Société*. Paris, Giard, 1895. - De Greef. *Le Transformisme social*. Paris, Félix Alcan, 1896. - Novicow. *Conscience et volonté sociales*. Paris, Giard, 1897. - Prins. *L'organisation de la liberté*. Paris, Félix Alcan, 1891. - Id. *La tendance collectiviste*, dans la *Revue des Deux Mondes*, sept. et nov. 1902. -

Adam Smith. *Recherches sur la nature et sur les causes de la richesse des nations. Avignon, Niel, 1791.* -Schmoller. *Grundriss der aligemeinen Volkswirthschaftslehre,* 1re partie. Leipzig, Duncker, 1900 (Les chapitres IV et VI du livre II résument les résultats des travaux publiés naguère par Schmoller sur la division du travail dans le *Jahrbuch für Gesetzgebung,* 1889 et 1890, traduits en partie dans la *Revue d'économie politique,* 1889 et 1890). - G. Simmel. *Ueber sociale Differenzierung.* Leipzig, Duncker, 18go. - Id. *Philosophie des Geldes.* Leipzig, Duncker, 1900. - A. Petrenz. *Die Entwickelung der Arbeitsteilung in Leipziger Gewerbe von 1751 bis 1890.* Leipzig, Duncker, 1901. - P. Guiraud. *La main-d'œuvre industrielle dans l'ancienne Grèce.* Paris, Félix Alcan, 1900. - Charles Gide. *Principes d'économie politique,* 6e édition. Paris, Larose, 1898. - Id. *Rapport sur l'Économie sociale,* dans le tome V des *Rapports du jury international de l'Exposition de 1900.* Paris, Imprimerie nationale, 1903. - M. Block. *Les Progrès de la science économique.* Paris, Guillaumin, 1900. - A. Liesse. *Le Travail aux points de vue scientifique, industriel et social.* Paris, Guillaumin, 1899, - Ott. *Traité d'Économie sociale,* 2e édition. Paris, Fischbacher, 1892. - Gabriel Tarde. *Psychologie économique,* 2 vol. Paris, Félix Alcan, 1902. - B. Gurewitsch. *Die Entwickelung der menschlichen Bedürfnisse und die sociale Gliederunq der Gesellschaft.* Leipzig, Duncker, 1901. - E. Goblot. *Les classes sociales,* dans la *Revue d'Économie politique,* janvier 1899. - A. Bauer. *Les classes sociales.* Paris, Giard, 1902. -Gumplowicz. *La lutte des races,* trad. fr. Paris, Guillaumin, 1893. - Veblen. *The Theory of the leisure class.* New-York, Macmillan, 1899. - Lange, *Arbeiterfrage, ihre Bedeutung für Gegenwart und Zukunft,* Winterthur, Ziegler, 1894. - Herkner. *Arbeiterfrage, eine Einführung,* 3e édition. Berlin, Guttentag, 1902. - Benoît, *La crise de l'État moderne. De l'organisation du suffrage universel.* Paris, Didot. - Duprat. *Science sociale et Démocratie. Essai de philosophie sociale.* Paris, Giard et Brière, 1900. - E. Halévy. *La Formation du radicalisme philosophique,* 3 vol. Paris, Félix Alcan, 1901-1904. - Karl Marx. *Le Capital,* trad. Roy. Paris, 1872. - Engels. *Die Lage der arbeitenden Klassen in England.* Leipzig, Wigand, 1848. -Marx et Engels. Le Manifeste communiste, trad. nouvelle avec introduction par Ch. Andler, 2 fasc. Paris, Soc. nouv., 1901. - Rodbertus, *Das Capital.* Berlin, Ed. Wagner, 1899. -Dühring. *Cursus der national und socialökonomie.*

Célestin Bouglé

Leipzig, Reisland, 1892. - E. Bernstein. *Socialisme théorique et so-cial-démocratie pratique*, trad. fr. Paris, Stock, 1900. - Kautsky. *Le Marxisme et son critique Bernstein*, trad. fr. Paris, Stock, 1900. - J. Jaurès. *Études socialistes*. Paris, Cahiers de la Quinzaine, 1901. - Vandervelde. *Le Collectivisme et l'Évolution industrielle*. Paris, Soc. nouv., 1900. - Werner Sombart. *Der moderne Kapitalismus*, 2 vol. Leipzig, 1902. -*Revue philosophique*, avril, mai, octobre 1900, août 1901 : Disc. sur *le Procès de la sociologie biologique*, par MM. Novicow, Espinas, Bouglé (Nous reprenons, aux chapitres II et III de ce livre, quelques passages de nos articles).

Chapitre 1
Différenciation et progrès

Discussion de la thèse qui mesure le progrès à la différencia-tion.

Parmi les formules que le prestige de l'évolutionnisme fait accepter à l'opinion, il n'en est pas qui semble moins discutable que celle qui nous occupe : « la différenciation est la mesure de la perfection.» Beaucoup croient tenir, dans cette formule, la clef du problème autour duquel tant de systèmes philosophiques se sont usés vainement : ils pensent posséder enfin un signe objectif du bien et du mal, un « mètre du progrès » [1] qui sorte directement des mains de la science.

Et de fait, nous avons vu que les sciences naturelles paraissent user largement de la formule en question. Ne présentent-elle pas d'ordinaire l'évolution comme un progrès, par cela même qu'elle accroît la différenciation, des êtres ?

La classification qui va, dans l'ordre des végétaux, des algues aux fougères, des fougères aux phanérogames, des phanérogames aux gymnospermes et aux angiospermes, dans l'ordre des animaux, des poissons aux amphibies, des amphibies aux reptiles, des reptiles aux oiseaux, des oiseaux aux mammifères, passe le plus souvent pour marquer, en même temps que les divisions de la nature, les degrés d'une hiérarchie. Si descendance il y a des premières

1 C'est l'expression de M. de Greef, Transf. soc., p. 394.

espèces aux dernières, cette descendance est une ascension. Il semble que tous les naturalistes soient d'accord sur ce point.

« Il n'est pas un naturaliste, nous disait Darwin [1], qui révoque en doute les avantages de la division du travail. » - Si nous voulons constater que, depuis le moment où écrivait Darwin, l'opinion commune des savants ne semble pas avoir varié, ouvrons un manuel récent, l'*Embryologie générale* du Dr Roule : « C'est une question importante, y lit-on [2], que celle de la connaissance de la direction de l'évolution. Le fait incontestable est que les êtres changent de forme au cours des générations successives : mais ce changement a-t-il lieu en *progressant* du simple au complexe, ou inversement en allant du complexe au simple ? Ces modifications correspondent-elles à un *perfectionnement* continu ou a une régression ? B. Milne-Edwards a résolu ce problème avec sa loi du perfectionnement par la division du travail physiologique. »

Toutefois, l'unanimité est-elle aussi absolue qu'il le semble au premier abord, et la question est-elle tranchée sans appel ? La thèse formulée ne supporte-t-elle aucune restriction ? Peut-on vraiment continuer à soutenir que la différenciation en soi et par soi, en tout et pour tout, marque un progrès ?

I

Restrictions préalables: La différenciation n'est jamais absolue, même dans les organismes supérieurs. - Des ressemblances subsistent, des rapports sont institués entre les éléments différenciés.

Considérons donc de plus près, d'abord les moyens que la différenciation emploie pour obtenir les résultats qu'on nous vante, puis ces résultats eux-mêmes.

Nous remarquerons en premier lieu que cette différenciation, portée au plus haut point dans les organismes supérieurs, n'y apparaît pourtant jamais portée à l'absolu : elle n'élimine jamais complètement les ressemblances entre les éléments qu'elle distingue. Il n'est pas vrai, par exemple, que la cellule consacrée à la digestion

1 Voir p. 25.
2 p. 383.

Célestin Bouglé

devienne complètement incapable de respirer; l'élément spécialisé conserve a quelque degré les facultés naguère cumulées.

« Le mouvement, dit M. Verworn [1], par une spécialisation de la propriété de contractilité, devient fonction particulière des cellules musculaires chez les animaux supérieurs, la faculté de percevoir les excitations acquiert un haut développement dans les organes des sens, le phénomène de sécrétion atteint sa plus haute expression dans la fonction des cellules glandulaires. -Malgré cela chaque espèce de cellule conserve tous les phénomènes vitaux élémentaires, et sa spécialisation provient seulement de ce qu'un de ces phénomènes se trouve porté à un degré de développement particulièrement élevé. » Ainsi, dans l'organisme différencié, les cellules se distinguent surtout par l'intensité que prend telle ou telle propriété dans leurs divers groupes ; mais ces groupes divers continuent de posséder à quelque degré les mêmes propriétés.

Ce que nous disons des cellules, *a fortiori* le dirions-nous des organes. On sait qu'ils sont formés par des combinaisons de tissus - épithéliaux, conjonctifs, musculaires, nerveux - qui se retrouvent dans tous las appareils de l'organisme, dans l'estomac comme dans le poumon. Même dans les muscles et les nerfs, qui pourtant sont essentiellement formés par un seul et même élément, on reconnaît plusieurs autres groupes élémentaires, et notamment le tissu conjonctif ; les organes différenciés continuent donc de se ressembler par certains côtés, comme se ressemblent les cellules mêmes qui les forment.

Mais ce qu'il importe surtout de noter, c'est que ces ressemblances paraissent nécessaires au fonctionnement même des organes, et qu'ils ne sauraient sans dommage être spécialisés absolument. Un des naturalistes qui a le mieux montré que la différenciation, pour les éléments luttant à l'intérieur de l'organisme, est une nécessité vitale, M. W. Roux, fait pourtant remarquer qu'une glande remplirait mal ses fonctions si elle ne contenait que des éléments sécréteurs; elle a besoin de vaisseaux pour lui amener du sang, de tissu conjonctif pour séparer les lobes et servir de soutien aux épithéliums, de nerfs pour régler son fonctionnement [2].

Ainsi la différenciation laisse subsister, entre les parties qu'elle

---

1 *Physiol. gén.*, p. 641.
2 D'après Y. Delage, *Structure du protopI.*, p. 727.

distingue, des similitudes nombreuses : ajoutons qu'elle réclame, entre ces mêmes parties, l'installation de rapports étroits. Tout le bénéfice qu'elle peut procurer à l'organisme est à ce prix. « La division du travail, remarque M. Giglio-Tos [1], ne servirait à rien sans la symbiose. La différenciation et le perfectionnement d'une partie ne sont utiles à l'organisme qu'en tant qu'elles peuvent aider les autres parties à l'accomplissement de leurs fonctions. » Pour que l'ensemble tire profit des fonctions divisées, il importe, observe de son côté M. Verworn [2], que ces diverses fonctions se pénètrent réciproquement, que tel élément entre en mouvement ou en repos au moment opportun, qu'il règne la plus délicate harmonie entre les divers organes, tissus et cellules. En un mot, plus les activités sont variées et plus il est nécessaire pour le bien du tout qu'elles soient coordonnées.

Or remarquons que si la différenciation, pour que ses effets d'ensemble soient heureux, nous parait réclamer cette coordination, elle ne l'implique pas, elle ne la produit pas nécessairement d'elle-même. Division, dit M. Espinas [3], c'est dispersion : or le concours exige le groupement. M. Roux, lorsqu'il nous montre les différents éléments luttant pour la vie dans l'organisme même, nous les montre aussi tirant pour ainsi dire chacun de leur côte, sans souci des intérêts de l'ensemble. Haeckel avait donc raison d'observer [4], que le progrès de la centralisation, qui ajoute par exemple un organe central à chacun des systèmes différenciés, puis les subordonne tous au système nerveux, n'est pas identique au progrès de la différenciation; qu'il peut même y avoir opposition entre l'un et l'autre. La centralisation n'est-elle pas une réaction du tout contre la dispersion de ses parties, et comme une méthode destinée à sauver la solidarité que la différenciation, abandonnée à ses seules tendances particularistes, aurait pu compromettre ? Quoi qu'il en soit, il est certain que sans cette solidarité on ne pourrait escompter les bienfaits de la différenciation. Elle n'est avantageuse, pourrait-on dire, que dans la mesure ou elle n'est pas livrée à elle-même et portée à l'absolu.

Cette remarque nous permettrait déjà de limiter, en matière so-

1 *Les Problèmes*, 1re partie, p. 104.
2 Op. cit., p. 649.
3 *Les Sociétés animales*, p. 350. (Paris, Félix Alcan.)
4 Créat. nat., p. 252.

Célestin Bouglé

ciale, les ambitions des partisans de la différenciation à outrance. S'ils vont répétant, au nom de la biologie, que toute différenciation est par elle-même un progrès, et qu'en conséquence il faut - qu'il s'agisse de l'organisation politique, économique ou pédagogique - différencier en tous cas, à tout prix, nous leur répondrons qu'ils ont mal lu les leçons de la biologie. Elle nous rappelle que, dans les organismes mêmes, pour que la différenciation porte les fruits qu'on attend d'elle, il faut, qu'entre les éléments différenciés d'anciennes ressemblances subsistent, et de nouvelles relations s'établissent, conditions d'une intime solidarité, sans laquelle tout est perdu.

II

La différenciation n'est assurément pas avantageuse pour ces éléments: ils y perdent en puissance aussi bien qu'en indépendance. - Mais les organismes différenciés eux-mêmes ne sont forcément ni les plus durables, ni les plus féconds, ni les plus plastiques.

Mais, à considérer les résultats eux-mêmes. obtenus par la différenciation, on s'aperçoit qu'on ne peut nullement soutenir qu'ils soient à tous les points de vue avantageux.

Se place-t-on au point de vue des éléments constitutifs des l'organisme différencié ? La conclusion ne peut être, semble-t-il, que pessimiste. Tant qu'ils ne forment que des « colonies », on nous a montré ces éléments se suffisant à eux-mêmes, capables de se détacher de l'ensemble, relativement égaux et indépendants. Mais quand la colonie se transforme en organisme proprement dit, on les voit « déchoir à l'état d'organes » [1]. Adieu l'égalité et l'indépendance des individualités élémentaires : car l'individualité même leur est enlevée. Suivons la fort-nation du rein des vertébrés: entre les parties de même nature, qui appartenaient tout d'abord à des membres différents d'une même colonie, des fusions, des coalescences se produisent qui effacent toute trace des unités primitives ; l'individu est résorbé dans l'organe. Tout ce que l'organisme com-

---

1 Cf. Perrier, op. cit., pp. 679, 688, 720, 216.

posé gagne en unité, ses éléments le perdent en indépendance [1].
Si donc on peut encore parler de « Républiques de protistes », il
faut dire avec M. Verworn [2] que les États cellulaires supérieurs sont
essentiellement despotiques, puisqu'ils enlèvent toute liberté en
même temps que toute égalité à leurs cellules.

Mais, dira-t-on, ce que l'individualité élémentaire perd ainsi en
indépendance, elle le regagne sans doute, et au centuple, en puissance véritable. La philosophie politique nous a dès longtemps
habitués à escompter ces sortes de compensations. Spinoza, par
exemple, nous rappelle après Hobbes, que si les individus pour
former une société sont obligés de rétrécir leur liberté, ils retirent
du moins, de leur association même, des avantages qui élargissent
singulièrement leur vie. peut-être en est-il de même dans l'ordre
biologique. « Plus il y a d'unité dans l'organisation de l'État cellu-
laire, dit M. Verworn [3], plus le fonctionnement de l'ensemble tend
à la perfection, et plus sont grands aussi les avantages que les cellules retirent de la vie en commun. »

Mais comment mesurer objectivement ces avantages ? Sans doute
à ce que la vie des éléments est moins précaire, plus assurée, - ce
que nous constaterons en prouvant qu'elle est plus longue. Mais
précisément il serait très difficile d'en faire la preuve. On a pu soutenir au contraire que la différenciation des éléments, condition
de l'organisation du tout, hâtait leur disparition, et littéralement
les condamnait à mort. « Toute cellule non différenciée, dit M.
Delage [4], est immortelle, et ne demande pour continuer à vivre
que d'être placée dans des conditions qui le lui permettent : toute
cellule différenciée est vouée à une mort inévitable sans qu'il y ait
pour elle aucune possibilité d'y échapper. »

En effet, comment les cellules échappent-elles à la mort ? En se
divisant à l'infini. Or on constate que, quelle qu'en soit la raison
dernière, toute cellule qui se différencie met par cela même une
limite à sa faculté de division. Au contraire, les cellules qui restent
indifférenciées sont grosses de divisions indéfinies. On ne rencontre donc chez elles ni vieillards, ni cadavres : elles renaissent

---

1 Cf. Delage, op. cit., p. 32.
2 Op. cit., p. 636.
3 Ibid., p. 637.
4 Op. cit., p. 769.

Célestin Bouglé

perpétuellement d'elles-mêmes. En ce sens Weissmann a pu leur décerner l'immortalité véritable. Et sans doute tous les naturalistes ne sont pas d'accord sur la nature de cette immortalité, ni sur les procédés par lesquels elle s'entretient. Mais ils semblent bien d'accord sur ce point, que la vie ne se perpétue que dans l'indifférenciation [1]. La conjugaison des infusoires, qui paraît nécessaire à leur rajeunissement, est essentiellement une restauration momentanée de l'homogénéité de leurs parties. Dans les êtres supérieurs, les œufs, comme le remarquait déjà Milne-Edwards, ne sont que des cellules non différenciées, le plasma qui porte la vie d'individu en individu reste, par rapport au soma, remarquablement homogène. Ce ne sont pas des ouvriers spécialisés qui constituent cette armée de réserve de l'organisme : c'est parce qu'ils sont bons à tout faire qu'ils sont employés au service de la reproduction.

Toute cellule spécialisée est donc bien une cellule condamnée. La quantité de Nie dont elle dispose est restreinte. Elle perd en puissance comme en indépendance. Et, l'on peut difficilement soutenir que la différenciation lui soit avantageuse, puisqu'elle ne lui demande rien moins que l'abnégation totale de son individualité.

Mais, dira-t-on, vous aviez tort de chercher, dans la situation faite aux éléments, les bénéfices de la différenciation. C'est en effet à l'ensemble, et non aux parties, à l'organisme et non aux cellules, qu'elle est profitable. Leur inégalité, leur dépendance, leur effacement ne sont que les conditions de sa puissance globale. Plus elles poussent loin l'abnégation, et plus haut il se place sur l'échelle des êtres. Les espèces ne cessent pas, on le sait, de lutter pour la domination : les types les plus différenciés l'emporteront naturellement sur ceux qui auront obtenu, de leurs éléments constituants, de moindres sacrifices. Que les cellules soient donc consolées, si tant est qu'elles peuvent penser : elles passent, mais leur oeuvre demeure, perfectionnée par leur abnégation même ; et vraiment elles meurent pour la patrie.

Mais encore, à quel signe objectif reconnaîtrons-nous que les types constitués par de tels sacrifices sont réellement plus parfaits, plus élevés, plus puissants ? Sans doute à leur succès même, et par suite à la place qu'ils occuperont dans l'Univers. Puisque les espèces se disputent la terre, et luttent à qui l'emplira, les mieux

1 Cf. Lalande, *Dissolution,* pp. 130-150.

constituées ne sont-elles pas celles qui couvrent le plus grand espace et durent le plus longtemps ?

Si l'on accepte ce critère, il est paradoxal de soutenir que l'avantage reste en tout et pour tout aux espèces dites ordinairement supérieures, c'est-à-dire différenciées. D'Archiac et de Candolle n'ont-ils pas montré qu'actuellement, à la surface du globe, l'aire occupée par les espèces est d'autant moindre que la classe dont elles font partie est plus « élevée » il que moins les animaux et les végétaux sont « parfaits », plus aussi ils se propagent dans des contrées différentes? Il en est à peu près, ajoute M. Gaudry [1], dans le temps comme dans l'espace. La paléontologie nous rappelle combien d'espèces animales, non moins remarquables par la différenciation de leurs organes que par les proportions de leurs tailles ont disparu à jamais, tandis qu'on a ramené au jour des mollusques, êtres beaucoup moins différenciés, dont les espèces étaient déjà connues à l'état fossile. Les chefs-d'œuvre de la différenciation ne l'emportent donc pas plus, en fait, par la durée que par l'aire.

Il n'y a pas lieu de s'en étonner si l'on se rappelle que la fécondité, condition de l'expansion et de la survie des races, est toujours relativement restreinte, quand les organismes sont différenciés. On sait que Carey et Spencer avaient prétendu formuler la loi générale de la fécondité des êtres. Elle varierait en raison inverse de leur intelligence, c'est-à-dire de la place occupée dans leur organisme par le système nerveux, d'autant plus développé lui-même que la différenciation est poussée plus loin. La loi ne se trouve pas exacte dans le détail [2]. Car s'il est constant que l'éléphant est peu fécond, le chien l'est beaucoup plus, sans être pour autant moins intelligent. Mais il reste vrai que d'une manière générale, entre la fécondité des êtres très différenciés et celle des êtres peu différenciés, il n'y a pas de proportion. Les micro-organismes laissent bien loin derrière eux les organismes « supérieurs ». Semez quelques mycodermes infiniment petits sur une cuve de vinaigre : leur postérité la recouvrira en quelques heures. On a dit d'un petit infusoire d'eau douce, *l'ichtyophtirius multifiliis* que, dans un milieu approprié, il pourrait fournir en un mois une masse de substance égale à celle du

---

1 Paléont. philos, p. 146, note.
2 Voir p. 86.

Célestin Bouglé

soleil [1]. Quelle qu'en soit la raison dernière, les organismes compliqués des métazoaires ne connaissent plus de pareilles multiplications. Ils limitent le développement de la substance germinative qu'ils enferment [2]. Ainsi la différenciation tendrait à stériliser, non pas seulement les éléments spécialisés, mais les ensembles qu'ils constituent, et par là à raréfier l'espèce.

Si du moins elle augmentait indéfiniment la plasticité des êtres ! Elle leur permettrait alors de s'adapter, en prenant des formes nouvelles, à de nouvelles situations, et de survivre plus sûrement que les autres aux mutations de milieux. « La société la plus vivace, remarque M. Perrier [3], est celle où l'immobilité est réduite au minimum. » Ainsi, parce qu'ils seraient les plus aptes aux changements, les organismes différenciés seraient les plus vivaces.

Et il semble bien que leur constitution, dans la mesure où elle commande à ses fonctions diverses, leur permet de parer de plus loin aux dangers, et de se plier plus intelligemment aux nécessités de la vie : ils sont plus mobiles et plus adroits par cela même que leurs organes sont plus variés et plus solidaires. Mais si une pareille constitution augmente en ce sens leurs chances de survie, n'augmente-t-elle pas aussi, d'un autre côté, leurs chances de mort ? Les composés les plus complexes sont rarement aussi les plus stables. « Pour détruire l'équilibre chancelant des êtres supérieurs, dit M. Lalande [4], il ne faut qu'un grain de sable. La savante hétérogénéité du corps humain le met à la merci d'une piqûre d'aiguille bien placée : tout l'édifice croule en un moment parce qu'il est trop multiple et trop solidaire en ses parties. »

D'ailleurs, est-il vrai que cette constitution des corps différencies augmente d'une manière absolue leur capacité de varier pour s'adapter aux circonstances nouvelles ? C'est ce qui a été contesté. Il semble bien, d'après les recherches de Krause et de Riley, que si la différenciation favorise en un sens la production des variations, elle limite leur étendue [5]. Si elle multiplie les variations faibles, elle interdit les variations importantes. En changeant progressivement la composition chimique de son milieu, on fait prendre succes-

1 Cf. Le Dantec, *Théorie nouvelle de la vie,* p. 179 (Paris, Félix Alcan).
2 Cf. Lalande citant Hertwig, op. cit., pp. 145-147.
3 Col. anim., p. 214.
4 Op. cit., p. 44.
5 D'après Delage, op., cit., p. 286.

sivement au bacille pyocyanique toutes les formes connues chez les microbes [1]. Des êtres différenciés supporteraient difficilement de pareilles expériences. La liaison même de leurs organes divers limite leurs métamorphoses. Qu'une condition de milieu fasse, en effet, varier l'un de ces organes sans ébranler les autres : les relations nécessaires de l'organe modifié avec ceux qui ne le sont pas déterminent un frottement qui tempère et finalement arrête la variation. « Il y a donc, conclut M. Houssay [2], d'autant plus de frottement et d'autant moins de variabilité que les organes de l'être considéré sont plus étroitement liés entre eux, c'est-à-dire que cet être est plus différencié déjà et plus élevé en organisation. »

Et ce n'est pas seulement leur dépendance mutuelle, c'est la diversité même de leurs organes qui est capable d'alourdir et d'arrêter ces êtres. Parce qu'ils ont plus d'organes, ils ont plus de besoins, et des besoins plus spéciaux, c'est-à-dire exigeant pour être satisfaits certaines conditions déterminées de sol, de température, d'humidité [3]. Que ces conditions viennent à changer brusquement, comme il arrive dans les perturbations géologiques, et les êtres différenciés disparaîtront avant les autres, comme le civilisé, brusquement jeté dans un désert, y disparaîtrait sans doute avant le primitif. Ainsi s'explique la loi de Cope, d'après laquelle on voit les nouvelles séries d'êtres sortir, non pas des types terminaux - les plus différenciés - des séries précédentes, mais de types très antérieurs, et beaucoup moins différenciés. Par exemple ce ne sont pas, sans doute les plantes « supérieures » qui ont donné naissance au règne animal, mais bien les formes « inférieures » de protophytes, qui ne se distinguent pas des protozoaires. De même, ce sont les simples vers ou tuniciers, êtres moins spécialisés que les arthropodes ou les mollusques, qui ont sans doute donné naissance aux vertébrés. D'une manière générale, moins un être est spécialisé, plus il est apte à survivre aux grandes secousses qui bouleversent brusquement les conditions de la vie [4] : ses besoins étant plus élé-

1 Cf. Guigniard, dans l'Encyclopédie des Sciences médicales, I, p. 41.
2 La Forme et la Vie, p. 910.
3 Cf. Le Dantec, *Lamarckiens et Darwiniens*, p. 182 (Paris, Félix Alcan).
4 Ainsi s'expliquerait, suivant M. Le Dantec, la prétendue immortalité du plasma germinatif. Car ce qui est vrai des organismes est vrai des éléments. Seuls les éléments reproducteurs qui sont le moins spécialisés, adaptés aux conditions les moins rigoureusement déterminées, peuvent résister à ut, changement de milieu aussi considérable que la sortie de l'organisme auquel ils appartiennent. C'est

Célestin Bouglé

mentaires, sa survivance est mieux assurée : moins exposé que les autres, il a plus d'avenir.

Donc, comme ils sont moins féconds, les êtres différenciés sont au total moins plastiques que les autres. La différenciation diminue de deux façons leurs chances de survie, et rétrécit leur place dans l'univers. Et c'est pourquoi, dans son livre sur la Dissolution opposée à l'Évolution [1], M. Lalande, après avoir passé en revue les derniers résultats généraux de la biologie, pouvait aboutir à cette conclusion paradoxale : « En résumé la différenciation conduit à la mort, et cela d'autant plus sûrement qu'elle est plus avancée. » Nous voici loin, semble-t-il, des principes posés par M. Milne-Edwards.

III

Leur rôle dans l'économie générale de la nature n'est pas le plus important. - Si nous continuons à les déclarer «supérieurs», c'est parce qu'ils sont les porteurs de l'esprit. Mais ce n'est plus là un critère objectif.

On fera peut-être observer que lorsqu'il vantait l'importance des êtres différenciés, Milne-Edwards entendait - comme les expressions mêmes que nous avons rappelées tendaient à le prouver - moins la place qu'ils occupent que le rôle qu'ils jouent, leur destination, leur mission dans l'économie générale de la nature. Admettons qu'ils. passent plus vite que d'autres sur la terre : ils y laissent du moins un sillon plus profond. S'ils ne sont pas les reproducteurs les plus féconds, ils restent les producteurs les plus utiles.

Mais, même à ce point de vue, il faudrait faire des distinctions et des réserves. Voulez-vous dire que les organismes différenciés sont plus utiles à la nature en ce sens qu'ils contribuent, mieux que les autres, à l'entretien de la vie générale ? On conçoit combien il est malaisé d'apporter une réponse objective à une question ainsi posée. Toutefois, si l'on se rappelle de quelle façon se nourrissent les animaux supérieurs, profitant de l'élaboration que les végétaux ont fait subir aux matières inorganiques, et souvent aussi de l'élabora-

---

pourquoi eux seuls paraissent immortels Voir *Évolution individuelle et hérédité,* p. 221 (Paris, Félix Alcan).
1 p. 146.

tion que d'autres animaux ont fait subir aux matières végétales, on pourra soutenir qu'ils surviennent, dans l'ordre de la nature, moins comme des producteurs que comme des consommateurs, sinon comme des parasites. En tout cas, ils font peu, par eux-mêmes, pour entretenir ce retour à la matière des éléments utilisés par les organismes, cette « rotation continue » qui est, comme on l'a bien des fois démontré, nécessaire à la perpétuité de la vie sur la surface du globe [1]. Ce sont les levures, les mycodermes, les ferments de toutes sortes qui se chargent de cette opération, indispensable au renouvellement général. Et c'est pourquoi, en même temps, que les grands destructeurs, on peut soutenir que ces infiniment petits sont les grands producteurs, les éternels préparateurs de la vie. Supprimez du globe les espèces supérieures, chefs-d'œuvre de la différenciation, la vie générale continue. Supprimez-en au contraire ces minuscules organismes, peu différenciés pour la plupart, le circulus de la matière, et avec lui la vie s'arrête. C'est pourquoi il serait difficile de soutenir que les résultats de leur travail sont « faibles », « obscurs » ou « grossiers », que leur rôle dans l'univers manque « d'étendue ». Au prix de leur puissance infinie aujourd'hui révélée, qu'est-ce que la puissance de ces êtres compliqués que vantait naguère Milne-Edwards ?

Mais, dira-t-on enfin, comme Milne-Edwards le notait lui-même, ce qui contribue à donner aux êtres animés un rang plus ou moins élevé, c'est la « qualité » plus que la « quantité » des produits de la machine vivante. S'il prise par-dessus tout les facultés des êtres différenciés, c'est moins parce qu'elles sont puissantes que parce qu'elles sont « exquises » [2]. Or n'y a-t-il pas en effet un des produits de ces facultés raffinées qui est incomparable et dépasse infiniment, en qualité, tous les autres réunis ? Et c'est la capacité d'adapter les moyens à des fins, c'est l'activité consciente, c'est la pensée même.

À la bonne heure ; et il semble que nous tenions enfin une supériorité à laquelle aucun organisme indifférencié ne pourra prétendre. Quelle que soit la nature intime du rapport qui unit le système nerveux au système mental, on les voit, dans la série animale, grandir ensemble, et l'un portant l'autre. La flamme de

---

1 Cf. Encyclopédie chimique. - Chimie biologique, t. IX, par M. Duclaux, pp. 14-17.
2 Voir plus haut, p. 23.

Célestin Bouglé

la conscience ne descend que sur la tête des êtres dont l'appareil nerveux est suffisamment ramifié et unifié. Or, en fait, c'est dans les êtres différenciés que cet appareil se ramifie et s'unifie. C'est sans doute parce qu'ils. ont à relier, à équilibrer et à concerter un grand nombre d'éléments distincts, que ces êtres se constituent cet organe de transmission, de concentration et d'administration qui s'appelle le cerveau. Voilà pourquoi nous glorifions justement les êtres différenciés et les louons de consommer les matériaux préparés par d'autres : car seuls ils les emploient à une oeuvre immatérielle, car seuls ils ont construit, comme dit le poète italien [1], « un trône pour le dominateur qui va venir, un poste d'honneur pour l'esprit ».

Mais lorsque nous décernons ainsi aux organismes différenciés la palme que nul ne peut leur ravir, usons-nous du critère objectif qu'on nous promettait, emprunté aux sciences naturelles ? Avons-nous vraiment laissé parler les choses, et lu dans le livre de la nature que l'esprit a une valeur absolue, qu'il y a par suite des raisons de vivre supérieures à la vie même, et qu'il vaut mieux, s'il faut choisir, agir consciemment que végéter indéfiniment ? N'est-il pas évident au contraire que ce jugement de valeur ne se déduit nullement des jugements de réalité formulés parla pure biologie ? que cette conviction peut s'appuyer à un système philosophique, mais ne repose pas sur une démonstration scientifique ? et que par suite, plus encore que la morale utilitaire, la morale naturaliste tombe sous le reproche de n'introduire, qu'au prix d'une inconséquence, la « qualité » qui lui est nécessaire pour hiérarchiser les êtres ?

Un paléontologiste, au moment de prouver une fois de plus-que la nature est un progrès et que les derniers venus des êtres, parce qu'ils sont les plus mobiles, les plus actifs, les plus conscients, sont aussi les plus semblables à la divinité même, laisse échapper cette remarque, que lui inspirait, dit-il, à l'Exposition de 1889, l'aspect de la statue du Bouddha [2] : « Chez les peuples de l'Orient, avoir une vie passive, plongée dans la contemplation, paraît être le meilleur moyen de se rapprocher de la divinité. En Occident, au contraire, nous pensons que la divinité est l'action infinie et que les créatures les plus élevées sont celles qui sont les plus actives. » Vous conce-

---

1 Fogazzaro, Les Ascensions humaines, p. 220.
2 Gaudry, op. cit., p. 69.

vez donc, et vous confessez en quelque sorte que votre hiérarchie n'a rien d'objectif : édifiée par l'Occident, l'Orient la renverserait peut-être ; le mètre du progrès dont vous vous êtes servi pour l'établir dépend lui-même des tendances de la civilisation qui a modelé votre âme.

Ce qui est dit ici de l'activité en général peut être dit de la pensée même. Si nous l'estimons par-dessus tout, nous obéissons sans doute en cela à l'une des inspirations directrices de la civilisation qui nous porte [1]. Ou du moins, si l'on se fait fort de montrer que partout où il y a une civilisation, se retrouve aussi, sous quelque forme, le culte de la pensée, on conviendra que ce culte exprime l'idéal propre de notre espèce, bien plutôt que la nature des choses. Et ainsi, lorsque nous étageons les êtres d'après le rôle plus ou moins large que la différenciation de leur organisme prépare à l'intelligence, rendons-nous compte que nous posons « l'homme comme la mesure de tout ». La méthode de la sociologie biologique est dès lors toute retournée : bien loin de demander aux espèces animales des modèles pour l'espèce humaine, c'est l'espèce humaine que nous offrons en modèle aux espèces animales; et si nous la posons ainsi comme le modèle universel, c'est qu'elle nous paraît le mieux réaliser une fin à laquelle nous avons préalablement reconnu une valeur absolue : à savoir le progrès même de la pensée.

Il semble donc qu'il soit vain de demander à la science un critère objectif du progrès, et que si les naturalistes veulent en effet constituer une biologie strictement scientifique, vide de tout préjugé humain, pure de tout anthropomorphisme et par suite de tout finalisme, ils doivent s'abstenir de juger les êtres dont ils décrivent l'évolution. D'une conception toute mécaniste de la nature on ne peut plus tirer une définition du progrès. Celui qui souffle sur la conscience plonge toutes les valeurs du monde dans la nuit, l'indistinction, l'indifférence: il faut qu'il renonce à fixer des rangs.

C'est ce à quoi un certain nombre de savants paraissent enfin se résoudre. « Il faut se méfier du mot progrès, remarque M. Le Dantec [2]. À quel point de vue peut-on dire en effet que le poulet est

1 « On est de son temps, et moral comme les hommes de son temps », disait Renouvier parlant de Spencer. Et c'est là sans doute ce qui détermine *l'a priori* moral en vertu duquel on mesure le progrès ou la décadence *(Critique philosophique,* 1879, p. 415).
2 Lamarckiens, p. 7.

Célestin Bouglé

supérieur au corail ? Tous deux sont mortels, et les squelettes qui restent d'eux présentent des qualités différentes : ils sont adaptés l'un et l'autre à leur genre de vie, etc. » Un traducteur de Haeckel [1], dont la philosophie parait pourtant supposer la démonstration scientifique du progrès des êtres, avoue qu'en vérité il n'y a ni animaux supérieurs ni animaux inférieurs. « Chaque espèce animale ou végétale est adaptée à des conditions particulières de vie, et est plus parfaite que toute autre pour les conditions qui lui sont données [2]. » Ainsi en revient-on peu à peu à la vieille pensée de Cuvier, selon laquelle toutes les espèces sont parfaites en leur genre. Ainsi dissocie-t-on de plus en plus ces deux concepts, si intimement liés encore dans l'opinion, d'évolution et de progrès. Et cette dissociation ne peut manquer de retirer, au principe de la différenciation, son prestige « scientifique ». Aussi longtemps que nous avons voulu user de critères objectifs, nous avons reconnu que la différenciation comporte pour le moins, tant au point de vue des éléments qu'au point de vue des ensembles, autant d'inconvénients que d'avantages ; quand nous lui avons attribué enfin un prix incomparable, nous avons reconnu aussi que nous cessions d'user de critères objectifs.

*

* *

Ainsi, malgré l'apparente unanimité qu'on nous opposait, l'examen critique des moyens employés et des résultats obtenus par la différenciation nous a convaincus que, même lorsqu'il s'agit des espèces animales, il est illégitime d'identifier tout uniment différenciation et progrès. Tout dépend finalement du point de vue où l'on se place: et le point de vue final ne dépend pas de la science naturelle.

Que dirons-nous alors quand il s'agira des sociétés ! Qui ne voit combien leurs caractères propres doivent compliquer le problème, et rendre encore plus chimérique l'application de ce prétendu « mètre du progrès » !

---

1 Laloy, préface à *l'Origine de l'homme*, p. 8.
2 M. Gaudry lui-même, parlant des têtards, aboutit à une observation analogue. Op. cit., p. 30.

Chapitre 2
Les formes de la division du travail
dans la société

**Comment nous discuterons la thèse qui assimile les sociétés
aux organismes.**

L'argumentation anti-démocratique soumise à notre examen fait
fonds sur deux thèses: « Les organismes progressent par la différenciation » ; « Les sociétés sont des organismes. » Nous venons de
discuter la première de ces thèses. Il faudrait maintenant discuter
la seconde.

On sait combien d'arguments ont été échangés, sans résultats décisifs, autour de la théorie qui, assimilant les sociétés aux vivants,
nous présente en ceux-ci les frères aînés et comme les modèles de
celles-là. La « théorie organique » n'est, ont dit les uns, qu'une analogie décevante, et les lois qui régissent les organismes ne sauraient
s'appliquer aux sociétés. Car les éléments sociaux sont séparés les
uns des autres ; ils sont mobiles et peuvent se détacher de l'ensemble ; ils sont conscients et poursuivent leur fin propre. - Mais,
ont observé les autres, les éléments organiques n'apparaissent-ils
pas, si l'on y regarde de près, comme séparés eux aussi ? Ne sont-
ils pas parfois capables, eux aussi, de vivre, au moins un certain
temps, détachés du tout auquel ils appartenaient ? Enfin qui peut
dire que leur activité propre n'obéit pas à quelque conscience obscure ? Ainsi, entre les sociétés et les organismes, la discontinuité, la
mobilité, la conscience révéleraient, suivant les uns, de profondes
différences de nature : suivant les autres, de simples différences de
degré [1] Et après ces interminables combats, chacun reste sur ses
positions, préalablement déterminées par ses préférences méta-
physiques.

Nous n'avons pas l'intention de reprendre ici, dans toute leur ampleur, ces discussions de principes. On y tourne, nous semble-t-
il, dans des jeux de mots sans fin. Et le meilleur moyen d'aboutir
en pareille matière est peut-être, au lieu de suivre la théorie or-

---

1 Voir dans les *Annales de l'Institut intern. de soc.*, t. IV et V et dans *l'Année sociologique*, t. I et II, 1re section, l'exposition détaillée de ces différents arguments.

ganique sur le terrain des comparaisons générales, de la mettre en face de quelque problème particulier. Les théories se justifient par leur fécondité. Si, à tel problème sociologique défini, l'organicisme nous apporte une réponse précise, il a raison contre ses adversaires, fussent-ils munis des plus fines flèches de la philosophie: nous devrons lui confier la direction de nos recherches et de notre conduite. Mais s'il ne répond à la question posée que par des formules vagues, incapables de s'appliquer aux faits sociaux sans porter à faux, l'organicisme a tort et sa place est marquée, au musée de l'histoire des sciences, entre les hypothèses inutiles et les métaphores dangereuses.

Nous pouvons donc espérer prendre parti pour ou contre l'assimilation générale qu'on nous oppose sans avoir à sortir de la question particulière qui nous préoccupe ici a savoir, faut-il seconder ou contrarier la différenciation Pour en décider, en effet, nous avons besoin d'être renseignés sur le rôle que joue la différenciation dans les sociétés, sur les formes qu'elle y prend et les effets qu'elle y entraîne. Or la théorie organique nous apporte-t-elle ces renseignements indispensables, ou du moins nous fournit-elle les moyens de les obtenir ? C'est ce que nous allons rechercher.

I

Comment l'influence de la biologie a pu nous aider à élargir la théorie de la division du travail, telle qu'elle avait été élaborée par les économistes. - Mais qu'elle n'a nullement suggéré les distinctions sociologiques indispensables: spécialisation des professions, décomposition des opérations, sectionnement de la production.

Il importe de le rappeler d'abord : cette idée des bienfaits de la différenciation qui devait porter tant de fruits, au XIXe siècle, dans le champ des sciences naturelles, est née au XVIIIe dans le champ des sciences sociales. C'est au sein de la théorie économique de la division du travail qu'elle plonge ses racines. Les économistes ont les premiers attiré l'attention sur les avantages de la spécialisation. C'est en termes d'économistes -nous l'avons vu [1] - que les

---

1 Voir plus haut, p. 23.

naturalistes en expriment les effets organiques. Ils comparent les vivants à des machines dont le « rendement » est amélioré, à des ateliers dont les produits sont « plus raffinés, plus exquis », lorsque les tâches y sont plus divisées. Bien loin donc que la sociologie ait pris modèle sur la biologie, c'est l'observation des phénomènes humains qui a guidé, en cette matière, l'étude des phénomènes naturels. Le concept initial est descendu de l'humanité à la nature, au lieu de monter de la nature à l'humanité.

Mais peu importent, diront les partisans de la théorie organique, ces questions d'origine. Il est possible que l'idée de la différenciation ait d'abord été transférée de l'histoire humaine à l'histoire naturelle. Mais aujourd'hui, après avoir traversé toute la biologie du XIXe siècle, elle vous est revenue transformée, élargie, enrichie; les faits innombrables qu'elle traîne après elle ne pouvaient manquer de réagir heureusement sur vos conceptions. Ils vous aidaient à dilater les cadres de l'ancienne économie politique. Ils attiraient précisément votre attention sur les lacunes de cette théorie de la division du travail, dont le principe de la différenciation organique devait sortir : telle qu'Adam Smith l'a élaborée, et telle que les sciences économiques se sont si longtemps contentées de la reproduire, ils vous faisaient comprendre à quel point cette théorie manque de largeur et de profondeur.

Quels en sont en effet les éléments essentiels [1] ?

Trois exemples et un principe la caractérisent. Les trois exemples sont l'épingle de la manufacture, le clou du forgeron, l'habillement du journalier. Grâce à la division du travail, dix-huit ouvriers fabriquent ensemble peut-être deux cents fois autant d'épingles qu'ils en fabriqueraient si chacun travaillait de son coté, un forgeron-cloutier fabrique près de dix fois plus de clous dans sa journée qu'un forgeron ordinaire, un humble journalier de nos pays, enfin, est incomparablement mieux Vêtu, abrité, nourri, qu'un monarque africain.

Et à quel principe est dû cet accroissement de la richesse générale ? À l'échange. Obéissant à leur penchant inné pour l'échange, apparenté lui-même à leur désir de persuader [2], les individus entrent en rapports d'affaires. Chacun comprend qu'il a intérêt à produire

1 Voir Adam Smith, Recherches, I, chap. I, II, III.
2 Voir le cours d'Adam Smith, cité par Elie Halévy, *Radical. philos.*, I, p. 164.

Célestin Bouglé

telle espèce d'objets dont ses semblables ont besoin, afin d'obtenir
d'eux en retour tels autres objets dont il a besoin lui-même. Ainsi
naît spontanément, pourrait-on dire, du calcul utilitaire des particuliers, cette organisation si conforme à l'intérêt commun,

Ce résumé suffit à le rappeler: la théorie classique n'envisage, de
la division du travail, que les formes industrielles, et. elle ne lui
assigne, comme causes, que des penchants ou des calculs commerciaux. Elle ne suppose, entre les individus, d'autres rapports que
des rapports d'affaires. Elle s'en tient au terrain strictement économique et au point de vue purement individualiste. Pour élargir
ces notions au point d'en tirer une théorie vraiment sociologique,
il fallait que d'autres formes et d'autres causes de la division du
travail fussent mises en relief. Il fallait, par exemple, qu'on se rendît compte que les fonctions autres que les fonctions proprement
économiques se prêtent elles aussi à la spécialisation. C'est rétrécir
le sens du mot travail que de le limiter à la production industrielle.
Les activités qui visent à la destruction, ou celles qui produisent de
l'ordre et non des choses, ou encore celles qui produisent des idées,
vraies ou belles - les activités militaires, administratives, scientifiques ou esthétiques - comportent, elles aussi, des travaux qui à
leur tour se divisent. Comment les esprits devaient-ils être amenés à reconnaître, sous ces diverses manifestations historiques, le
même phénomène essentiel, et à l'embrasser dans toute son étendue ? L'extension de ces perspectives n'était-elle pas un des contre-
coups naturels du progrès biologique ?

En nous montrant que la vie même des organismes supérieurs
est une résultante de la collaboration des éléments spécialisés, il
élargissait démesurément le champ d'action de la division du travail ; il nous préparait à la retrouver partout, en des matières et
sous des formes où les économistes ne l'avaient pas soupçonnée [1].
En même temps, rejetant les origines du phénomène dans un passé infiniment lointain, il nous déshabituait de le regarder comme
une oeuvre en quelque sorte artificielle, issue d'un contrat débattu entre échangistes. Rattacher, comme à son principe unique
et universel, la division du travail à l'échange commercial, c'était
prendre un accident pour l'essence, une « catégorie historique »
pour la forme naturelle et nécessaire. Le travail se divise dans bien

1 Durkheim, op. cit., p. 3. Duchesne, *Spécialisat.*, p. 30 sqq.

des cas où le commerce proprement dit n'est pas établi encore, et par d'autres influences que par la -volonté réfléchie des individus. Il faut, si l'on veut comprendre la genèse du phénomène, prendre en considération la structure et les besoins de l'ensemble social lui-même. Or l'étude des organismes, non seulement multipliait à nos yeux les exemples de spécialisations spontanées, assurément antérieures aux débats des volontés, mais encore et surtout, d'une manière plus générale, partant des touts constitués donnés à l'observation, elle nous familiarisait avec la notion de l'interdépendance des éléments : elle nous aidait ainsi à nous délivrer des partis pris « individualistes » utiles à l'ancienne économie politique, mais capables d'arrêter la croissance de la sociologie.

Qu'en ce sens le progrès biologique ait secondé l'effort sociologique, nous n'en disconvenons pas. Pour qu'ils fussent amenés à rechercher, sous la diversité des événements historiques, la permanence des institutions, et à poser les réalités proprement collectives au-dessus des individus, il n'était pas inutile que les esprits fussent avertis par des analogies suggestives. Les métaphores organicistes pouvaient jouer ici, vis-à-vis des représentations individualistes, le rôle de réductrices. Elles rappelaient du moins, en matière de classification et d'explication sociologiques, combien de problèmes attendaient une solution.

Mais combien aussi il était dangereux de demander ces solutions mêmes à l'analogie biologique, et de décalquer en quelque sorte, pour les transporter aux formes sociales, les concepts naturalistes, c'est ce que le mouvement des sciences sociales a prouvé plus clairement qu'aucune discussion de méthodologie préalable. La sociologie biologique a piétiné sur place, au milieu des confusions d'idées ; et c'est en dehors d'elle qu'ont été formulées les distinctions utiles.

Ce n'est pas le tout en effet de reculer l'horizon, et de suggérer qu'un même phénomène doit se retrouver partout sous des formes différentes ; l'important est de définir, de distinguer avec netteté ces formes mêmes, afin d'éviter les rapprochements équivoques, féconds à leur tour en mécomptes pratiques. Or considérons les récents progrès de la théorie de la division du travail; nous constaterons qu'ici cette couvre d'analyse si indispensable s'est réalisée en dehors de la sociologie biologique et pour ainsi dire contre elle :

Célestin Bouglé

c'est en projetant la lumière, non sur les caractères qui rapprochent nos sociétés des organismes, mais sur ceux au contraire qui les en séparent et sont propres à l'humanité, que cette théorie s'est perfectionnée.

Que reproche-t-on en effet aujourd'hui à la théorie d'Adam Smith ? Ce n'est pas seulement d'avoir rétréci, en soudant la division du travail à l'échange proprement dit, le champ à observer ; c'est encore et surtout d'avoir confondu sous une, même rubrique des phénomènes distincts. Ce n'est pas seulement de n'avoir pas embrassé toute l'étendue du genre; c'est encore et surtout d'avoir brouillé les espèces. Et en effet, présenter sur le même plan, comme des exemples de travaux divisés, les opérations qui produisent l'épingle dans la manufacture, celles qui façonnent le clou dans l'atelier du forgeron, celles qui procurent enfin son habillement au journalier, n'est-ce pas confondre des choses très différentes [1] ?

Dans le dernier cas, nombre de producteurs indépendants, - le berger, le cardeur, le fileur, le tisserand, le fouleur, le teinturier, le tailleur, - ont collaboré à l'achèvement du produit. Avant d'arriver à sa forme définitive, il a changé plusieurs fois de propriétaire, il a traversé plusieurs « économies » autonomes. La production nous apparaît donc ici comme sectionnée, répartie en tranches différentes. - Au contraire, dans le cas de l'épingle, c'est à l'intérieur d'une même section économique que tout se passe. Des opérations qui naguère étaient toutes exécutées par un même ouvrier sont distribuées maintenant entre dix-huit ouvriers. Le produit change de mains, mais il ne change pas de propriétaire, il ne sort pas d'une même entreprise. Nous n'assistons plus à un sectionnement de la production, mais, à l'intérieur d'une même section, à une analyse, à une décomposition du travail. - Le cas du forgeron-cloutier est différent encore. Le forgeron-cloutier ne façonne pas seulement une partie du clou, comme l'ouvrier de manufacture une partie de l'épingle, et son travail n'est pas plus analysé que celui du forgeron ordinaire. Mais il ne s'applique qu'à une espèce d'objets. Cet objet ne passe entre les mains ni de plusieurs producteurs ni de plusieurs propriétaires. La fabrication d'un seul produit par une seule main, à l'intérieur d'une même économie, telle est la caractéristique de

---

1 Voir Bücher, *Études d'histoire* (Paris, Félix Alcan). Nous résumons, dans les pages qui suivent, les principaux résultats des chap. VI et VII.

ce phénomène, distinct aussi bien de la décomposition du travail que du sectionnement de la production. Il n'a plus pour résultat de diviser les travaux en tranches successives, mais en branches divergentes ; les sections qu'il trace dans le processus de la production sont longitudinales et non plus transversales. C'est la spécialisation proprement dite qui apparaît.

Spécialisation des professions, - décomposition des opérations, - sectionnement de la production, - ce sont là autant de modes de la division du travail qu'il importe de discerner; ils ne produiront pas sans doute les mêmes conséquences ; ils ne supposent pas les mêmes conditions. Si le premier apparaît partout où l'unité économique primitive, la communauté domestique, laisse tomber quelqu'une de ses attributions, il faut pour que le second prenne tout son développement des circonstances plus spéciales. C'est seulement là où sont concentrés des ouvriers nombreux, comme dans les grands ateliers modernes, que l'analyse des besognes peut être poussée très loin. Les progrès de cette analyse sont liés au perfectionnement même de la technique: c'est ainsi qu'ils seront accélérés, dans des proportions inouïes, par le passage de la manufacture à la machinofacture. De même, tout un ensemble d'habitudes et d'institutions déterminées est nécessaire pour que s'installe dans une société un sectionnement complexe de la production. Il y faut, pardessus les cercles fermés des premières unités économiques, une expansion du commerce proprement dit qui est bien loin d'être un fait aussi universel qu'on a paru le croire.

En un mot, ces diverses formes de la division du travail correspondent a des états différents de la technique humaine, non seulement industrielle mais commerciale. Désormais, si nous voulons répondre méthodiquement à cette question : « Quelle place occupe et quel rôle joue la division du travail dans telle ou telle société? » nous devrons montrer que tel ou tel de ces modes y prédomine, et ce sont ces distinctions, - que l'analogie des formes organiques ne pouvait nous suggérer, que seule l'analyse directe des réalités historiques nous a dictées, -qui devront commander nos recherches.

II
Distinction de l'aspect technique et de l'aspect juridique, des

formes et des régimes
de la production. - Exemples des questions auxquelles il fau-
drait répondre.

Mais il faut approfondir ces distinctions mêmes. Nous ne serions pas encore suffisamment renseignés sur l'état et les effets de la division du travail dans une société, si nous savions seulement en quelle proportion s'y rencontrent la spécialisation des métiers, la décomposition des besognes, le sectionnement de la production. Les sociétés humaines ne se distinguent pas seulement des organismes par les inventions qui s'y propagent, par les procédés qu'elles adoptent pour accommoder la nature à leurs besoins, par les habitudes que leurs membres contractent en conséquence, par les rapports défait qui s'y établissent entre les hommes et les choses, les producteurs et les instruments; elles se distinguent encore et surtout par les institutions qu'elles consacrent, par les règles sanctionnées auxquelles elles soumettent les activités individuelles et par les limites qu'elles leur imposent, par les rapports *de droit* qu'elles organisent entre leurs membres. En un mot les phénomènes économiques ne veulent pas être envisagés seulement sous l'aspect technique, mais sous l'aspect juridique ; et il importe que ces deux points de vue ne soient pas confondus.

On sait combien longtemps ils l'ont été en économie politique, et comment le socialisme, loin de dissiper cette confusion, s'en est servi au contraire pour étayer sa philosophie de l'histoire. Le « matérialisme historique » repose essentiellement sur cette idée que tout, dans la vie sociale, dérive des modes de la production. Mais cette expression même est équivoque. Les modes de la production peuvent se définir tantôt par des phénomènes technologiques ; par exemple : les dispositions matérielles de toutes sortes qu'une nouvelle manière de distribuer la force introduit dans les ateliers - tantôt par des phénomènes juridiques ; par exemple : les différences de situation qu'introduit, entre les membres d'un groupe, un régime nouveau de la propriété. Or, on l'a justement remarqué, il y a lieu de distinguer, dans l'enchaînement des transformations économiques, entre ce qui tient à la *forme* et ce qui tient au *régime* de la production [1]. Si la vapeur a produit dans notre monde social

1 *Voir Année sociologique.*, section de la *sociologie économique*, par M. François

les transformations que l'on sait, ce n'est pas en tant que force matérielle, c'est en tant que force appropriée par des possesseurs de
capitaux [1]. C'est à travers les codes que sa puissance a agi sur l'organisation même de la société. Il importe de rendre à la machine
ce qui vient de la machine et à la loi ce qui vient de la loi. Sous un
régime différent, une même forme de la production eut entraîné
peut-être des conséquences toutes différentes.

Combien il importe, si l'on veut apprécier la division du travail,
d'utiliser ces distinctions, on s'en rend aisément compte. Et en effet,
pour mesurer les résultats de la spécialisation, ce n'est pas le tout de
savoir si un homme travaille dans une manufacture ou dans un atelier, si son travail est synthétique ou analysé, s'il fait un clou entier
ou seulement une partie d'épingle. Mais dans quelles conditions
sociales travaille-t-il ? Voilà ce qu'il importe de préciser. Et pour le
préciser, il faudra distinguer encore, parmi les relations qui caractérisent un régime, celles qui relient l'homme aux choses, celles qui
le relient directement aux personnes, celles qui définissent sa propriété, celles qui délimitent sa liberté. Les unes et les autres sont, a
vrai dire, définies par des règles juridiques, qu'elles soient ou non
expressément formulées. Mais ces règles sont tantôt « réelles », et
tantôt « personnelles » ; tantôt elles se rapportent à l'état des biens,
et tantôt à l'état des personnes. Il faudrait donc distinguer, dans les
régimes mêmes auxquels la division du travail peut être soumise,
entre l'aspect juridico-économique et l'aspect juridico-politique.

Le travailleur est-il ou non propriétaire des instruments avec lesquels il exécute sa besogne spéciale ? Est-il ou non acquéreur de la
matière première ? vendeur du produit façonné ? Reçoit-il, comme
il arrivait souvent à l'artisan du moyen âge, la matière à façonner
de l'acheteur, qui loue en quelque sorte ses services ? Entre celui
qui l'emploie et lui, y a-t-il communauté a la fois de production et
de consommation, comme dans la famille antique, ou seulement
communauté de production, sans aucune espèce de communauté de consommation, comme dans l'industrie moderne ? L'ouvrier
spécialisé à domicile travaille-t-il « à son compte » ou au compte
d'un entrepreneur ? Les ouvriers entre lesquels le travail est distri-

---

Simiand. Voir principalement t. IV, p. 514.
1 C'est sur ces distinctions que la critique de Stammler a appelé l'attention
(*Wirthschaft und Recht,* passim).

Célestin Bouglé

bué dans une fabrique participent-ils en quelque mesure au bénéfice de la vente ? C'est en répondant à des questions comme celles-là qu'on classerait les divers régimes juridico-économiques qu'une même forme de spécialisation peut traverser.

Quant aux régimes juridico-politiques, on les caractériserait en répondant à des questions comme celles-ci : la tâche spéciale que le travailleur accomplit, l'a-t-il choisie librement, et peut-il la quitter à volonté ? Y est-il rivé par la naissance, comme il arrive dans la caste, ou du moins pour la vie, comme il arrive dans la corporation ? Y a-t-il dans la société des catégories de citoyens auxquels certains métiers sont réservés de par la loi, ou toutes les carrières sont-elles, en principe, ouvertes à tous ? Y a-t-il des professions privilégiées qui assurent certains droits à leurs détenteurs, ou bien toutes les professions, quelles qu'elles soient, sont-elles égales devant le pouvoir politique ? Et dans quelle mesure leurs membres peuvent-ils participer non seulement à la défense, mais au gouvernement de la société ?

Il faut avoir répondu à ces questions pour caractériser avec quelque netteté la situation créée par la division du travail aux divers membres des groupements humains. Ce n'est qu'après s'être placé à ces points de vue différents qu'il sera possible de définir non seulement l'occupation technique, mais la condition économique et l'état juridique des individus, et de distinguer, à côté des différents modes de répartition des fonctions, les différents modes d'organisation des classes.

III

Confusions impliquées dans la thèse générale des apologistes de la différenciation sociale. - Possibilité de retourner cette thèse; mais insuffisance de cette argumentation. - Au point de vue technique, le travail se divise en effet de plus en plus dans les sociétés humaines comme dans les organismes. - Mais la différenciation juridique n'accompagne pas forcément cette spécialisation technique: caractère exceptionnel, ou du moins transitoire du régime des castes. - De plus en plus les liens se détendent entre le métier et la situation juridique.

À quels malentendus s'exposent en effet et à quels porte-à-faux aboutissent ceux qui, se fiant à la théorie organique, oublient, dans les jugements qu'ils émettent sur les tendances de la démocratie, ces distinctions proprement sociologiques, il est aisé maintenant de s'en rendre compte.

Reportons-nous seulement aux apologies de la différenciation que nous avons citées [1] ; nous pourrons y admirer ce « confusionnisme » qui marche de pair avec les analogies biologiques. Division des fonctions ou séparation des classes, différenciation des groupes où différenciation des individus, on ne prend pas la peine de distinguer ces phénomènes ; on se contente de retenir l'idée que, d'une manière générale et comme en bloc, « le développement de la société est celui de la nature organique », c'est-à-dire qu'il obéit à la loi de la spécialisation progressive. On se dispense ainsi de regarder en face la spécificité des faits sociaux : elle disparaît dans l'ample manteau de l'évolutionnisme ; et l'on croit n'en avoir plus rien à dire quand on a répété, après Spencer, que toutes les formes de l'être passent de l'homogène à l'hétérogène.

En face de la thèse générale ainsi utilisée, rien ne serait plus facile sans doute que de dresser une thèse parallèle, et de sens exactement contraire. Cournot ne faisait-il pas remarquer [2] que l'analogie biologique, si elle est valable pour les débuts des groupements humains, convient de moins en moins à leurs progrès, et qu'ainsi, à mesure qu'elles se développent, les sociétés devenant de plus en plus rationnelles et de moins en moins naturelles, littéralement se « désorganisent » ? Le philosophe qui a le plus recueilli de la pensée de Cournot, le théoricien de l'imitation, M. Tarde illustre à sa façon et de mille façons cette idée [3] en montrant que de plus en plus, en dépit de toutes les différenciations originelles, par-dessus toutes les frontières et toutes les barrières, les opinions et les goûts, les usages et les besoins s'uniformisent, préparant ainsi à la fois la fusion des groupes et l'égalité des individus.

---

1 Voir plus haut, p. 114.

2 Traité de l'enchaînement des idées fondamentales dans les sciences et dans l'histoire, II, pp. 17, 32, 239. Cf. I, p. 332.

3 Voir *Les lois de l'imitation. - La logique sociale. - Les lois sociales* (Paris, Félix Alcan). [Ces trois oeuvres sont disponibles, en version intégrale, dans Les Classiques des sciences sociales. JMT]

Célestin Bouglé

Plus directement M. Lalande [1], de son coté, s'attaque au principe même de Spencer. Précisant à l'aide des résultats les plus récents des sciences une pensée que Cournot encore avait indiquée, il montre que si la loi spencérienne convient partiellement aux êtres vivants, elle ne saurait s'appliquer ni aux forces mécaniques, ni aux activités rationnelles. Celles-ci au-dessus, celles-là au-dessous de la vie tendent chacune a leur manière à effacer son oeuvre, à niveler les différences. Et à mesure que les sociétés se développent, faisant prédominer les exigences de la raison sur les tendances de la nature, elles travaillent à dissoudre progressivement toutes les hétérogénéités cristallisées qui séparaient les hommes. Ainsi à la philosophie de la différenciation on opposerait une philosophie de l'assimilation: à la philosophie de l'évolution une philosophie de la dissolution. Et au nom de ces nouvelles thèses générales, ou accuserait les partisans de la sociologie biologique, égarés par l'analyse, de n'avoir oublié qu'un point : c'est que l'histoire peut aller au rebours de la nature et que les sociétés humaines semblent prendre, en se développant, précisément le contre-pied de l'évolution des organismes.

Mais nous ne saurions nous contenter de ce revirement de principes. Il faut nous défier du plaisir de retourner les formules de nos adversaires. Nous risquerions d'aboutir à des théories aussi équivoques dans leur généralité. Il n'est pas vraisemblable que l'évolution sociale se trouve être exactement l'inverse de l'évolution organique. Plus probablement les lois générales induites de l'observation des êtres vivants sont ici à moitié vraies, applicables sur certains points, et portant a faux sur d'autres. Et c'est à discerner ces convergences et ces divergences que doivent nous servir les distinctions que nous avons élaborées.

Si l'on se place par exemple au point de Vue technique, il est trop clair que le travail se divise dans les sociétés comme dans les organismes, et que plus leur civilisation nous paraît progressive, plus aussi la division du travail s'y montre avancée.

C'est tout près de nous, dans la civilisation occidentale contemporaine, que ses différentes formes - spécialisation des professions, décomposition des opérations, sectionnement de la production, - ont pris un développement incomparable.

1 La Dissolution opposée à l'Évolution (Paris, Félix Alcan).

Qu'est-ce que la douzaine de professions qu'on discerne au début de la civilisation hindoue ou de la civilisation hellène, auprès des milliers qui pullulent chez nous ! En chiffres ronds il n'y aurait pas moins aujourd'hui de 10 000 modes d'activité humaine dont chacun, dans notre société moderne, pourrait occuper un individu toute sa vie [1]. Et l'on sait avec quelle rapidité ce nombre s'accroît. En treize ans, de 1882 à 1895, le chiffre des désignations de professions dans la statistique allemande s'est accru de plus de 4 000. Dans une seule ville, à Leipzig, un statisticien [2] a relevé, de 1860 à 1890, l'apparition de plus de 200 professions nouvelles. La décomposition des opérations croît peut-être encore plus vite, stimulée qu'elle est par le progrès du machinisme. On a depuis longtemps dédoublé les 18 phases qu'admirait Adam Smith dans la fabrication des épingles. Dans la cordonnerie une machinofacture compte aujourd'hui près de 50 opérations distinctes. On dit qu'il en faut 1662 pour la confection d'une montre [3]. Quant au sectionnement de la production, il marche de pair avec le perfectionnement du commerce. Ce n'est pas seulement du producteur au consommateur que l'intermédiaire porte les produits achevés, c'est d'un producteur à l'autre qu'il fait circuler les matières premières ou inégalement façonnées. Les cas deviennent de plus en plus rares où le « fabricat » est conduit, par une même entreprise, de l'état primitif à l'état ultime. Les mains par lesquelles il passe avant d'être livré au public deviennent de plus en plus nombreuses. Ainsi, quelle que soit celle de ses formes techniques que nous considérons, nous pouvons dire que sur tous les points la division du travail progresse en effet dans notre civilisation.

Mais à ces transformations techniques quelles transformations juridiques correspondent ? voilà ce qu'il importe de préciser.

Entre les formes techniques et les formes juridiques de la différenciation, entre les spécialisations professionnelles et les distinctions sociales, la dépendance peut s'établir de deux façons, suivant que l'on considère le métier comme déterminé par la condition, ou la condition par le métier. Un enfant naît dans une certaine classe : du fait de sa naissance, il est assujetti à une certaine espèce d'oc-

1 K. Bücher, *Études*, p. 294.
2 Petrenz, op, cit., p. 88.
3 Dechesne, *Spécialisation,* p. 75. Prins, art. cité, p. 424.

Célestin Bouglé

cupations. On voit ici la profession naître de la situation juridique. Que maintenant, du fait de son occupation, l'homme soit astreint à certaines charges, ou privé de certains droits : que telle fonction lui soit interdite, que tel cercle de la vie sociale lui demeure impénétrable : c'est alors la profession qui réagit sur la situation.

Lorsque la liaison des deux termes est indissoluble, et que leur détermination réciproque ne comporte pas le moindre jeu, on dit que la société est soumise au régime des castes. Il accouple pour jamais le métier et la race. Le fils du forgeron ne peut être que forgeron; le fils du guerrier ne peut être que guerrier ; le fils du prêtre ne peut être que prêtre. D'autre part l'homme appartient tout entier, et non seulement pour toute la vie, mais par toute sa personne, au cercle de son métier. Prêtre, guerrier ou forgeron, il ne peut exercer d'autres fonctions que celles auxquelles il était prédestiné. Il ne peut même contracter alliance avec les membres des autres groupes professionnels. L'individu est prisonnier jusqu'à la mort de la sphère où l'a jeté sa naissance.

Dans ces conditions, l'analogie biologique a beau jeu entre une société divisée en castes et un organisme différencié il y a en effet des ressemblances indéniables [1].

La cellule hépatique sécrète de la bile toute sa vie, et ne change jamais de fonction. De même, les cellules qui naissent d'elle restent au même poste ; elles ne se disséminent pas dans les reins, les muscles, les centres nerveux. Lorsque le régime des castes est établi, cet idéal biologique est réalisé dans l'humanité. De père en fils, et pour la vie, les individus sont enfermés dans le métier comme les cellules dans l'organe. Et il est vrai qu'alors la division du travail entraîne dans les sociétés humaines une différenciation proprement dite, aussi profonde que celle dont les vivants donnent le modèle.

Mais est-il vrai que ces conditions se réalisent souvent dans l'histoire humaine, et surtout qu'elles se réalisent d'autant plus sûrement que la division du travail est plus parfaite ? Avons-nous besoin de démontrer une fois de plus que ce régime des castes se rencontre rarement à l'état pur, et qu'en toits cas si ses grandes lignes se laissent reconnaître quelque part, ce n'est pas au terme, mais au début de notre civilisation [2] ?

1 Cf. Lalande, op. cit., p. 286.
2 Voir notre mémoire sur *Le régime des castes,* dans le t. IV *de l'Année sociologique.*

La société hindoue a pu maintenir presque intactes, pendant des siècles, les cloisons qui séparaient ses groupements composants ; les distinctions sociales s'y sont cristallisées autour des noyaux primitifs, de nature à la fois familiale et professionnelle. Mais on sait que les sociétés occidentales, où pourtant la spécialisation devait multiplier les cadres à l'infini, semblent s'être donné pour tâche de dissoudre progressivement toutes les distinctions sociales originelles : au fur et à mesure que les idées égalitaires prennent plus d'ascendant, les barrières qui séparaient les hommes en plébéiens ou patriciens, serfs ou libres, roturiers ou nobles, s'abattent, ou du moins s'abaissent une à une. Si bien qu'au terme, le régime juridique, à l'intérieur duquel foisonnent les divers modes techniques de la division du travail, se trouve aussi opposé qu'il est possible de l'être au régime des castes.

Et en effet aucune situation juridique antérieure ne détermine plus en principe le métier, et il ne détermine plus à son tour aucune situation juridique. L'hérédité des professions n'est plus de règle. Théoriquement toutes sont ouvertes à tous. « Le fils de n'importe qui peut devenir n'importe quoi. » Et d'autre part aucune profession ne limite la mobilité sociale de ses membres. Ils sont tous appelés à participer comme à la défense, au gouvernement du pays, et à se mêler à sa vie spirituelle ; aucun cercle de la vie sociale ne leur est plus tabou.

« Que l'on compare, nous dit M. Lalande [1], le spécialiste qui fait une aiguille de montre à l'ouvrier d'Égypte qui sculptait une boite de momie d'un geste non moins automatique que le sien. Celui-là était encastré dans un acte vraiment unique, où avait vécu son père, où vivaient encore ses enfants. L'artisan français, du jour au lendemain, peut être conseiller municipal, député, ministre. S'il en a la vocation, rien n'empêche qu'il se fasse prêtre. Si son intelligence est supérieure, il peut occuper les premières places de la science. Qu'il ne fasse rien de tout cela, et qu'il se borne à son métier, il n'en est pas moins, tout à la fois, qu'il le veuille ou non, soldat lors de la conscription, magistrat dans le jury, gouvernant luimême puisqu'il vote et prend ainsi part à la législation en même temps qu'à l'administration de la chose publique. S'il devient

[Texte disponible, en version intégrale, dans Les Classiques des sciences sociales.]
1 Op. cit., p. 283.

Célestin Bouglé

membre d'une société coopérative, et le cas est des plus fréquents, il se trouve de plus être commerçant, car il touche chaque année sa quote-part de bénéfices au prorata de sa consommation. Enfin il lit des livres et des journaux, il y écrit au besoin, et son avis va former la grande collectivité de l'opinion, puissante toujours et pesant fortement sur les faits matériels, même quand elle est erronée. Il communique plus ou moins clairement, plus ou moins largement avec toutes les pensées et tous les actes du pays. Il accomplit les mêmes fonctions que les autres, et par cela même que le point de différenciation devient de plus en plus spécial et précis, avec le progrès de la division du travail, par cela même aussi, dans la vie morale de l'individu, considéré comme une personne humaine, il devient de plus en plus secondaire et de plus en plus insignifiant. »

Qu'est-ce à dire, sinon qu'il faut distinguer soigneusement, quand il s'agit des sociétés, entre division du travail et différenciation proprement dite? Quand il s'agit des organismes, la spécialisation des fonctions ne saurait se perfectionner, nous a-t-on dit, sans la constitution d'organes nettement séparés, entre lesquels l'ensemble se sectionne et à l'intérieur desquels les différents groupes d'éléments s'isolent. Mais dans nos sociétés, au fur et à mesure que la division des fonctions est poussée plus loin, on ne voit nullement l'ensemble se sectionner en organes dûment séparés. Au lieu de la différenciation attendue, c'est un phénomène nouveau qui passe au premier plan : c'est ce que nous avons proposé d'appeler la complication sociale [1].

IV

La complication sociale: les groupements partiels se multiplient et s'entre-croisent de plus en plus. - Comment ce phénomène peut expliquer le progrès de la différenciation individuelle, essentiellement distincte de la différenciation sociale. - Insuffisance des analogies biologiques pour la connaissance de l'évolution des sociétés.

Un des traits des plus caractéristiques de notre vie sociale ac-

1 Voir notre étude sur les *Idées égalitaires*, 2e partie, chap. III (Paris, Félix Alcan). - Cf. dans la *Sociale Differenz*, de Simmel, le chapitre intitulé *Ueber die Kreuzung socialer Kreise*.

tuelle c'est la multiplication inouïe des groupements partiels. Dans la France d'aujourd'hui, disait Taine, nous comptons, outre l'État et les Églises, outre trente-six mille communes et quarante mille paroisses, « sept ou huit millions de familles, des millions d'ateliers agricoles, industriels oui commerciaux, des instituts de science et d'art par centaines, des établissements de charité et d'éducation par milliers, des sociétés de bienfaisance, de secours mutuels, d'affaires ou de plaisirs par centaines de mille, bref, d'innombrables associations de toute espèce, dont chacune a son objet propre et, comme un outil ou un organe, exécute un travail distinct [1] ». Il faut en effet s'en souvenir ; ces sociétés multipliées peuvent différer grandement non seulement par la nature mais par l'objet. À mesure que notre civilisation se raffine, elle réclame une incroyable variété non pas seulement de produits matériels, palpables et mesurables, mais de produits immatériels et impondérables. C'est pourquoi, a coté des groupements proprement économiques, d'autres s'y rencontrent, comme telle association religieuse ou scientifique, qui se consacrent, si l'on peut ainsi parler, à la fabrication des croyances ; d'autres, comme tel cercle mondain ou populaire, n'ont d'autre fonction que d'augmenter la finesse ou l'intensité des sentiments sympathiques. La loi de la division du travail se retrouve donc ici, et continue d'opérer au delà du monde des affaires ; les associations multiples se spécialisent; chacun poursuit un objet propre.

Mais, parce qu'elle poursuit un objet propre, chacune a-t-elle aussi ses ouvriers spéciaux, assujettis à son but, et étroitement enfermés dans sa sphère d'action? On sait que le plus souvent, au contraire, les individus, loin d' « appartenir » à tel ou tel de ces groupements, « participent » à beaucoup d'entre eux, celui-ci d'ordre purement économique, celui-là d'ordre politique ou religieux, l'un permanent, l'autre éphémère, l'un local, l'autre international. Il se produira donc un chevauchement des individus sur les groupes. Chacun aura chance de rencontrer, sur des terrains différents, de nouveaux associés ; les fidèles d'églises adverses se ligueront par exemple pour telle cause patriotique ou philanthropique ; un même parti politique réunira des gens de provinces et de professions très di-

1 Voir une énumération du môme genre dans Benoît, *Crise de l'État*, p. 175. Cf. dans le rapport de M. Charles Gide sur *l'Économie sociale* (pp. 45-47), une classification dressée, d'après les statistiques de *l'Office du travail* des associations de toute nature connues en France en 1900.

Célestin Bouglé

verses. Le métier asservit de moins en moins son homme. De plus en plus on tient à distinguer entre les moments où l'on est « de service » et ceux où l'on est a un homme comme tout le monde », capable d'aller et venir librement dans toute la variété des cercles sociaux. En un mot notre civilisation ne voit pas seulement se multiplier, elle voit s'entre-croiser ces cercles. Et c'est cet entre-croisement incessant, cette interpénétration universelle qui constitue le phénomène original, gros de conséquences nouvelles, que l'analogie des organismes ne pouvait nous faire prévoir.

Et sans doute, même au sein des organismes, la différenciation n'est jamais absolue. Nous l'avons remarqué [1], si dans les organes séparés tous les éléments semblables avaient radicalement disparut, la spécialisation même ne pourrait produire pour l'ensemble les bons effets qu'on escompte. Les cellules spécialisées conservent à quelque degré les propriétés qu'elles cumulaient antérieurement, et jusque dans l'appareil le plus nettement constitué à part, des éléments se retrouvent qui sont les mêmes partout. On peut soutenir qu'ici déjà la complication limite la différenciation. Mais du moins l'évolution des organismes tend-elle à réduire au minimum les chevauchements de cette nature, et, au fur à mesure que le travail s'y divise, à emprisonner en effet, de plus en plus, les cellules dans l'organe. L'évolution de nos sociétés est tout autre. Du même mouvement par lequel elles favorisent la spécialisation, elles contrecarrent la différenciation [2]. En même temps qu'elles diminuent le nombre des opérations qui constituent les besognes professionnelles des individus, elles multiplient les groupements divers auxquels chacun d'eux peut adhérer par un côté de sa personne [3].

Et il est vrai que ces associations partielles se laissent difficilement comparer à des corps. Elles ne servent pas à leurs membres de « cadres complets de vie [4] » ; elles ne représentent que certaines de leurs tendances ; elles ne sollicitent que certaines de leurs activités ; elles ne les unissent le plus souvent qu'en fonction de fins déterminées. De telles relations s'expriment malaisément en

---

1 Voir plus haut, p. 121. Cf. Worms, *Org. et soc.*
2 Cf. Lange, Arbeiter fr., p. 57 sqq.
3 Voir Lalande, op. cit. pp. 282-286. Ostrogorski, *Démocr.*, II, p. 641. Schmoller, *Politique soc.*, p. 181. Cf. *Revue de sociologie*, février 1903, communication de M. Monin.
4 Ostrogorski, op., cit., II, p. 655.

termes biologiques. Et c'est pourquoi sans doute les partisans de la théorie organique élimineraient volontiers du champ de la sociologie l'étude de ces groupements unilatéraux. Seuls seraient des êtres réels, dignes de l'attention des sociologues, les groupes « à base organique », comme sont par exemple les nations [1]. Mais sans méconnaître l'importance particulière de ces grands produits de l'histoire, les plus semblables en effet à des êtres naturels, et dont les membres sont unis par mille liens plus ou moins conscients pour tous les rapports de la vie, on sent de combien d'informations et d'explications utiles se priverait la sociologie, en renonçant à étudier directement, dans leurs principes et leurs conséquences propres, les autres modes de groupements spéciaux à l'humanité.

N'a-t-on pas essayé précisément d'expliquer, par la multiplication et l'entre-croisement des associations partielles, la diffusion de ces conceptions individualistes qui dirigent le mouvement démocratique et qui sont le scandale du naturalisme ? En faisant chevaucher les associés sur les associations, le processus contribuerait à diminuer le caractère exclusif et oppressif des premiers groupements, et à brouiller en quelque sorte les distinctions collectives et globales [2] : il favoriserait du même coup les variations personnelles, il aiderait l'individu à se poser en s'opposant. Suivant M. Simmel [3], de même que l'individualité d'un objet augmente à proportion des idées auxquelles il participe, ainsi l'augmentation du nombre des groupes dont elles font partie accroîtrait l'originalité des personnes : elles apparaîtraient comme des synthèses uniques, différant les unes des autres par ce qu'on pourrait appeler leurs collections de groupements. En ce sens on peut soutenir que la complication sociale, accroissant, par la diversité même des rapports qui les relient, les petites différences qui séparent les hommes, favorise le progrès de la différenciation individuelle. Par où l'on voit combien il était imprudent de confondre en ceci, comme le faisait M. Prins, la différenciation individuelle et la différenciation sociale. Les deux ne marchent point du même pas. Entre le développement de l'un et le développement de l'autre il y a bien plutôt

---

1 C'est ce qui parait résulter de l'article de M. Espinas sur *Le Postulat de la sociologie. Revue philos.*, mai 1900.
2 Voir nos *Idées égalitaires*, pp. 188-205. Cf. Ostrogorski, *Démocrat.*, II, p. 694, 621. Voir aussi Rauh, *Expérience morale*, p. 142. (Paris, Félix Alcan).
3 Loc. cit., pp. 103-107.

Célestin Bouglé

opposition que parallélisme [1]. Il faut que les sociétés cessent d'être sectionnées à la manière des organismes supérieurs en parties rigoureusement fermées et nettement tranchées, pour que, dans l'entre-croisement même des associations partielles, ressorte la figure propre de l'individu.

*

*　*

Il semble donc que la démonstration générale que nous cherchions nous soit fournie par l'examen du problème particulier qui nous était proposé : l'exemple de la différenciation prouve suffisamment à quels mécomptes on s'expose lorsqu'on veut assimiler les sociétés aux organismes. Si ce rapprochement permet de réagir contre l'abus de certains postulats familiers à l'ancienne économie politique, et s'il pose heureusement certains problèmes, il ne nous met nullement sur la voie des distinctions nécessaires à leur solution ; il tend, tout au contraire, à nous faire négliger la spécificité des formes sociales. On se trouve alors amené à conclure, au mépris des constatations de l'histoire, que l'évolution des sociétés reproduit l'évolution des organismes.

Or, de fait, entre le progrès des uns et le progrès des autres, s'il n'est pas vrai qu'il y ait opposition totale et absolue, il se manifeste du moins des divergences profondes. Si par certains côtés les transformations de notre civilisation occidentale imitent celles dont la série animale donne le modèle, - puisque dans nos sociétés aussi la *spécialisation* augmente, par d'autres côtés les deux évolutions se contrarient, puisque dans nos sociétés seules la *différenciation* décroît. Des phénomènes nouveaux, qui restaient inconnus aux organismes, ou qui du moins n'apparaissaient chez eux qu'à l'état rudimentaire, prennent leur plein développement dans notre civilisation et lui impriment une orientation spéciale. Parce que la théorie organique laisse systématiquement ces phénomènes dans l'ombre, il n'est pas étonnant que l'idéal qui s'impose de plus en plus a la conscience publique scandalise beaucoup d'adeptes de cette théorie, et leur fasse l'effet d'un paradoxe dangereux. L'équivoque dissipée, le paradoxe disparaît.

---

1 Simmel, loc. cit., p. 137.

Chapitre 3
La lutte de la différenciation
et la complication sociales

En quel sens et sur quels points la démocratie s'oppose à la différenciation.

Sur quels points au juste la démocratie s'oppose-t-elle de nos jours à la différenciation ? Et dans quelle mesure est-il vrai, lorsque les idées égalitaires font effort pour intervenir dans l'organisation économique, qu'elles contrarient parleurs « tendances socialistes » les exigences de la division du travail ? -Les réflexions qui précèdent nous aideront peut-être à préciser les termes du problème. Elles nous indiqueront du moins quelle sorte de renseignements il faudrait avoir réunis pour opter, en connaissance de cause, entre défenseurs et adversaires de l'organisation actuelle, et décider si vraiment, pour ce procès toujours pendant, on peut continuer à faire état des analogies biologiques.

I

La distinction entre les formes techniques et les régimes juridiques de la division du travail n'est pas utilisée et est méconnue au contraire par le matérialisme historique. - En réalité la hiérarchie des situations commande le plus souvent la répartition des fonctions: constatation qui ébranle les plaidoyers naturalistes en faveur de la différenciation sociale. - La «division du travail contrainte»: il faudrait que d'égales possibilités fussent ouvertes aux puissances inégales.

Nous avons marqué l'importance sociologique d'une distinction que l'étude des corps vivants était incapable de nous suggérer, et dont on peut même dire qu'elle n'a pas de sens, appliquée au monde organique - la distinction entre les formes techniques et les formes juridiques de la division du travail. Cette analyse ne vient-elle pas à point pour justifier les efforts de ceux qui critiquent notre organisation économique ? Et si on les accuse d'oublier les nécessités de la production, n'auront-ils pas à répondre qu'ils en veulent, non pas aux *spécialisations* proprement dites, sans doute nécessaires, mais aux véritables *différenciations,* inutiles ou nuisibles ?

À vrai dire, cette distinction ne devait jouer qu'un rôle effacé dans la théorie des classes élaborée par le socialisme « scientifique ». Nous avons rappelé que la philosophie de l'histoire matérialiste semble confondre systématiquement les formes techniques et les régimes sociaux. Du moins affecte-t-elle de considérer ceux-ci comme de simples reflets de celles-là. C'est ainsi que, pour expliquer la formation et l'évolution des classes, les auteurs du *Manifeste communiste* se garderont d'admettre que les règles juridiques, par lesquelles la situation des personnes est déterminée, puissent être les causes propres de quelque changement historique, et varier indépendamment des habitudes préalablement imposées par l'état de l'économie. Si les hommes se sont distingués en patriciens et en plébéiens, en barons et en serfs, les nécessités de la production en sont responsables. Toutes les classes dont la lutte mène l'histoire ne sont jamais que « les produits du mode de production ». La différenciation sociale résulte, à chaque époque, de la technique régnante. De leurs rapports avec les choses dérivent les rapports des hommes entre eux : la distinction des conditions ne fait que décalquer la distinction préalable des métiers. Et ainsi, au fond de la division de la société en classes, c'est la loi même de la division du travail que nous retrouvons [1].

Il semble bien, quand ils esquissaient cette théorie, que les fondateurs de socialisme scientifique se laissaient encore guider par quelque schème d'origine biologique. Dans la genèse des castes, où l'on voit les différents métiers devenir héréditaires, Marx signale l'opération de la même loi naturelle qui spécifie les animaux et les plantes [2]. Il ajoute, il est vrai, une différence : un certain développement une fois atteint, l'hérédité dans les castes n'est plus simple tendance; elle passe à l'état d'obligation ; elle devient « loi sociale ». Mais les tenants et les aboutissants spéciaux de ces « lois sociales », leurs réactions propres, et comment elles interviennent dans le jeu des lois naturelles grâce auxquelles le travail se divise, c'est ce que

---

1 Voir la préface de 1883 au Manifeste communiste. Cf. Engels. Religion, Philosophie, Socialisme, p. 145.
2 *Capital,* I, pp. 145, 148.

Marx négligeait de mettre en relief.

L'analyse historique devait attirer l'attention sur ces distinctions laissées dans l'ombre. À vrai dire certaines recherches, relevant l'empreinte déposée par la division des métiers sur l'ensemble de l'organisation sociale, semblaient apporter, à la théorie matérialiste des classes, des confirmations inattendues. C'est ainsi qu'on essayait récemment d'expliquer, par de simples phénomènes économiques, la genèse et la hiérarchie des castes elles mêmes [1]. Les différents modes de production leur auraient servi de noyaux. Elles ne seraient que des cercles professionnels plus rigides, des ghildes pétrifiées. Suivant que leur genre d'activité est primitif ou compliqué, - suivant que l'apparition en a précédé ou suivi l'âge de la métallurgie, - elles s'élèveraient plus ou moins haut dans l'échelle sociale. L'histoire naturelle de l'industrie humaine donnerait en un mot la clef de la gradation comme de la formation des castes.

Mais une analyse plus attentive l'a fait observer: si les besoins et les découvertes de l'industrie ont entraîné, dans la civilisation hindoue, la formation de tant de petits groupes qui se repoussent les uns les autres en même temps qu'ils se superposent, cela tient sans doute aux moules sociaux que la technique y rencontrait, préparés par des forces d'une lotit autre nature, - survivances de l'exclusivisme familial, antagonismes ethniques, purismes religieux. Préexistant à l'organisation de l'industrie hindoue, ces « impondérables » ont contribué à la constitution des groupements élémentaires et contribuent encore à leur fixer leurs rangs. Une différenciation sociale stricte, rattachée elle-même à des idées religieuses impératives, domine ici, bien loin qu'elle en découle, la spécialisation technique [2].

Or la remarque veut être généralisée. Les principes séparateurs des hommes peuvent être très divers ; des causes variées fondent les catégories sociales en vertu desquelles telle sorte de métiers se trouve, a priori, réservée ou interdite à telle sorte d'hommes. Mais il est rare qu'on n'aperçoive pas, aux premières phases des civilisations, de pareilles catégories. Dans l'histoire primitive de la civilisation égyptienne comme de l'hindoue, de la romaine comme de la grecque, M. Gumplowicz n'aperçoit que des « luttes de races ». La

---

1 Nesfield, *Caste system.*
2 Voir Année sociologique, IV, mém. cit.

Célestin Bouglé

race la plus forte asservit les autres à ses fins ; elle ne les laisse libres qu'en les forçant au travail ; elle leur impose les besognes basses et s'adjuge les nobles. Ainsi la domination politique serait l'instrument universel des premières spécialisations. Jamais, suivant notre auteur, le travail ne se serait divisé librement : toujours la force, sous une forme quelconque, jette son poids dans la balance et intervient dans la distribution des tâches [1]. De fait, là même où l'on ne perçoit pas d'opposition ethnique bien tranchée, il est de règle dans presque toute l'histoire, jusqu'aux temps modernes, que l'entrée des professions soit ouverte ou barrée par des distinctions anté-professionnelles : au lieu qu'on appartienne à telle classe parce qu'on a pris tel métier, bien plutôt on prend tel métier parce qu'on appartient à telle classe. En ce sens, Dühring avait raison contre Engels: la hiérarchie des situations commande la répartition des fonctions [2].

Mais si cette constatation s'accorde mal avec les postulats scientifiques du socialisme, il semble qu'elle soit bien faite pour seconder ses tendances pratiques: elle coupe court, en tous cas, à certains plaidoyers naturalistes en faveur de la différenciation sociale, grâce auxquels on essaie d'éluder les réclamations du prolétariat.

Où cherche-t-on en effet les « bases naturelles de l'ordre social » sinon dans la diversité fondamentale des individus, la variété de leurs aptitudes, l'inégalité de leurs facultés ? Le premier théoricien moderne de la division du travail avait laissé ce fait dans l'ombre. Les différences d'aptitudes résultaient à ses yeux d'habitudes acquises bien plus que de dons innés; elles étaient des conséquences plutôt que des causes de la spécialisation. Pas plus qu'Helvétius ou que d'Holbach, Adam Smith ne tenait grand compte des diversités natives. Mais le XIXe siècle, averti par la biologie, a ouvert les yeux sur l'essentielle hétérogénéité des êtres. Les espèces végétales et animales voient pulluler les variétés individuelles qui luttent pour se fixer. L'humanité n'échappe pas à cette loi. Non seulement ses membres sont différenciés par les milieux auxquels ils s'adaptent, et acquièrent des qualités différentes suivant qu'ils habitent le Nord ou le Sud, la montagne ou la plaine, le bord des fleuves ou les rivages de la mer; mais les « idiosyncrasies » qu'ils apportent

---

1 Op. cit., pp. 216, 204, 935. Cf. Ott, *Éc. soc.*, I, p. 218.
2 Voir Dühring, *Cursus*, p 78. Cf. Àndler, *Revue de métaph.*, 1897, p. 653.

en naissant sont d'une extrême variété. Croire qu'ils naissent tous capables des mêmes travaux, voilà bien la proposition « risible au point de vue scientifique » que dénonçait Huxley. La diversité des aptitudes individuelles est le fait indéniable ; et c'est ce fait qui montre le chemin à la spécialisation. La raison d'être de la division du travail n'est-elle pas, comme le rappelle Stuart Mill, de classer les individus d'après leurs facultés, et de mettre, conformément à la formule anglaise « l'homme qu'il faut à la place qu'il faut » ? Chacun cherche naturellement une fonction adaptée à ses talents, proportionnée à ses forces. Ainsi les hommes sont-ils amenés à se distinguer, à s'étager, à « s'organiser », en un mot pour le plus grand bien de l'ensemble. En ce sens, bien loin qu'elle ne soit qu'une combinaison purement artificielle, la division du travail, avec les conséquences sociales qu'elle comporte, apparaît comme fondée en nature, elle découle immédiatement de la coexistence des diversités innées.

Mais si ce que nous avons dit de la prédominance des « lois sociales » dans la répartition des tâches est exact, on comprend que cette apologie pèche par la base. Il est désirable, il est utile que les fonctions soient distribuées suivant les facultés, et que la hiérarchie sociale exprime les inégalités réelles : cela est conforme aux intérêts de l'ensemble et aux vœux de la nature. Mais l'histoire ne montre-t-elle pas que ces vœux sont loin d'être toujours écoutés ? Nombre d'institutions, par les privilèges qu'elles. sanctionnent et les prohibitions qu'elles formulent, n'ont-elles pas précisément pour résultat d'empêcher les capacités naturelles de chercher leur voie et de donner lotir mesure ? La division du travail ne s'opère-t-elle pas plus souvent sous les coups de fouet de la force que sous l'aiguillon des tendances spontanées ? Ainsi arrive-t-il qu'il n'est tenu nul compte des suggestions les plus claires de la nature. Dans nombre de sociétés conjugales les besognes les plus fatigantes sont le lot du sexe le plus faible. Si l'homme se réserve les activités nobles, capables de se manifester par des exploits, il dédaigne et laisse à la femme celles qui font peiner. Simple abus de la force, ou conséquence de croyances religieuses, qui déclarent telle occupation tabou pour tel sexe, le phénomène est fréquent : la répartition des tâches, dans la famille, est loin d'être toujours calquée sur la

Célestin Bouglé

diversité des aptitudes naturelles [1].

Or cette « division du travail contrainte » [2] n'est nullement propre aux sociétés conjugales. Le plus souvent, la situation qui lui est faite dans l'organisation politique décide du genre d'occupations d'un homme. Nombre de vocations individuelles, moins marquées sans doute par la nature que les différences sexuelles, mais dont le libre développement eût été aussi important pour le bien de l'ensemble, ne doivent-elles pas être écrasées en germe par de pareils systèmes ? Toujours est-il que, sous les couches d'influences accumulées par les institutions, il est difficile de mesurer quel rôle revient, dans la répartition des tâches, à la diversité des facultés naturelles, - à ce que Spencer appelle dans sa théorie de la division du travail le « facteur psycho-physique ». Préoccupé pourtant de mettre au jour les bases naturelles de la spécialisation ; l'auteur des *Institutions professionnelles et industrielles* est obligé d'avouer [3] que les effets de ce facteur sont à tel point contrariés, par les effets des autres, qu'il est le plus souvent impossible de délimiter avec précision la part de la différenciation naturelle dans l'organisation de l'industrie.

Ainsi l'histoire pèse lourdement sur la nature. Les barrages « artificiels » de toutes sortes empêchent les fonctions de se répartir suivant la pente des différences natives. Si donc on veut qu'enfin les situations se mesurent aux dispositions, au lien que l'inverse soit vrai, il importe de ne pas « laisser faire » mais de maîtriser au contraire l'opération des privilèges. Si l'on veut que la division da travail, au lieu d'être contrainte, devienne vraiment libre, il faut que d'égales possibilités soient ouvertes aux puissances inégales. En un mot, puisque partout où il y a des classes, nous constatons que leur inégalité presse, directement ou indirectement, sur la distribution des professions et l'organisation subséquente des conditions, la démocratie vise légitimement à la suppression des classes. En poursuivant cette fin elle n'oublie pas plus les nécessités de la production que les données de la nature ; elle ne méconnaît ni la

---

1 Voir Bücher, *Études,* p. 30 sqq. Cf. Veblen, op. cit., -chap. Voir Vilfredo Pareto, *Syst. soc.,* I, p. 118.

2 C'est l'expression proposée par M. Durkheim, *Division du travail social,* livre III, chap. II. [Ouvrage disponible, en version intégrale, dans Les Classiques des sciences sociales. JMT.]

3 p. 205.

diversité inévitable des facultés, ni la diversité indispensable des fonctions ; elle proteste contre les inégalités de situation qui précisément rendent très difficile l'exacte adaptation des fonctions aux facultés.

II

S'il est vrai que dès à présent il n'y a plus de classes. - Distinction de l'aspect juridico-politique et de l'aspect juridico-économique du problème. - Effets produits par la coexistence du régime actuel de la propriété avec certaines formes de l'industrie: la « prolétarisation », le Theilindividuum, la civilisation réduite, pour beaucoup, à un dressage qui les transforme en machines. - Il survit donc une différenciation qui enraie les tendances émancipatrices de la complication sociale: pourquoi les groupements destinés à défendre les « intérêts de classe » priment aujourd'hui les autres dans le monde ouvrier.

Mais, dira-t-on peut-être, si l'argumentation vaut contre les anciens régimes, qui multiplient les barrières, vaut-elle encore contre celui qui prédomine aujourd'hui dans notre civilisation, et qui les abaisse toutes ? Aujourd'hui les incapacités juridiques ne sont plus que des souvenirs. La loi ne reconnaît plus de classes. Toutes les voies sont ouvertes : chacun peut donner la mesure de ses forces, et chercher fonction à sa taille. D'autre part, une fois que l'homme a choisi sa profession, il n'y est pas enfermé : il possède, nous l'avons vu, d'autres points d'attaches, il peut nouer des relations dans vingt autres cercles que le cercle professionnel. Les « incompatibilités » s'effacent ; et avec elles disparaît tout ce qui limitait les ambitions, tout ce qui étouffait les virtualités. Les effets de la complication sociale viennent en un mot limiter heureusement, ici, les effets de la différenciation, pour le plus grand développement des individualités, Sous un pareil régime, les hommes ne jouissent-ils pas de toute la liberté et de toute l'égalité conciliables avec les exigences de la production et les tendances de la nature ? Demander davantage, c'est vouloir effacer les sociétés des cadres de la vie.

Ainsi paraissent raisonner les sociologues qui greffent, à la manière de Spencer, l'individualisme sur le naturalisme. M. Novicow,

Célestin Bouglé

par exemple, tout en proclamant la nécessité de la différenciation sociale, déclare déraisonnable toute institution qui rappellerait le régime des castes [1]. Il tient, à vrai dire, que dans toute société, si démocratique qu'elle soit, non seulement les fonctions doivent être dûment spécialisées -car la démocratie n'est sans doute pas « le droit pour tout bottier de diriger les navires en pleine mer » - mais encore qu'une élite doit être constituée, sorte de *sensorium commune*, où se concentrent les pensées maîtresses et où se préparent les volontés directrices de la société tout entière [2]. Mais il entend bien qu'il ne doit être *a priori* interdit à personne d'exercer telle fonction, ni de pénétrer, s'il en est capable, au sein de cette élite dirigeante. Pour que la différenciation sociale soit parfaite, il importe que les individus soient aussi bien adaptés que possible à leur fonction, et pour que cette adaptation soit parfaite à son tour, il importe que rien n'entrave les vocations naturelles. L'état social le plus conforme aux vœux bien entendus de la nature est donc « celui où tout individu, possédant des aptitudes pour exercer une fonction quelconque, n'est empêché de l'exercer par aucun obstacle.»

C'est pourquoi tous les privilèges seront logiquement éliminés : il faut donner tout le champ possible aux libertés individuelles. Mais tout effort pour restreindre ces libertés, au nom d'une égalité illusoire, toute intervention de l'État dans l'ordre économique, tout « protectionnisme » ne serait qu'un gaspillage inutile. Les protectionnismes, externes ou internes, étiolent toujours les organismes sociaux. En abaissant les barrières juridiques des classes la démocratie a favorisé le libre jeu des lois naturelles; mais à vouloir réglementer plus justement l'activité économique, elle heurterait ces lois et s'y briserait. Le naturalisme confirme en un mot le libéralisme orthodoxe mais il ne saurait faire la moindre concession aux tendances socialistes. - Toutes les argumentations de ce genre se réduisent au même thème : « l'institution des classes séparées est sans aucun doute défavorable à la répartition des tâches la plus naturelle, et par suite la plus féconde. Mais du moment que ces séparations sont tombées, de quoi la démocratie se plaint-elle encore ? *Il n'y a plus de classes.* »

C'est contre cette affirmation répétée que le socialisme s'insurge,

---

1 Art. cité. Revue philos., 1900, p. 367.
2 Voir Consc, et Vol. soc., passim.

au nom des réalités économiques. S'il distingue insuffisamment, nous l'avons vu, entre les formes techniques de la division du travail et les régimes juridiques auxquels elle peut être soumise, il distingue au contraire avec la plus grande netteté entre l'aspect juridico-politique et l'aspect juridico-économique de ces mêmes régimes. La condition des hommes n'est pas définie seulement, nous rappelle-t-il, par les rapports directs qui les relient les uns aux autres, par les lois qui règlent l'attitude de la justice civile ou pénale à leur égard, leur admission aux diverses carrières, leur participation au gouvernement; elle se définit encore par les rapports qui les relient aux choses, par les modes d'appropriation que les lois consacrent. Que le régime de la propriété permette l'accumulation des biens aux mains des tins, et le dénûment progressif des autres, alors des fossés se creusent fatalement, qu'aucune « déclaration » théorique de l'égalité des droits ne saurait combler. Égaux en principe, et par là-même « déclassés » officiellement, les hommes ont bientôt fait de se reformer en groupes séparés par leurs intérêts; des classes économiques prennent seulement la place des classes juridiques. Et la lutte continue.

Il est donc vrai que les hommes ne sont plus distribués par la loi, en groupes officiellement étagés, comme l'étaient les différentes couches de la cité antique ou du régime féodal. Mais pour n'être qu'un contre-coup de la distribution des richesses, l'antagonisme des classes n'en est pas moins tragique. Derrière la façade égalitaire, les forces économiques continuent leur travail fatal d'opposition. Et bien loin qu'elle ait effacé les luttes de classes, tout l'effort de la société démocratique n'a abouti, jusqu'ici, qu'à simplifier ces luttes en les aggravant.

Considérons en effet le résultat vers lequel conspirent et le régime juridico-économique qui pèse sur notre monde et les formes techniques qui s'y épanouissent. Ce régime, c'est celui de la propriété privée; cette technique, c'est celle de la grande industrie. De plus en plus la production par les machines tend à se substituer aux autres modes de production. Elle rassemble, dans. les fabriques, des foules sans cesse plus nombreuses de travailleurs détachés des petits ateliers ; en ce sens on peut dire que de, plus en plus la production prend une forme collective. Mais les moyens de production restent propriété individuelle. C'est aux mains de particuliers

Célestin Bouglé

que la richesse créée par cette production collective vient affluer. Les capitaux se concentrent donc en même temps que le machinisme se complique. Contre les grands possesseurs de machines, les petits producteurs indépendants ne peuvent plus soutenir la lutte. Un à un ils sont obliges, pour vivre, de venir offrir leurs bras à la grande usine.

En un mot, pendant que diminue mécaniquement le nombre des détenteurs de la richesse, le nombre augmente mécaniquement « de ceux qui n'ont pour vivre que leur travail, et qui ne trouvent du travail qu'autant que leur travail accroît le capital [1] ». Et c'est ainsi qu'il ne reste plus en présence que deux groupes, mais plus séparés peut-être que ne l'ont jamais été les classes légalement définies : l'immense armée des prolétaires en face du petit état-major des capitalistes.

On comprend, si cette description est exacte, que la plupart des droits théoriquement reconnus à tous doivent souvent rester, en fait, à l'état théorique, et que ce soient armes de panoplies, dont beaucoup n'ont le temps ni les moyens de se servir.

On proclame, par exemple, que toutes les carrières sont ouvertes à tous sans autre distinction que celle des talents. Mais ne savons-nous pas qu'en fait, l'extrême inégalité économique trace souvent, autour des efforts individuels, les mêmes cercles infranchissables que l'inégalité juridique avouée ? Ainsi s'explique sans doute que sur bien des points, dans nos sociétés, une sorte « d'hérédité des professions » réapparaisse, qui tient -vraisemblablement moins à la transmission physique des facultés qu'à la transmission sociale des situations. Il faut entendre sans doute cette « hérédité des professions » au sens large : il n'est pas rare que le fils du grand propriétaire devienne avocat, le fils du pasteur médecin, le fils du forgeron relieur, le fils du boulanger-brasseur. Mais il est à remarquer que les professions entre lesquelles de tels passages s'établissent, - si elles supposent d'ailleurs chez le fils des aptitudes assez différentes de celles du père, - représentent d'ordinaire un Même rang social et correspondent à une même situation de fortune. Il y a en un mot comme des étages de professions, et il devient de plus en plus difficile, lorsque l'inégalité économique

---

1 *Manifeste communiste,* par. 15. [Texte disponible dans les Classiques des sciences sociales. JMT.]

augmente, de s'élever sans secours extérieur d'un étage à l'autre [1].

Combien le développement de la grande industrie doit augmenter ces difficultés, c'est ce que le socialisme s'efforce de mettre en relief. N'a-t-elle pas pour résultat ordinaire de diminuer l'importance du travail qualifié, et de multiplier, autour de ses machines, les besognes monotones, qui peuvent être exécutées par des enfants ? Les enfants, dont le travail coûte moins cher, seront donc enrôlés le plus tôt possible par l'usine. Les voilà encastrés dans son mécanisme, avant qu'ils aient eu le temps de recevoir quelque éducation professionnelle, *a fortiori* d'acquérir quelque culture générale, - avant qu'il leur ait été possible, en un mot, de chercher leur voie et de donner leur mesure. Qu'on se rappelle les tristes résultats des enquêtes anglaises sur l'instruction des enfants des mineurs [2]. C'est une tendance fatale du machinisme, que de rogner ainsi la part de l'apprentissage et celle de l'instruction. Et c'est pourquoi l'on peut soutenir que les chances, pour le fils de l'ouvrier, de «devenir son maître » et de se hausser à quelque situation indépendante se font de plus en plus rares: de plus en plus les prolétaires semblent rivés, de père en fils, à leur condition de salariés.

Si du moins cette condition leur permettait, dans le métier même ou en dehors du métier, de faire passer à l'acte leurs puissances intellectuelles et morales, de prendre leur part des aliments de l'esprit, de mener enfin une vie vraiment humaine ? L'important n'est pas que quelques rares favorisés puissent, grâce à des points d'appui inattendus, s'élever, c'est-à-dire s'évader de leur classe; c'est que cette classe, sans cesser de jouer son rôle dans la production, cesse d'en être prisonnière, et que ses membres puissent continuer à « s'élever » en effet, dans la mesure de leurs moyens naturels. Or les modes dominants de la division du travail dans nos sociétés se prêtent-ils à cet idéal ?

On sait avec quel optimisme l'économie politique orthodoxe, qui voit le monde à travers les idées et pour ainsi dire avec les yeux de la grande industrie naissante, célèbre les bienfaits des grands ateliers, où les ouvriers se concentrent et où les travaux se dé-

---

1 Voir Bücher, *Études,* p. 305 sqq. Cf. l'enquête citée de la *Revue internationale de sociologie.*

2 Voir Engels, *Die Lage* et Marx, *Capital.* [Ouvrage disponible, en version intégrale, dans Les Classiques des sciences sociales. JMT.]

Célestin Bouglé

composent. Cette organisation abaisse au minimum les frais, et porte au maximum le rendement des forces humaines. Les pertes de temps inséparables du transport des objets et du changement des occupations sont diminuées, pendant que sont raccourcies les périodes d'apprentissage. L'adaptation non seulement des organes mais des instruments aux tâches diversifiées devient chaque jour plus intime. C'est grâce à ces économies de toutes sortes que la grande industrie, inondant le marché de produits chaque jour plus nombreux et moins coûteux, entretient « l'opulence générale ». Mais, ou s'en aperçoit aisément, cette apologie tient compte surtout des choses jetées sur le marché, de leur quantité et de leur prix. Que si l'attention remonte des choses aux hommes, des produits aux producteurs, et si l'on considère *quelles répercussions* cet admirable mécanisme, fait supporter à ceux-ci dans leur chair et, dans leur aine, on sentira cet optimisme vaciller.

Déjà Adam Smith dénonçait, avec une vigueur qui n'a pas été dépassée, l'avilissement probable de la vie de l'esprit par la division du travail dans la manufacture : « Un homme dont toute la vie se passe à répéter un petit nombre d'opérations simples dont les effets sont peut-être aussi toujours les mêmes, ou très approchants, n'a pas lieu de développer son intelligence ou d'exercer son imagination à chercher des expédients pour des difficultés qui ne se rencontrent jamais. Il perd donc naturellement l'habitude de déployer ou d'exercer ces facultés et devient en général aussi stupide ou aussi ignorant qu'il soit possible à une créature humaine de le devenir. Quant aux grands intérêts et aux grandes affaires du pays, il est totalement hors d'état d'en juger... Or cet état est celui dans lequel l'ouvrier pauvre, c'est-à-dire la masse même du peuple, doit nécessairement tomber dans toute société civilisée et avancée en industrie, à moins que le gouvernement ne prenne des précautions qui préviennent le mal. »

C'est ce thème que les socialistes devaient reprendre, pour le développer inlassablement. Suivant eux, en effet, depuis Adam Smith, et par le progrès même de la grande industrie, le mal n'aurait fait qu'empirer. Sur nombre de points la machinofacture n'a-t-elle pas chassé la manufacture ? C'est dire que dans nombre de cas l'ouvrier n'a même plus besoin d'habileté professionnelle. Il se servait de son outil ; maintenant il sert la machine. Tout l'esprit s'est incorporé en elle, et il ne reste plus à l'homme que les besognes monotones, fastidieuses, qui, comme elles exigent de moins en moins d'apprentissage, permettent de moins en moins d'initiative.

Le travail n'a plus ici à aucun degré le caractère de l'art ; l'ouvrier n'y met plus rien de lui-même ; il n'est plus qu'une sorte d'appendice du mécanisme général qui commande ses actes. Dans ces conditions, à quoi la vie de l'esprit se prendrait-elle ? « La fastidieuse uniformité d'un labeur sans fin occasionnée par un travail mécanique toujours le même ressemble, écrivait Engels, au supplice de Sisyphe; comme le rocher, le poids du travail retombe toujours et sans pitié sur le travailleur épuisé. » « En même temps que le travail mécanique, continue Marx, surexcite au plus haut point le système nerveux, il empêche le jeu varié des muscles et comprime toute activité libre du corps et de l'esprit. La facilité même du travail devient une torture, en ce sens que la machine ne délivre pas l'ouvrier du travail, mais dépouille tout travail de son intérêt. »

Ainsi se vérifient les imprécations des poètes. « Tout ce qui devait être un, s'écriait Schiller, a été violemment séparé. Éternellement enchaîné à une fraction du tout, l'homme ne se développe aussi que comme une fraction : au lieu d'empreindre l'humanité dans sa nature, il ne devient qu'une simple empreinte de ce qu'il fait, » Et Urquhardt : « Subdiviser un homme, c'est l'exécuter s'il a mérité une sentence de mort : c'est l'assassiner s'il ne la mérite pas. La subdivision du travail est l'assassinat d'un peuple. »

Les formes techniques de la division du travail qui dominent aujourd'hui tendraient donc à faire une réalité, pour une masse croissante de travailleurs, de la fable de Ménénius Agrippa, qui réduit un homme à n'être Plus qu'une partie de lui-même. Vainement cherche-t-on ici « l'individu intégral » capable de développer harmonieusement toutes ses virtualités ; l'individu lui-même est morcelé ; il est d'autant plus parfait qu'il est plus borné et plus incomplet. Ce n'est plus qu'un organe, un instrument, un accessoire de la machine [1].

Dira-t-on que cette situation ne pèse sur l'ouvrier qu'à l'intérieur de l'usine, mais qu'au dehors il est libre de développer toutes ses puissances, en participant à toutes les formes qu'il lui plaira de la <u>vie sociale MI se</u> peut que la machine le condamne pour un temps

1 Voir *Capital*, I, pp. 150-160.

Célestin Bouglé

à un service fastidieux ; mais ne diminue-t-elle pas aussi le temps pendant lequel il est « de service » ? L'asservissement est donc partiel et momentané: an vrai la liberté y gagne.

Telles étaient bien en effet les perspectives entr'ouvertes par l'apparition des « esclaves de fer et d'acier ». Ne devaient-ils pas rendre inutiles les esclaves de chair et d'os? Du moins la machine, en décuplant la production, accroîtrait les loisirs du producteur. C'est ainsi que des pasteurs invitaient les ouvriers de fabriques à rendre grâce à la Providence, « parce qu'au moyen des machines elle leur procure des loisirs pour méditer sur leurs intérêts éternels [1] ».

On n'oubliait qu'un point: la pression du régime juridico-économique sur les formes techniques, les effets exercés par l'appropriation privée sur les conditions de la production machinofacturière. Et en effet, observeront les socialistes, les propriétaires des moyens de production talon nés par la concurrence sont avant tout préoccupés de faire valoir leurs capitaux, c'est-à-dire d'obtenir de leurs ouvriers la plus grande « plus-value » possible. De là ce « resserrement des pores de la journée » dont parle Marx, cette « prolongation des séances » que Proudhon prédisait déjà comme une des premières conséquences de la décomposition du travail dans les fabriques. Les capitaux privés tendent fatalement à faire travailler le prolétaire le plus de temps possible pour le moindre salaire possible. L'usine ne renvoie les salariés qu'après en avoir extrait toute l'énergie disponible.

Dans ces conditions, comment le prolétaire en dehors de l'usine pourrait-il continuer à s'élever ? « La part du loisir dans la vie, a-t-on dit [2], c'est la part du cœur, de l'imagination, de la famille, de la sociabilité à la fois et de l'individualité originale sous leurs formes les meilleures ». Si cette part est réduite au minimum, comment empêchera-t-on l'imagination de se dessécher, les cœurs de se racornir, les êtres humains de devenir à la fois impersonnels et insociables ? Déjà, à ce régime, les groupements les plus naturels risquent de se dissoudre. La famille du prolétaire n'est-elle pas comme écartelée aux quatre coins de l'industrie ? La vie du foyer n'existe plus guère pour celui qui, séparé des siens tout le jour, ne rentre qu'épuisé. Comment pourrait-il encore prendre une part ac-

---

1 Cité par Marx, loc., cit., p. 185.
2 Tarde, *Psychol. écon.*, I, p. 123.

tive à la vie des diverses sociétés partielles ? Quel que soit leur but, il n'a pas le plus souvent les moyens d'y concourir ; le temps, les forces, les ressources, tout lui manque.

À la dernière exposition universelle, une maison exposante, en publiant la monographie d'une famille ouvrière dont le salaire était un peu supérieur à la moyenne générale de la France (son budget était de 1 200 francs), se félicitait en ces termes du résultat obtenu : « Les dépenses de cette famille pour plaisirs, jeux, amusements, voyages, lectures, associations, sont absolument nulles. Cette famille échappe donc à toute propagande par le journal, la brochure, le livre [1].... » N'était-ce pas avouer que la faculté de participer à la vie civilisée sous toutes ses formes se trouve en de pareils milieux, singulièrement réduite ?

Et encore la famille citée peut-elle compter parmi les privilégiées. Si l'on en veut des preuves, diront les socialistes d'aujourd'hui, point n'est besoin de remonter aux enquêtes d'Engels sur la situation des ouvriers anglais. De nos jours, après des hausses de salaire incontestables, dans un des pays où l'industrie est encore le plus florissante, on a montré que plus d'un vingtième de la population ne gagne pas le minimum nécessaire à la vie matérielle ; 28 pour 100 des habitants le gagnent tout juste [2].

Qu'est-ce à dire, sinon que la civilisation se réduit en effet, pour ceux qui vivent dans ces conditions, à un dressage qui les transforme en machines ? Après avoir exercé tout le jour des activités purement mécaniques, ils ne peuvent plus satisfaire, - quand encore ils les satisfont, - que strictement les besoins organiques.

On exagérait donc l'heureuse influence actuelle de la complication sociale. Il est vrai qu'elle est bien une des tendances maîtresses de notre civilisation ; mais elle est perpétuellement contrariée dans ses effets normaux par une tendance toute différente, qui naît de la coalition de certaines formes de notre droit avec certaines formes de notre industrie. Pour enrayer les conséquences fâcheuses d'une spécialisation intensive, on comptait avec raison sur les rapprochements extra-économiques, sur la participation des individus à un nombre croissant de cercles sociaux; mais beaucoup de ces

---

1 Cité par Charles Gide. *Rapports du* Jury *international*. Introduction. Tome V, 6e partie. *Économie sociale*, p. 65.
2 Voir Rowntree, Poverty, A study of town life, pp. 295-305.

Célestin Bouglé

rapprochements restent superficiels, si même ils ne restent pas à l'état de purs possibles. Ils ne peuvent exercer réellement, sur un nombre. croissant d'hommes, l'influence émancipatrice que nous leur reconnaissions en principe.

M. Novicow [1] nous fait entendre que dans toute société où les groupements partiels et unilatéraux se multiplient, où les domaines des différentes activités sont nettement séparés, où la politique, par exemple, n'empiète pas sur l'économie, ni la justice sur la culture intellectuelle, là règne toute la liberté désirable. Mais à quelle condition cette liberté sera-t-elle une réalité il Sans doute à la condition que les individus puissent en jouir. Or imaginons que certains d'entre eux soient comme emprisonnés dans un des cercles ainsi distingués et, par exemple, que le mode d'activité économique qui leur est imposé épuise leur temps, leurs forces et leur vie ; pouvons-nous dire encore qu'ils jouissent de toute la liberté désirable ? Ils en jouissent, suivant M. Novicow, si la puissance politique n'intervient pas pour gêner le déploiement de leur pensée. Bel avantage, si le même déploiement est quotidiennement entravé par la nécessité économique !

Dans un état social où de telles inégalités subsistent, toutes les portes peuvent être ouvertes : la circulation de la foule est arrêtée par des chaînes. invisibles. En principe, « n'importe qui peut devenir n'importe quoi » et entrer n'importe où. En fait, pour le plus grand nombre, la condition entraîne la profession, qui enchaîne à son tour toute la vie.

Il n'est pas étonnant dès lors, si différentes qu'aient été leurs formes premières, que presque tous les groupements vivants où les prolétaires se rencontrent, deviennent en leurs mains des organes de résistance ou d'attaque pour le maintien ou l'amélioration des conditions du travail [2]. La lutte pour la transformation de leur situation économique réclame et absorbe toute l'énergie, tout le temps, tout l'argent qui leur reste. Plus tard, une fois libérés, il leur sera loisible de se grouper, en vue de fins diverses, suivant leurs diverses affinités, développant ainsi toutes leurs puissances

---

1 Art. cité, p. 128.

2 Voir dans l'*Année sociologique,* IV, p. 550 sqq. et II, p. 490 sqq., les travail. *Les* remarques de M. Simiand sur la publication de l'Office du travail : *Les associations professionnelles ouvrières,* et sur le livre des S. Web : *Industrial Democracy.*

personnelles. Aujourd'hui leurs intérêts de classe priment tous les autres. La « conscience de classe » relègue dans l'ombre toutes les autres affinités. La force des choses travaille à constituer un prolétariat chaque jour plus nombreux, plus distinct, plus cohérent : processus nécessaire pour que l'institution des classes s'écroule enfin, et que l'immense majorité transforme le droit au profit de l'immense majorité. Et ce droit nouveau n'empêchera pas sans doute la technique industrielle de spécialiser, dans les limites nécessaires, les activités productives ; mais du moins le régime économique cessera-t-il de réduire, pour toute leur vie, un certain nombre d'hommes à l'état d'outils. Toute survivance de la différenciation étant balayée, le champ sera ouvert au libre jeu de la complication sociale, pour le plus grand bien de l'émancipation individuelle.

III

Réserves formulées, au nom des faits, contre les thèses que nous venons de résumer. - Comment ces thèses peuvent cependant se défendre. - Quelles observations seraient nécessaires pour trancher ce débat. - Intervention indéniable d'un idéal plus ou moins nettement aperçu: en quel sens le socialisme serait l'héritier légitime de l'individualisme. - Illusion de ceux qui escomptent, pour résoudre de pareilles questions, les enseignements de la biologie.

Si c'est bien en ces termes que le problème social se pose aujourd'hui devant la démocratie, on comprend de quel mince secours doit nous être en pareille matière la théorie organique. C'est à de tout autres sources qu'il nous faudra puiser des raisons d'opter pour ou contre les tendances que nous venons de dégager.

Que le travail se divise en effet et doive se diviser dans les sociétés comme dans les organismes, personne n'en disconvient. Et ceux qui réclament une réorganisation du régime économique ne demandent nullement que les activités productives, indispensables pour alimenter la civilisation, cessent d'être spécialisées. Ils font seulement remarquer que, grâce à ce régime, un nombre croissant d'hommes, ceux à qui sont réservées les besognes les plus fastidieuses et les plus déprimantes, sont pris tout entiers par elles et comme « mécanisés » eux-mêmes ; et qu'ainsi une des tendances directrices de nos sociétés, - celle par laquelle leur évolution s'opposait le plus nettement à celle des organismes, - se trouve manifestement contrariée. Nous soutenions que si le travail s'y divise de plus en plus, nos sociétés pourtant se prêtent de moins en moins aux différenciations proprement dites : pendant que la spécialisation technique se raffine, les inégalités et les incompatibilités juridiques s'effacent. Mais si cela est vrai, nous dit-on, des distinctions juridico-politiques, officiellement reconnues, cela n'est pas vrai de celles, inavouées de la loi, qui reposent sur notre régime juridico-économique. Sur ces fondements de nouveaux murs s'élèvent, où viennent se briser toutes les tendances égalitaires de la complication sociale.

Telle est la protestation essentielle que nous venons de dégager de la théorie « sociale-démocratique ».

Pour discerner ce qu'il y a de vrai et de faux dans la théorie ainsi présentée, quels renseignements faudrait-il avoir rassemblés ?

Un certain nombre de recherches de fait seraient d'abord nécessaires. La théorie suppose en effet la réalité d'un certain nombre de processus : la concentration des richesses et des entreprises capitalistes, - la mécanisation générale du travail producteur, - la prolétarisation du plus grand nombre, le dénûment, l'abaissement, la dégradation croissante et inévitable du prolétariat.

Sur tous ces points, on sait que l'observation nous inviterait à formuler des réserves [1]. - Est-il légitime, par exemple, de conclure de la concentration des entreprises à la concentration des richesses ? Là où les usines sont la propriété commune d'actionnaires nombreux, assistons-nous à cette diminution du nombre des possédants que la théorie fait prévoir ? Et puis, quels que soient les progrès indéniables des grandes exploitations, les petites ne gardent-elles pas une large place, et non seulement dans l'agriculture, mais dans l'industrie proprement dite ? Il était donc excessif de soutenir que l'immense majorité des travailleurs se concentre dans les grandes usines, pour y être asservie à des besognes purement mécaniques.

---

1 Nous résumons brièvement, dans les deux paragraphes qui suivent, les principaux arguments échangés par les adversaires et les défenseurs de la théorie socialiste classique. Voir les ouvrages cités de Bernstein, Kautsky, Jaurès, Vandervelde, Millerand.

Beaucoup travaillent à domicile. Beaucoup cumulent des travaux d'espèces différentes. Le, travail qualifié enfin conserve sa valeur. - D'ailleurs où prend-on que le service des machines dégrade fatalement l'homme ? Bien plutôt il semble, par la culture technique générale que ce service exige, qu'il ait contribué à élever le niveau mental de la classe ouvrière. - Est-il vrai enfin que le travail, dans la grande industrie, soit de plus en plus « dévorant » ? qu'il laisse de moins en moins de loisirs et procure de moins en moins de salaire ? Il a fallu atténuer ce pessimisme quasi mystique, qui prédisait que la classe ouvrière, avant de sauver l'humanité, descendrait de plus en plus au-dessous de sa propre condition. En réalité elle relève progressivement son niveau de vie. Elle conquiert à la fois plus de salaire et plus de loisirs. - Dès lors comment se réaliserait cette simplification et cette exaspération des antagonismes de classes que la théorie paraît supposer ? En fait, entre le groupe des capitalistes et le groupe des prolétaires, les intermédiaires se multiplient. Petits possédants ou grands salariés, le nombre s'accroît de ceux qu'on ne sait où classer au juste. À l'intérieur de chacun des deux groupes opposés, comme entre l'un et l'autre, se révèle une foule de degrés et de nuances. - La théorie socialiste serait donc une simplification violente de la réalité ?

Et nul doute que sur tous ces points les socialistes n'aient quelque chose à répondre. Ils se feraient fort de réparer toutes les brèches et d'opposer arguments à arguments. - Ils montreraient par exemple que dans nombre de cas, la dissémination des exploitations ne contrarie la concentration capitaliste qu'en apparence. Beaucoup de petits établissements ne sont que des succursales. La majorité tombe dans une dépendance de plus en plus étroite. Dans les branches dominatrices de la production, c'est indubitablement la grande industrie qui fait la loi. - Dans ces conditions il ne faut pas que la survivance des formes antérieures du travail nous fasse illusion. Le travail à domicile, distribué par la grande entreprise, n'est pas plus libre ni moins déprimant, au contraire, que le travail à l'usine. Le cumul des travaux dans les ménages n'est destiné le plus souvent qu'à fournir un salaire d'appoint rendu indispensable par l'insuffisance du salaire principal. En fait, tandis que le nombre des producteurs indépendants baisse relativement, le nombre des salariés continue de monter. - La tendance est donc indéniable. En

Célestin Bouglé

dépit de tous les crans d'arrêts intermédiaires, les hommes sont entraînés vers l'un ou l'autre des pôles extrêmes. Les améliorations partielles que la classe ouvrière a pu conquérir ne changent rien à sa situation essentiellement précaire. Tant qu'une partie de la population aura son axe dans la propriété, et l'autre dans l'absence de propriété, la différenciation continuera son œuvre. - Sur les lignes dominantes et le mouvement fatal de notre organisation économique, la théorie socialiste ne s'est donc pas méprise.

Nous n'avons nullement la prétention de trancher cette discussion toujours pendante. Si nous avons brièvement rappelé les arguments échangés, c'était pour rendre manifeste le grand nombre de constatations historiques qu'ils supposent. En vain tournerait-on ici les yeux vers les organismes. Des enquêtes multipliées, sur l'évolution actuelle des formes techniques et des conditions économiques, permettront seules de décider s'il est vrai qu'une différenciation sociale nouvelle risque d'enrayer les tendances émancipatrices de notre civilisation.

Mais ce n'est pas tout. On sent bien que, pour départager adversaires et défenseurs de l'organisation économique actuelle, il y aurait autre chose à soupeser que des renseignements objectifs. Sous toutes les critiques dressées contre cette organisation, il n'est pas malaisé de deviner l'action motrice et directrice d'un idéal plus ou moins nettement défini : une certaine notion de ce qui fait le prix de la vie humaine et l'élève au-dessus de la vie animale manifeste ici sa présence. « Les institutions doivent accomplir les destinées de l'espèce humaine ; elles atteignent d'autant mieux leur but qu'elles élèvent le plus grand nombre possible de citoyens à la plus haute dignité morale. » C'était Sismondi qui s'exprimait ainsi. Ses héritiers, les fondateurs du « socialisme scientifique » parleront moins volontiers du but des institutions. Ils ont la prétention de substituer aux stériles proclamations de droits l'impassible enregistrement des faits. Mais il n'est personne qui ne sente dans leur oeuvre, à travers leurs constatations, la vibration et comme le frémissement de l'idéal froissé. En particulier lorsque Marx dépeint les conséquences de la division du travail, il est trop clair qu'il a sous les yeux, pour l'opposer au *travailleur parcellaire* que la réalité lui découvre, l'image de ce travailleur intégral qu'avait prôné Hegel, capable de développer harmonieusement toutes les

puissances» de l'homme [1]. De là les doubles résonances sentimen-
tales, - à la fois colère et pitié, - de tant de « constatations pures et
simples », exploitées par le socialisme ; il lui suffit de les énoncer :
la discordance éclate d'elle-même entre la vie imposée à ta grande
masse et les droits que la conscience moderne reconnaît à tous.

C'est en ce sens qu'on a pu dire du socialisme qu'il était l'héritier légitime de l'individualisme, qu'il était l'individualisme même,
mais a logique et complet » [2]. Que les rapports d'affaires consacrés
par nos lois annulent en fait, pour le plus grand nombre, les droits
primordiaux de la personne, qu'ils forcent beaucoup d'êtres humains à se vendre eux-mêmes en détail, ni plus ni moins que des
marchandises, et les excluent de la civilisation digne de ce nom,
c'est ce que le socialisme ne se lasse pas de démontrer [3]. C'est cette
démonstration qui est le nerf moral de sa propagande : c'est, de plus
en plus, en insistant sur cet « aspect éthique » qu'il s'efforce d'entraîner les masses, « Le peuple doit éprouver, disait Liebknecht [4],
que le socialisme n'est pas seulement la réglementation des conditions du travail et de la production, qu'il ne se propose pas seulement d'intervenir dans les fonctions économiques de l'État et de
l'organisme social, mais qu'il a en vue le développement le plus
complet de l'individu... et qu'il fait consister l'idéal civil et social à
réaliser en tout homme autant que possible l'idéal de l'humanité. »

L'attitude que nous adopterons à l'égard des efforts actuels de la
démocratie ne dépendra donc pas seulement des faits que nous
aurons constatés, mais de l'idéal que nous aurons choisi. Si vous
voulez la plus grande dignité du plus grand nombre, et que nul ne
soit repoussé de la civilisation véritable, reconnaissez alors qu'il est
urgent, nous dit-on, de modifier notre régime économique ; car il
tend à écarter ceux qu'il asservit de toute vie spirituelle ; il tend à
instaurer une nouvelle différenciation, fatale au libre épanouisse-
ment des personnalités humaines. Mais encore faut-il, pour que
vous jugiez cette réforme urgente, que vous jugiez cet épanouis-
sement désirable. Votre sévérité envers l'organisation actuelle sera
le reflet de votre foi en cet idéal. Que si vous vous laissiez en effet

1 *Capital*, pp. 211, 185.
2 Voir Jaurès, Socialisme et Liberté, dans la Revue de Paris, 1er décembre 1898. -
Fournière, Essai sur l'individualisme.
3 Cf. Rauh, *L'Expérience morale*, pp. 120, 145.
4 Cité par Jaurès, *Études soc.*, p. 83.

Célestin Bouglé

séduire par quelque idéal oriental, et estimiez de peu d'importance que le plus grand nombre fût empêché d'exercer librement les activités qui sont le propre de l'homme, alors - un autre signe du progrès éclairant votre choix [1] - vous n'auriez pas les mêmes raisons de souscrire à nos réquisitoires. Tout dépend en définitive de la valeur que vous accordez à la vie de l'esprit.

*

* *

Par où l'on voit clairement, au terme de cette analyse, quelle est l'illusion de ceux qui escomptent, pour nous départager, les enseignements de la biologie. Déjà, nous l'avons montré, elle est incapable de nous fournir un criterium objectif du progrès des organismes ; *a fortiori* des sociétés.

Nous étions portés à louer la différenciation des organismes, parce que cette différenciation, opérant pour ainsi dire au-dessous de la personnalité humaine, nous semblait propice à l'apparition de la vie spirituelle. Nous serons portés à déplorer la différenciation des sociétés si cette différenciation, opérant pour ainsi dire au-dessus des personnalités humaines, nous parait capable d'entraver, chez beaucoup d'entre elles, l'essor de cette même vie. Mais aucune loi naturelle ne nous autorise à distribuer ainsi l'éloge ou le blâme ; des jugements de valeur entrent ici en ligne de compte qu'aucune constatation biologique ne saurait confirmer ni infirmer. Au vrai la théorie organique ne nous apporte aucune lumière ni sur les conditions d'existence propres à nos sociétés, ni sur leur évolution caractéristique, *a fortiori* sur leurs fins particulières. Quoi d'étonnant, dès lors, si les partisans de la démocratie s'inquiètent peu de ses métaphores pessimistes ?

---

1 p. 132.

Livre III
Concurrence

Position du problème

Le pessimisme darwinien; les conséquences sociales qu'on en tire. - Si les prescriptions de l'économie politique orthodoxe sont confirmées par les résultats des sciences naturelles.

« Il y a une chose qui rue surprend, c'est le prix que nous attachons à des existences qui ne nous intéressent en rien. Nous avons l'air de croire que la vie est en elle-même quelque chose de précieux. Pourtant la nature nous enseigne assez que rien n'est plus vil ni plus méprisable. Autrefois on était moins barbouillé de sentimentalisme. Chacun tenait sa propre vie pour infiniment précieuse, mais ne professait aucun respect pour la Nie d'autrui. On était alors plus près de la nature : nous sommes faits pour nous manger les uns les autres. Mais notre race faible, énervée, hypocrite, se plaît dans un cannibalisme sournois. Tout en nous entredévorant, nous proclamons que la vie est sacrée, et nous n'osons plus avouer que la vie, c'est le meurtre. »

Ainsi s'exprime un personnage de l'*Histoire comique* d'Anatole France [1]. Et peu de gens sans doute oseraient professer publiquement, ou même s'avouer intimement un pessimisme aussi radical. Beaucoup cependant de ceux qui pensent aujourd'hui « connaître la vie », par expérience ou par science, semblent accorder qu'une loi de cruauté la gouverne. Les vivants sont condamnés à une lutte sans relâche et sans merci. Vainement les hommes essaieraient-ils d'éluder cette nécessité naturelle. Toute la philosophie du monde vient s'y briser. Si l'on ne veut pas être mangé, il faut bien manger les autres.

Les aphorismes de cette marque sont monnaie courante, dans les discussions contemporaines.

Suivant M. Fouillée [2], la philosophie qu'ils représentent, - « celle

---

1 *Revue de Paris,* 15 décembre 1902, p. 700.
2 La Conception civique et morale de l'Enseignement, pp. 2, 6, 155.

Célestin Bouglé

des loups et des grands carnassiers » - serait précisément l'inspiratrice des efforts dirigés contre la culture classique, humaniste et libérale. « Armez-vous pour les luttes de la vie », voilà ce qu'on répéterait aujourd'hui aux jeunes gens. Et on leur apprendrait à mépriser tous les enseignements qui ne leur assurent pas, en vue de ces luttes, un avantage personnel, toutes les idées qui ne sont pas des armes. M. H. Michel remarque, de son côté [1], que l'éloge du type anglo-saxon, en matière d'éducation, cache peut-être une admiration secrète pour l'égoïste, capable de se tailler, sans scrupule et sans remords, sa large place dans le monde. « Ne nous faites plus, nous dit-on, des races de femmes sensibles, mais des races d'hommes positifs. » Il semble qu'on oppose ainsi le caractère et le cœur : comme s'il était d'ores et déjà entendu qu'une connaissance positive des réalités démontre la vanité et l'imprudence de l'altruisme.

Mais, plus encore qu'en matière de réformes pédagogiques, c'est en matière de réformes politiques et sociales que nous voyons utiliser cette apologie de la lutte. Quelqu'un préconise-t-il, par exemple, l'organisation de la paix par le droit, prélude d'un désarmement simultané des nations européennes, on lui répond, avec Dragomirov, que « cela est contraire aux lois fondamentales de la nature », que « la guerre est l'état naturel de l'homme [2] ». Un autre déplore-t-il la guerre économique qui divise et déchire nos sociétés jusque dans la paix, même réponse : c'est une loi de nature ; il n'y a qu'à s'incliner.

M. Jaurès s'écriait naguère, à propos de l'inévitable multiplication des grèves: « Nous demandons à tous ceux en qui la force de l'égoïsme ou la puissance stupéfiante de l'habitude n'a pas éteint la faculté de penser : comment jugent-ils une société qui aboutit chroniquement, normalement, à ces conflits perpétuels, à cette guerre incessante ? Comment jugent-ils une société qui porte en son sein deux classes opposées qui se déchirent et la déchirent ? Et peuvent-ils vraiment souhaiter qu'elle soit éternelle ? »

« Nous n'hésitons pas quant à nous à répondre, écrivait le *Temps* [3],

---

1 Notes sur l'Enseignement secondaire, p. XLI.
2 Voir par ex. un article de M. Conte à propos des Conférences sur la Paix de M. d'Estournelles de Constant, dans *La Dépêche* du 1er janvier 1903.
3 26 janvier 1901.

que nous jugeons cette société conforme aux lois de la nature et de la vie...

« La grève est un mal, assurément... Mais si la grève est un mal, elle est un mal nécessaire. Elle n'est qu'une forme de cet éternel combat, âpre, pénible, douloureux, qui est la vie même et hors duquel il n'y a que le repos de la mort. L'antagonisme est partout dans la nature, entre les éléments, entre les races, entre les individus. L'amour n'est que le combat des sexes. La vie organique est une lutte, dont les cellules sont les soldats, entre les forces de nutrition et les forces de dissociation. Et cette guerre universelle, si elle est un mal par un certain côté, à cause des souffrances qu'elle engendre, elle est aussi un bien. Les efforts continuels auxquels elle contraint les peuples et les individus sont rudes, mais de ces efforts naissent la science, la richesse, la puissance, toute la civilisation en un mot. Un organisme mis à l'abri de toute lutte s'étiole. Un individu ou un peuple, soustrait à l'aiguillon de la concurrence s'aveulit, s'abêtit. Le régime socialiste, qui éliminerait cet aiguillon de la concurrence, ressemblerait trait pour trait à la fameuse colonie du Paraguay : ce serait la stagnation organisée, l'atrophie voulue, la négation du progrès. »

Pour nombre d'esprits d'aujourd'hui, il semble que ce soient là vérités définitivement acquises et qu'il ne vaut plus la peine de discuter.

Et tous les temps sans doute ont entendu de ces déclarations pessimistes. Dante avait formulé la pensée que nous retrouvons sous la plume d'Anatole France: « Nous faisons notre vie avec la mort des autres. » Héraclite vantait la guerre comme la mère et la reine du monde. L'histoire des duels de dieux remplit les plus anciennes mythologies. Et on a pu dire que les philosophes allemands du dernier siècle reprenaient, pour les systématiser, des théories de philosophes grecs ou hindous lorsqu'ils démontraient que la contradiction est au fond de l'être, qu'une de ses formes suscite la forme contraire, et que la procession des apparences n'est que la manifestation d'un combat intime et éternel.

Mais ce qui est particulier à notre temps, c'est l'appui que ces pensées pessimistes prétendent recevoir de la science proprement dite. Cette figure de la guerre qui plane sur nos têtes, ce n'est plus de quelque système nuageux, dogme ou philosophie, que nous l'avons vue descendre, c'est au-dessus d'un champ d'expériences que nous l'avons vue se former. Ces formules sévères, ce ne sont plus des aprioristes qui les ont promulguées, ce sont des observateurs qui les ont enregistrées, gravées qu'elles étaient au cœur même de la nature. C'est un homme doux, non plus occupé à déduire les modes de Dieu en polissant des verres de lunettes, mais a comparer scrupuleusement les plantes de son jardin ou les pigeons de sa basse-cour, c'est Darwin qui a découvert, - stupéfait lui-même et comme effrayé de sa découverte, - les lois de la lutte pour l'existence, et démontré par les faits qu'elle est la condition de tout progrès.

Et ainsi retrouvons-nous, semble-t-il, sur ce nouveau terrain, l'antagonisme plus tranché que jamais entre les « réalités objectives » telles que la biologie les constate, et nos « aspirations subjectives » telles qu'elles s'expriment dans l'égalitarisme. Ne voit-on pas, à mesure que celui-ci prend plus d'empire, la démocratie s'attaquer aux inégalités économiques elles-mêmes, et faire effort, sous prétexte d'humanité, pour circonscrire, atténuer, enrayer de mille façons la libre concurrence ? Interventions impuissantes et imprudentes, parce qu'elles sont *antiphysiques*. Les résultats les plus récents des sciences naturelles viennent confirmer et renforcer sur ce point, d'une manière inattendue, les déductions de l'ancienne économie politique. En étendant au monde humain - les inférences dictées par l'impartiale observation du monde organique, on s'est aperçu que le vœu de la nature coïncidait exactement avec le vœu du libéralisme absolu: pour que le progrès continue, il faut laisser faire, laisser passer l'universelle concurrence. « La nature le veut. » Ainsi le prestige des lois de l'économie classique est-il décuplé : inéluctables, indestructibles, et en ce sens, comme disait Bastiat, vraiment providentielles, qui oserait soutenir encore qu'elles peuvent être malfaisantes ? Le naturalisme contemporain, né des recherches du XIXe siècle, apporterait donc un secours précieux aux doctrines individualistes, filles de la spéculation du XVIIIe ; il aurait forgé pour elles, à coup de faits, sur l'enclume de la science, un bouclier nouveau et à jamais infrangible.

Regarderons-nous comme acquise et scientifiquement fondée cette condamnation du mouvement égalitaire par le « darwinisme social » ? Accorderons-nous que la démocratie en veut en effet à toutes les formes de la concurrence, et que la concurrence sous toutes ses formes est l'instrument inéluctable et indispensable de tout progrès ? - Pour en décider il n'est pas inutile de rappeler la diversité des modes, des conséquences, des conditions de la lutte pour la vie, dans la nature et dans l'humanité.

Note bibliographique
pour le livre III

Wallace. La sélection naturelle, trad. de Candolle. Paris, Reinwald, 1872. - Wallace. *Studies scientific and social*, Il vol. Londres, Macmillan, 1900. - Huxley. *L'Évolution et l'origine des espèces*, trad. fr. Paris, Baillière, 1892. - Id. *Soziale Essays*, trad. Tille, Weimar, 1897. - Id. *Evolution and Ethics*. Londres, Macmillan, 1898. - Romanes. *Darwin and after Darwin*, III vol. Londres, Longmans, 1897. - Weismann. *Vorträge über Descendenztheorie*, II vol. Iéna, Fischer, 1902. -Cope. *The Origin of the Fittest*. Londres, Macmillan, 1887. -De Vries. *Die Mutationstheorie*. Leipzig, Veit, 1900. - Le Dantec. *Darwin*, in *Revue de Paris*, 1er octobre 1901. -Geddes et Thomson. *L'évolution du sexe*, trad. Varigny. Paris, Babé, 1892. - Giard. *Les facteurs de l'évolution*, in *Revue scientifique*, novembre 1889. - Cuénot. *L'évolution des théories transformistes*, in *Revue générale des sciences*, mars 1901. - De Moor, Massart et Vandervelde. *L'évolution régressive en biologie et en sociologie*. Paris, Félix Alcan, 1897. - Id. *Parasitisme organique et Parasitisme social*. Paris, Schleicher, 1898. - Ray Lankaster. *Degeneration, a chapter of Darwinism*. Londres, Macmillan, 1880. - Thomson. *The Endeavour after well-being, in Natural Science*, janvier 1896. - Baldwin. *Development and Evolution*. New-York, Macmillan, 1902. - Morgan. *Habit and Instinct*. Londres, Arnold, 1896. - Headley. *Problems of Evolution*. Londres, Duckworth, 1900. - Conn. *The Method of Evolution*. New-York, Putman, 1900. - Coe, *Nature versus Natural Selection, an essay ou organic evolution*. Londres, Swan Sonnenschein, 1895. - Topinard. *L'Anthropologie et la science sociale*. Paris, Masson, 1900. - Espinas. *Les sociétés animales, élude de psychologie comparée*. Paris, Félix Alcan, 1877. - De Lanessan. *La lutte pour l'existence et l'association pour la lutte*. Paris, Doin, 1882. - Id. *La lutte pour l'existence et l'évo-*

lution des sociétés. Paris, Félix Alcan, 1903. -Kropotkine. *Mutual Aid, a factor of evolution.* Londres, Heinemann, 1902. - Novicow *Les luttes entre sociétés humaines et leurs phases successives.* Paris, Félix Alcan, 1893. - Vuillemin. *L'Association pour la vie,* discours, Nancy, 1902. - Descamps. *La lutte pour l'existence et l'association,* in *Revue socialiste,* mai-juin 1902. - Sabatier. *Évolution et socialisme,* extr. de *La Foi et la Vie,* mars-avril 1899. - A. Fouillée. *La morale de la vie chez les animaux,* in *Revue des Deux Mondes,* 15 août 1902. - Unbehaun. *Versuch einer philosophischen Selektionstheorie.* Iéna, Fischer, 1896. -Mackintosh, *Front Comte to B. Kidd, the appeal to biology or evolution for human guidance.* Londres, Macmillan, 1889. -Durand (de Gros). *Questions de Philosophie morale et sociale* (Introd. par D. Parodi). Paris, Félix Alcan, 1901. - H. Michel. *L'idée de l'État, Essai critique sur l'histoire des théories sociales et politiques en France depuis la Révolution.* Paris, Hachette, 1896. - Id. *La doctrine politique de la démocratie.* Paris, Colin, 1901. - Richard. *De l'origine de l'idée de droit.* Paris, Félix Alcan, 1892. - Id. *Le socialisme et la science sociale.* Paris, Félix Alcan, 1897. - Id. *L'idée d'évolution dans la nature et dans l'histoire.* Paris, Félix Alcan, 1903. - Schmoller, *Politique sociale et économie politique,* trad. fr. Paris, Giard, 1902. - Fouillée. *La science sociale contemporaine,* 2e édition. Paris, Hachette, 1885. - Id. *La propriété sociale et la démocratie.* Paris, Hachette. - Andler. *Les origines du socialisme d'État en Allemagne.* Paris, Félix Alcan, 1897. - Landry. *L'utilité de la propriété individuelle.* Paris, Société nouvelle, 1901. - A. Menger. *Le droit au produit intégral du travail,* trad. et introd. de Ch. Andler. Paris, Giard, 1900. - G. Renard. *Le régime socialiste,* 2e édition. Paris, Félix Alcan, 1898. L. Polier. *L'idée du juste salaire.* Paris, Giard et Brière, 1903. J.-A. Hobson. *The social Problem.* Londres, Nisbet, 1902. - Tarde. *L'opposition universelle.* Paris, Félix Alcan, 1897. - Ferri. *Socialisme et science positive* (Darwin, Spencer, Marx). Paris, Giard, 1897. - Loria, *Problèmes sociaux contemporains.* Paris, Giard, 1897. -Spencer, *Justice,* trad. fr., Guillaumin, 1893. - Id. *Problèmes de morale et de Sociologie,* Paris, Guillaumin, 1894. - E. de Lavelaye. *Le socialisme contemporain,* 6e édition. Paris, F. Alcan, 1896. - Ritchie. *Darwinism and Politics,* 3e édition. Londres, Sonnenshein, 1895. - Belot. *Justice et socialisme,* dans la *Revue philos.,* 1892, pp. 184-220. - Confér. sur *Charité et Sélection,* in *Morale sociale,* pp. 102-133

Livre III

Paris, Félix Alcan, 1899. - E. Halévy. *Th. Hodgskin*. Paris, Société nouvelle, 1903. - F. Guyot. *La morale de la concurrence*. Paris, Colin, 1896. - Charles Gide. *La Coopération. Confér. de propagande*. Paris, Larose, 1900. - L. de Seilhac. *Syndicats ouvriers, Fédérations, Bourses du travail*. Paris, Colin, 1902. -P. Boncour. *Le Fédéralisme économique. Étude sur le syndicat obligatoire*, 2e édition. Paris, Félix Alcan, 1901. - H. Bosanquet. *The strength of the People, a study in social economics*. Londres, Macmillan, 1902. - G. Salvadori. *La Scienza economica e la Teoria dell' evoluzione*. Florence, Lumachi, 1901. - Vaccaro. *La lutte pour l'existence et ses effets dans l'humanité*. Paris, Chey. - Maresq, 1892. - Reynaud. *L'idée de concurrence en économie politique*, dans la *Revue d'économie politique*, oct.-nov. 1903, pp. 769-802. -Bourgeois. *Solidarité*, 3e édition avec appendice. Paris, Colin, 1902. - *Congrès d'éducation sociale* (Rapports et Disc.). Paris, Alcan, 1902. - *Essai d'une philosophie de la solidarité* (Confér. et Disc.). Paris, Alcan, 1902. - Bouglé. *L'Évolution du solidarisme*, in *Revue politique et parlementaire*, mars 1903. (Nous reprenons, au chapitre III, quelques passages de cet article.)

Chapitre 1
La limitation du darwinisme

Il semble au premier abord que le darwinisme nous accule à un pessimisme radical. Les plus fidèles disciples de Darwin nous répètent ces dures vérités, que la voie du mieux est sanglante, que le perfectionnement ne s'obtient qu'au prix de la souffrance [1], qu'enfin la nature entière est comme un cirque immense où tous les êtres seraient gladiateurs [2]. Amplifiées et dramatisées par la littérature, ce sont ces idées qui circulent dans l'opinion, rendant plus durs les cœurs durs et plus tristes les cœurs tendres, accoutumant beaucoup des uns et des autres à ce sentiment, que contre les douleurs issues de la lutte pour l'existence, « il n'y a rien à faire ».

Mais est-il vrai que les sciences naturelles nous imposent, en définitive, une conception de la vie aussi tragique ? - Relisons pour en juger les écrits des naturalistes eux-mêmes : demandons à

---

1 Romanes, Darwin and after Darwin, I, p. 415.
2 Huxley, Evol. and Ethics, p. 200.

Darwin et à ses successeurs ce que signifiait au début, ce que vaut aujourd'hui la théorie de la lutte pour l'existence.

I

Distinction des diverses formes de la lutte pour la vie; elles ne sont pas toutes brutales et sanglantes. - Mais la théorie de la sélection naturelle nous enferme dans une conception toute mécaniste du progrès; comment le darwinisme élimine le finalisme non seulement transcendant, mais immanent.

Nous avons reconnu que dans le système de Darwin le *struggle for life* apparaît comme inévitable et indispensable : il est la conséquence logique de l'accroissement des êtres, la condition irrémissible du progrès universel, l'instrument unique des choix de la nature [1].

Mais cet instrument peut affecter diverses formes. Il y a plusieurs manière de lutter, et il n'est pas inutile de les distinguer soigneusement: elles ne mettent pas enjeu les mêmes mécanismes ; elles ne produiront pas les mêmes effets sur le sentiment humain.

Tantôt une espèce se nourrit d'une autre, et tend par conséquent, pour survivre, à la faire disparaître. La gazelle mange l'herbe, et le tigre la gazelle. Le passereau mange l'insecte, et le vautour le passereau. C'est sous cette forme qu'on se représente d'ordinaire la lutte pour l'existence. C'en est la forme la plus dramatique : elle met les êtres aux prises, s'efforçant l'un contre l'autre.

Mais les formes indirectes de la lutte sont peut-être plus répandues. Il arrive plus souvent que, sans se nourrir de la chair du plus faible, le plus fort se nourrisse à ses dépens : il accapare l'aliment ou en prend la meilleure partie. C'est ainsi que les moins agiles des gazelles ou les girafes qui ont le cou le moins long se sustenteront moins aisément et, en temps de disette, périront les premières. Ce ne sont plus seulement, alors, des membres d'espèces différentes qui se trouvent en conflit, mais encore et surtout des membres de la même espèce. On pourrait dire que cette lutte indirecte est d'autant plus Nive que les concurrents sont plus prochains ; car c'est alors qu'ils ont les mêmes besoins et prétendent au même aliment.

1 Voir l'introduction, 2e partie, pp. 26-30.

À vrai dire, ils ne s'efforcent pas directement les uns contre les autres. Le faible n'est plus condamné à une mort rapide et violente, mais seulement à une vie plus précaire.

Dans d'autres cas la lutte est encore moins directe et moins active. Les branches de gui attendent pour se reproduire la visite des oiseaux qui doivent transporter leurs graines. Les plantes du désert ont besoin, pour survivre, d'une certaine dose d'humidité. On pourra dire que le gui lutte avec d'autres plantes, en offrant ses graines, pour qu'elles soient disséminées de préférence, à l'appétit des oiseaux. On pourra dire encore que les plantes du désert luttent à qui mieux mieux contre la sécheresse. Mais on voit clairement, Darwin lui-même en fait la remarque [1], que l'expression de lutte est prise ici dans un sens très large et purement métaphorique. Elle nous rappelle seulement la dépendance des êtres à l'égard du milieu. Elle n'implique de leur part aucune tendance antagoniste. Il n'y a plus ici de combat, ni même de concurrence. Il ne subsiste entre les êtres qu'une sorte de concours, et encore sans émulation. Ce sont les circonstances qui choisissent le mieux adapté. Il survit sans effort ; il triomphe sans bataille. La lutte n'est plus seulement indirecte, mais passive.

Il serait déjà permis de soutenir, après ces distinctions, que les commentateurs littéraires du darwinisme ont une tendance à exagérer son caractère tragique. Il n'est pas vrai que tous les êtres « s'entre-dévorent ». L'agression brutale et sanglante n'est pas la règle universelle. La nature n'est pas animée tout entière d'un esprit de haine et d'envie. Le plus souvent, c'est sans se viser et même sans le vouloir, c'est sans animosité et même sans rivalité consciente que les êtres concourent et sont triés par la force des choses.

Mais l'atténuation est mince, et pour être moins dramatique, la conception darwinienne n'en reste peut-être pas, par un autre côté, moins attristante. Le pessimisme véritable consiste peut-être à croire que la pensée n'est dans le monde qu'un accessoire, que l'effort conscient est inutile, que le progrès s'opère sans le secours de l'esprit. Or n'est-ce pas une conséquence du darwinisme que de nous représenter l'évolution des êtres comme indépendante de toute visée ? Ne nous découvre-t-il pas, dans leur ascension, une couvre toute mécanique, la résultante de frottements et de tasse-

1 *Origine*, p. 63.

Célestin Bouglé

ments dans lesquels l'esprit n'a pas à intervenir ?

Nous avons vu en effet qu'on ne peut plus s'y tromper. En constatant que la sélection naturelle était conçue à l'image de la sélection artificielle. Darwin avait averti qu'on ne prit pas à la lettre les personnifications inévitables dont il usait. Et le premier caractère de sa théorie était précisément de rendre inutile ce finalisme auquel on le blâmait de s'attarder. « Son mérite dit M. Delage [1], c'est d'avoir montré comment on peut expliquer, par des forces aveugles, une harmonie finale qui, jusqu'à lui, semblait démontrer l'intervention d'une intelligence supérieure. » Il se produit bien suivant lui des sélections, des tris, des choix dans la nature, mais spontanément ou pour mieux dire automatiquement, par des concours de forces non dirigées. Le but est touché, mais sans avoir été visé [2].

Il faut aller plus loin. Si peu de gens partagent aujourd'hui l'erreur de Flourens, et accusent ou louent le darwnisme de prêter des vues à la nature, beaucoup semblent admettre qu'il suppose certaines tendances au sein des êtres individuels et enveloppe une sorte de finalisme interne, propice aux réintégrations idéalistes. L'évolution, si elle ne suppose plus un plan providentiel ou préconçu, impliquerait du moins, en chaque être qui lutte, une volonté d'être, une « pensée obscure », un « effort vers la vie [3] ». La théorie darwinienne n'a. nullement besoin de ces hypothèses. La preuve en est que nombre d'êtres « luttent », suivant le vocabulaire darwinien, sans qu'on puisse assurer qu'ils sont capables du moindre effort, Soutiendra-t-on que les plantes s'évertuent et s'ingénient ? Elles sont triées pourtant par la sélection., tout comme les animaux. Bien plus, le même vocabulaire s'applique et convient aux minéraux eux-mêmes. On peut parler avec Huxley de la sélection des grains de sable qui s'amoncellent en dunes, par l'action des vagues [4]. On peut dire avec M. de Lanessan qu'une roche, longue à désagréger, a lutté pour son existence contre la mer, contre la pluie,

---

1 Struct. du protopl., p. 371.

2 La sélection naturelle, dira Weismann, est *sweckmässig*, mais non *sweckthätig* (Vorträge, I, p. 63).

3 *Voir* les lettres de Charles Richet à Sully-Prudhomme, dans le *Problème des causes finales*, pp. 18-20. Cf. Rauh et Revault d'Allonnes, *Psychologie appliquée à l'Éducation*, p. 241.

4 *L'Évolution*, p. 914. C'est à propos de cette métaphore que Darwin félicitait Huxley en lui disant qu'elle était inimitable (*Vie et Corresp.*, II, p. 321).

contre les animaux qui ont creusé ses flancs, contre la foudre qui l'a fendue et les arbustes qui ont élargi ses fissures [1]. Pas plus qu'elle n'implique de visée, la théorie de la lutte pour la vie n'implique donc même d'effort. En ce sens on peut soutenir que nulle théorie, pour expliquer le progrès, ne fait plus de place aux coïncidences heureuses, et moins de place aux adaptations cherchées ; nulle n'accorde plus au hasard et moins à la pensée [2].

Mais devons-nous considérer cette théorie comme complète et définitive ? Est-il vrai que les nécessités aveugles travaillent toujours et travaillent seules dans le sens de l'idéal ?

Avant de dégager ce qu'a pu nous apprendre, sur ce point, le développement des sciences naturelles depuis Darwin, il nous faut chercher s'il n'y a pas, dans son œuvre même, de quoi combler l'abîme qui vient de s'entr'ouvrir sous nos pas entre la nature et l'esprit.

II

Théorie de la sélection sexuelle: la part qu'elle reconnaît à l'amour dans la direction de l'évolution. - En quel sens elle rapproche les procédés de la nature de ceux de l'homme, et permet une sorte de réintégration de l'idéalisme au sein de l'évolutionnisme.

Darwin n'a pas seulement analysé le mécanisme de la sélection naturelle, mais celui de la sélection sexuelle. À quoi répond cette nouvelle théorie ?

On peut dire qu'elle répond au besoin d'expliquer la beauté du monde vivant, - les couleurs somptueuses, les sons harmonieux, toutes les grâces et tous les ornements que la nature prodigue à ses créations.

Luxe incompréhensible, semble-t-il au premier abord, pour la théorie darwinienne [3]. N'est-elle pas un utilitarisme radical, appliqué à la nature ? Suivant l'idée maîtresse de cette théorie, seuls sont

---

1 Lutte pour l'ex. et Assoc., p. 5.
2 Cf. Coe, *Nature*, pp. 26-30.
3 Cournot insiste sur cette objection : *Matérialisme, Vitalisme, Rationalisme*, p. 161.

Célestin Bouglé

retenus les caractères avantageux. Si certaines formes survivent de préférence à d'autres, c'est qu'elles assurent, à qui les possède, la faculté d'atteindre plus aisément la nourriture, ou de supporter plus longtemps le froid, ou d'éviter plus rapidement l'ennemi. Leur utilité garantit leur succès. Mais pourquoi et comment une forme inutile, si belle qu'elle soit, serait-elle préférée par la sélection ?

Or imaginons que la beauté de certains êtres, les couleurs dont ils sont revêtus, les sons qu'ils peuvent émettre leur facilitent, d'une façon ou d'une autre, l'opération de la reproduction. Ils auront donc plus de chance que leurs rivaux moins brillants de perpétuer leur type. Est-il étonnant dès lors que progressivement la race s'embellisse ? Il est naturel que la sélection retienne et développe des formes charmantes s'il est vrai qu'une prime leur est donnée, qu'une avance leur est assurée pour la reproduction. C'est cette utilité spéciale qui expliquera la survie de la beauté.

L'hypothèse se vérifie dès le monde végétal. On sait que les couleurs et les formes des fleurs ne sont pas sans influer sur leur destinée. La fécondation croisée leur est très utile, sinon nécessaire. Or dans la plupart des cas, le croisement resterait problématique s'il ne fallait compter, pour transporter le pollen au pistil, que sur les caprices du vent. Ce sont les insectes qui se chargent de cet office. Les fleurs ont donc tout avantage à les attirer, à les faire pénétrer jusqu'à leurs pistils et à leurs étamines. C'est à quoi leur servent leurs couleurs éclatantes et leurs formes élégantes : les plus belles sont aussi les mieux faites pour appeler et pour retenir les indispensables intermédiaires. En ce sens, on peut dire avec M. Le Dantec [1] que c'est l'amour du papillon pour la rose qui a développé la beauté de la rose et son parfum.

Mais c'est dans le monde animal surtout que se fera sentir l'influence de l'amour. Car ici les sexes sont indépendants, et, qui plus est, leurs représentants se trouvent le plus souvent, dans chaque espèce, en nombre inégal : il y a excédent de mâles [2]. La reproduction rend donc ici nécessaire non seulement un rapprochement d'individus séparés, mais un choix entre individus différents, une préférence. De même que de la trop grande quantité des vivants en général naît la lutte pour l'existence entraînant la sélection natu-

1 *Revue de Paris,* art. cité, p. 622.
2 Darwin, *Descendance,* 1, p. 191. Weismann, *Vorträge,* I, p. 233.

relle, de même du nombre d'ordinaire excédant des mâles va naître une nouvelle lutte, la lutte pour l'amour, entraînant la sélection sexuelle.

Et à vrai dire cette lutte affecte parfois la forme la plus brutale, la forme directe et active de la lutte pour la vie. Les concurrents se ruent l'un contre l'autre. Ainsi font les cerfs, les taureaux et les étalons sauvages. Les blessures que portent presque tous les cadavres mâles d'écureuils, de perdrix indiennes ou de cachalots, les saumons qu'on trouve morts au bord des étangs prouvent l'égal acharnement, chez les espèces les plus variées, de ces « combats de noces [1] ». Ils expliquent la parure guerrière de la plupart des mâles, le développement de l'armement défensif ou offensif, des crinières et des cornes, des griffes et des ergots. Le moins bien armé est éliminé. Les procédés de la sélection sexuelle sont ici analogues à ceux de la sélection naturelle.

Déjà cependant des différences apparaissent. Les luttes pour l'amour vont rarement jusqu'au dénouement tragique. Le plus faible n'est pas mis à mort ; il est seulement mis en fuite : il va cacher sa honte, comme cette épinoche dont parle Darwin [2], que son air hardi et ses vives couleurs abandonnent. Chez les *Tetra umbellus,* après de longs combats, a peine si les héros ont quelques plumes cassées. Les exemples sont nombreux où il semble, ainsi, que les combats soient surtout des parades, sinon des simulacres, des tournois, des fantasias brillantes. *a* Nous pensons, dit M. Espinas [3], après un examen attentif, que les luttes en l'honneur des femelles sont généralement des démonstrations d'ordre esthétique où se déploie la fière beauté des mâles plutôt que des duels décisifs où le vaincu perd nécessairement la vie. » En un mot, un élément nouveau entre en ligne de compte : on dirait que les mâles -visent à faire impression sur l'imagination de la femelle. Il ne s'agit pas ici d'être le dernier survivant, mais le premier choisi, l'élu.

D'autres faits mettent d'ailleurs en évidence l'importance croissante de ces préférences, le rôle de l'amour dans la sélection. Ce n'est pas seulement en effet par des parures utiles, par leur armement, c'est par des parures inutiles et toutes de luxe, - par les crêtes

---

1 Darwin, *Descendance,* II, p. 259-261.
2 Ibid., II, p. 3.
3 *Soc. anim.,* p. 166.

Célestin Bouglé

et les queues, par les houppes et les rémiges, - que se distinguent d'ordinaire les mâles. Et il semble bien qu'on ne puisse expliquer le développement de ces ornements sinon par l'usage que le mâle en fait pour attirer et charmer les femelles.

À vrai dire on a proposé diverses explications du phénomène.

Wallace [1], qui ne partageait pas sur ce point l'opinion de son émule, pense rendre compte de la splendeur du sexe fort en observant que le sexe faible, moins agile et d'ordinaire plus exposé, surtout pendant l'incubation, a tout avantage à rester terne, ce qui lui permet de se dissimuler plus facilement aux ennemis. Mais si ce raisonnement montre pourquoi il est possible aux mâles de revêtir une parure plus brillante, il ne découvre pas quel avantage peut déterminer la sélection à enrichir cette parure ; il énonce la condition négative, non la cause positive de ces spécialisations. Dira-t-on qu'il la faut chercher moins dans un avantage quelconque que dans les effets indirects et inévitables, et comme dans le retentissement naturel du sexe sur tout l'organisme ? Le sexe mâle a plus de vitalité, il dépense davantage, il est, disent MM. Geddes et Thomson [2], plus « catabolique ». En vertu des lois de la corrélation, sa supériorité d'énergie développe dans ses divers organes une circulation plus active et se traduit, automatiquement, par des couleurs plus voyantes. Mais ce raisonnement, s'il explique que l'organisme du mâle dispose en effet de plus de ressources, explique-t-il pourquoi il les dispose harmonieusement, et de manière à produire une impression de beauté [3] ? S'il explique le cri, explique-t-il la mélodie ? s'il explique l'apparition des couleurs, explique-t-il leur distribution esthétique ?

Ajoutons que les circonstances dans lesquelles les beautés propres aux mâles apparaissent ou sont mises en valeur semblent bien prouver qu'elles sont utiles et utilisées en vue de l'amour. N'est-ce pas d'ordinaire à l'âge adulte et précisément à la saison des amours que les beautés du mâle se montrent ? Ainsi le labre ne revêt sa livrée brillante, rayée de rouge et d'azur, qu'au moment où il commence à frayer [4]. Bien plus, c'est pendant la cour et c'est devant les

1 Sélection, p. 115.
2 L'Évolution du sexe, p. 30.
3 Romanes, *Darwin*, I. p. 394.
4 Espinas, op. cit., pp. 136-152.

femelles que les animaux déploient eux-mêmes leurs grâces [1]. C'est alors que se multiplient les jeux de toutes sortes, le chant et la mimique, les courses de faucons, les danses des colaptes, les bals des oiseaux du Paradis, destinés à faire valoir les qualités capables de charmer les femelles. On dirait de véritables concours, où l'amour doit être le prix de la beauté.

Et sans doute il est malaisé de deviner « à. quoi rêvent » alors les femelles, et quelles impressions correspondent chez elles aux mouvements du mâle. Il est vraisemblable que M. Espinas, exagère lorsqu'il explique, par une sorte de préoccupation de l'idéal, que le mâle ne leur semblerait jamais réaliser assez complètement, les façons que font la plupart des femelles avant de céder. On tente aujourd'hui de fournir, de toutes ces scènes, des interprétations plus physiologiques. La nécessité de propager une certaine excitation rendrait raison des gestes du mâle. En tous cas, sa beauté déployée déterminerait une sorte de fascination et d'hypnose plutôt qu'une élection délibérée [2].

Il reste qu'il est difficile de ne pas faire entrer en ligne de compte, si l'on 'veut s'expliquer les phénomènes en question, quelque appréciation d'ordre esthétique. En fait, les animaux sont capables de goût, comme le prouvent les nids ornés, les berceaux luxueux, les galeries et les reposoirs de certains oiseaux. Il semble de même que les femelles soient capables de préférences, comme le prouve l'histoire des paonnes qui restent volontairement veuves, après avoir été séparées d'un male favori [3], ou celle de cette *Piranga rubra* qui semblait choisir des mâles par ordre de beauté décroissante [4]. Sans un effort pour satisfaire ces goûts et décider ces préférences, les manifestations que nous avons rappelées resteraient incompréhensibles. « Tout bien pesé on ne peut, conclut Romanes [5], y trouver d'autres motifs. » On est bien forcé d'inférer, sans pouvoir en donner la preuve directe, que la femelle exerce nu choix.

Imaginez, nous dit Darwin [6], qu'un habitant de quelque autre

1 Romanes, op. cit., p. 387.
2 Espinas, op. cit., p. *128*. Cf. Yrjö Hirn, *The origin of Art*, p. 188. K. Groos, *Les jeux des animaux*, p. 273. Weismann, *Vorträge*, I, pp. 241, 252.
3 Darwin, *Descend.*, II, p. 435.
4 Morgan, citant Brewster, *Habit*, p. 221.
5 Op. cit., p. 398.
6 *Descend.*, II, p. 131.

Célestin Bouglé

planète aperçoive une troupe de jeunes campagnards, courtisant à une foire une jolie fille et se disputant autour d'elle ; ne conclurait-il pas, rien qu'en voyant l'ardeur des concurrents à lui plaire et à se faire valoir à ses yeux, qu'elle a la faculté de choisir ? La même induction analogique est permise à l'observateur des animaux. Il constate que dans nombre de cas les formes et les mouvements du mâle se modifient de manière à frapper l'imagination de la femelle ; il conclut donc légitimement a à une correspondance entre les facultés de représentation de celle-ci et les facultés d'expression de celui-là [1] », à un effet produit sur les consciences, finalement à une prédilection. C'est ainsi que la théorie de la sélection sexuelle nous conduit à admettre, pour nous expliquer l'embellissement des races, l'action de quelque chose qui se rapproche réellement, et non plus par une simple métaphore, de ce que nous appelons l'amour.

Comment cette théorie nous incline vers une conception moins brutale et moins mécaniste du progrès, on s'en rend aisément compte.

Nous avons remarqué que la sélection sexuelle est moins rigoureuse, et, comme dit Weismann [2], moins « catégorique » que la sélection naturelle. Les nouvelles formes de compétition qu'elle met en jeu sont de moins en moins sanglantes. En général, le mâle vaincu est simplement privé de la femelle ; ou il est réduit à se contenter d'une autre plus tardive et moins vigoureuse ; ou il en trouve moins s'il est polygame. Le moins apte, ici, est donc rarement condamné à mort ; il est seulement gêné ou retardé dans la satisfaction d'une tendance moins impérative que le besoin d'aliments.

Mais de plus et surtout la sélection sexuelle s'opère d'une manière moins mécanique. Ce ne sont plus seulement des forces aveugles qu'elle met en œuvre. Dans une nuit de gelée, si l'on peut dire que la mort choisit entre les fleurs, c'est par manière d'image. Mais lorsque nous disons que l'amour choisit entre les passereaux et les faucons mâles, il y a plus qu'une métaphore. Car l'amour ici est personnifié, incarné en des êtres concrets dont les affinités ou les répugnances entrent en ligne de compte. Une sorte d'unisson des représentations précède ici et prépare l'union des corps. Pour le

1 Espinas, op. cit., pp. 139, 161.
2 *Vorträge*, I, p. 306.

« conquérir » il faut que l'être agisse sur la conscience d'un autre être. Et en ce sens c'est vraiment une nouvelle méthode qui entre en jeu dans l'évolution. De la méthode de la survivance on passe a la méthode de la préférence. D'automatique la sélection devient consciente [1].

Sur ce terrain nous voyons décroître la distance qui séparait l'opération de la nature de l'opération de l'homme. La sélection sexuelle est une espèce de sélection artificielle. C'est de l'« auto-réglementation », de « l'auto-perfectionnement [2] » L'espèce elle-même dirige, dans une certaine mesure, sa propre destinée. La sélection des mâles par les femelles, déclare Darwin [3], est analogue à celle que l'homme exerce sur ses animaux domestiques. Et il ajoute cette observation importante : « L'admission du principe de la sélection sexuelle conduit à la conclusion remarquable que le système cérébral règle non seulement la plupart des fonctions actuelles du corps, mais a indirectement influencé (par le choix des qualités esthétiques) le développement progressif de diverses conformations corporelles et de certaines qualités mentales [4]. » En d'autres termes, l'évolution apparaît ici subordonnée à l'intervention de certaines facultés de l'esprit.

Nous avons donc le droit de conclure que sur l'abîme creusé par la théorie de la sélection naturelle entre l'esprit et la nature, la théorie de la sélection sexuelle jette un pont. Elle réintègre, en ce sens, de l'idéalisme au sein de l'évolutionnisme ; elle replace la conscience dans le mouvement du monde, non plus en prêtant à la nature des visées arbitraires, ni même aux êtres des efforts inutiles, mais en démontrant leurs choix nécessaires: leur attitude réciproque ne saurait s'expliquer sans une dose aussi petite qu'on voudra de jugement et de sentiment, d'intelligence et de sympathie. Et nous n'apercevons là sans doute que les formes embryonnaires de l'une et de l'autre. Mais déjà le couvercle de plomb qu'on faisait peser sur nous en est allégé. Si la théorie de la sélection naturelle nous laissait en présence d'un monde terne et rude, mû par des forces toutes brutales et mécaniques, la théorie de la sélection sexuelle nous introduit dans un monde plus brillant et plus doux, où l'as-

1 Cf. Morgan, *Habit*, p. 270, 274.
2 Ce sont les expressions de Unbehaun, *Versuch*, p. 106, en note.
3 *Descend.*, II, p. 433. Cf. Geddes, *Sexe*, p. 34. Richard, *Évol.*, p. 72.
4 Ibid., p. 437.

Célestin Bouglé

cension des formes ne résulte plus seulement de poussées, mais d'attractions, où la finalité recommence à régner, où par suite de larges perspectives s'ouvrent aux efforts de la vie spirituelle. Sans sortir du système de Darwin nous avons donc déjà gagné quelque chose sur ce pessimisme darwinien déployé devant nous.

III

Limitation de la théorie darwinienne. - Ambiguïté du terme «les plus aptes». La concurrence n'aboutit pas toujours au perfectionnement. - De plus sa puissance est négative plutôt que positive, limitative plutôt que productive. - Théories récentes destinées à expliquer les métamorphoses des espèces: devant ces théories, l'importance du facteur darwinien décroît. - [Théorie de la sélection «organique» ou «subjective».].

En quel sens, la biologie devait-elle, après Darwin, développer les germes inclus dans ses deux théories ? Continuera-t-elle d'affirmer que le progrès est indissolublement lié à la lutte pour l'existence ?

Beaucoup d'adeptes, plus ou moins informés, de l'évolutionnisme sont naturellement portés à identifier l'évolution avec le perfectionnement ; ils croient volontiers que toutes les transformations des espèces sont en définitive autant d'améliorations. Un premier contact avec la théorie darwinienne ne peut que renforcer cette croyance. Comment, en effet, la sélection naturelle n'améliorerait-elle pas les races ? Que la sélection artificielle, dirigée par l'intérêt ou le caprice de l'homme, puisse entretenir des malformations, donner une prime à des variétés moins capables que d'autres de s'alimenter ou de se défendre elles-mêmes, on le conçoit. C'est ainsi que les jambes incurvées du mouton *ancon*, qui à l'état libre lui eussent créé une infériorité certaine, devinrent, aux yeux des éleveurs du Massachusetts, un caractère digne d'être propagé, parce qu'il empêchait les animaux de franchir les barrières de leurs enclos [1]. Mais il n'y a pas de place dans la nature pour ces déviations calculées. La sélection naturelle ne saurait travailler que dans l'intérêt des êtres, puisqu'elle ne retient que les caractères qui leur sont avantageux. Elle ne laisse passer que les plus aptes. Il semble

---

1 Huxley, *L'Évolution*, p. 23.

donc, qu'elle doive, à chaque génération, raffiner les types, et que, contrairement à l'opinion de Cuvier, les espèces, au fur et a mesure qu'elles se constituent, se trouvent fatalement de plus en plus parfaites.

Défions-nous seulement des illusions auxquelles prête cette formule : « la survie des plus aptes ». On semble croire parfois qu'elle nous livre, en même temps qu'une explication universelle du progrès, un criterium définitif de la perfection. On traduit souvent « les plus aptes » par « les plus forts » ou « les meilleurs » comme si l'aptitude à survivre, l'adaptation, correspondait nettement à des qualités déterminées, susceptibles de s'accumuler toujours dans le même sens, et d'entraîner ainsi une ascension ininterrompue des êtres. Mais il faut se rendre compte que selon la diversité des circonstances, des qualités très différentes peuvent assurer le succès.

L'étude du processus de la sélection sexuelle nous l'a rappelé à propos : il faudrait se garder de croire qu'il n'y a qu'une sorte d'attitudes ou de caractères qui soit avantageuse : il y aurait lieu de distinguer déjà entre les dons utiles pour la survie individuelle et les dons utiles pour la perpétuation de la race. Nous avons vu que les armes qui triomphent dans la lutte pour la vie ne sont pas toujours les mêmes qui triomphent dans la lutte pour l'amour. Sans doute les défenses ou les cornes servent à la fois contre le rival et contre la proie. Mais les superbes bois du cerf ralentissent sa fuite. Les couleurs éclatantes du paon le désignent aux chasseurs. Les rémiges du faisan argus, qui prennent tout leur. développement dans la saison d'amour, arrêtent presque complètement son vol : il devient prisonnier de sa beauté. Il est clair en un mot que dans beaucoup de cas les mâles n'ont acquis les ornements qui les distinguent qu'au prix d'une perte de forces et d'une augmentation de risques [1]. Ce qui prouve déjà qu'il y a plus d'un mètre pour le progrès et que tels caractères pourront être déclarés tour à tour, suivant les points de vue, supérieurs ou inférieurs.

En réalité il est impossible, dans le système darwinien, de dire a priori et d'une manière universelle que telle forme est supérieure aux autres. Tout dépend des situations. « Un loup est-il plus apte qu'un veau ? demande M. Le Dantec [2]. Mettez des loups dans un

1 Darwin, *Descend.*, II, p. 131. Cf. Headley, *Problems*, p. 161.
2 Art. cité, p. 609. Cf. Houssay, *Revue philos.*, 1893, p. 472.

Célestin Bouglé

enclos fermé et riche en pâturages, ils y mourront de faim ; les veaux aux contraire y prospéreront. Les veaux sont-ils donc plus aptes que les loups ? Non assurément. Car si nous introduisons des loups dans l'enclos où sont déjà les veaux, ceux-ci seront mangés. » Dans certains cas il était impossible de prévoir le succès de tel ou tel caractère : ainsi nul ne pouvait deviner que les cochons noirs se montreraient en Virginie moins sensibles à l'action vénéneuse du *Lachnanthes,* ou que les chevaux de Sibérie, moins vigoureux que les nôtres en général, endureraient mieux la famine [1]. D'autres fois, c'est un caractère universellement classé comme inférieur qui révèle des avantages inattendus : ainsi, dans certaines îles de l'Océanie, ce sont les insectes dépourvus d'ailes qui survivent, étant moins exposés que ceux qui s'élèvent à être entraînés en pleine mer par la violence du vent.

Ajoutons que, les circonstances restant les mêmes, les individus peuvent encore s'y adapter par des moyens très divers. Une certaine constitution est très utile aux poissons qui leur permet de fuir leurs ennemis en nageant très près du bord ; mais une constitution qui leur permet de s'enfoncer très profondément dans les mers, pour toute différente qu'elle soit, leur rend un service analogue. La couleur du plumage, imitant celle du feuillage ou de la terre, protège l'oiseau aussi bien que la rapidité du vol. Des rats de grande taille mais d'intelligence alerte se déroberont aussi bien que les rats de petite taille capables de se réfugier au moindre trou. Certains carnassiers survivent en temps de disette, non en perfectionnant leurs instruments de chasse, mais en redevenant végétariens [2].

On comprend, étant donnée cette variété des problèmes proposés et des solutions possibles, combien diverses peuvent être les formes qui garantissent la survivance, et l'on ne s'étonnera pas, dans ces conditions, que la survivance puisse s'accompagner, en fait, de régressions manifestes [3].

La dégénérescence par le parasitisme en est l'exemple le plus fameux. On sait qu'il arrive aux êtres qui s'attachent à d'autres êtres, pour -vivre à leurs dépens, de perdre non seulement les pattes mais les yeux et les oreilles ; ils se réduisent à l'état de sacs digé-

---

1 Kropotkine, Mutuail Aid, p. 73.
2 Cf. Conn, *Method,* p. 35. Baldwin, *Development,* p. 182.
3 Cf. Demoor, Massart et Vandervelde, op. cit.

rants. Mais ce n'est pas seulement le parasitisme proprement dit qui entraîne une pareille décadence : suivant M. Ray Lankaster [1], le sédentarisme ou le végétarisme produiraient des effets analogues. Le *Nauplius Barnacle* s'immobilise par la tête : ce ne sont pas seulement ses organes locomoteurs, mais ses organes du toucher qui s'atrophient. De même, il semble bien que certaines ascidies sédentaires ne soient que des vertébrés dégénérés. Chez un ver plat devenu végétarien, les organes de la digestion et du mouvement prennent des formes plus rudimentaires. La sélection naturelle est donc capable dans certaines circonstances de faire perdre aux êtres des supériorités qu'ils avaient acquises, de perpétuer des êtres inférieurs. Ce n'est pas le tout de survivre : la « manière » a son importance. De tels triomphateurs de la lutte pour la vie font piètre figure à côté de leurs voisins ou de leurs ancêtres. Ils ont survécu sans doute, mais par de petits moyens, et en menant une existence médiocre. On ne saurait soutenir qu'ils sont les plus forts ou les meilleurs, ni que leur victoire constitue un progrès pour la suite des espèces.

Par où l'on voit à nouveau combien il est imprudent d'identifier, sans plus de discussion, l'évolution avec, le perfectionnement [2]. Qui dit successeur ne dit pas forcément supérieur. Des caractères universellement classés comme des imperfections peuvent, dans certains cas, assurer un avantage aux êtres qui les possèdent. Le « jugement du combat » est loin de coïncider toujours avec le jugement de l'esprit. Ou bien donc il faut renoncer à donner des rangs, et en revenir à l'idée de Cuvier, qui voulait que toutes les espèces fussent également parfaites en leur genre ; ou bien, si nous voulons continuer à parler de progrès, il faut convenir que le succès dans la lutte pour la vie n'en saurait être le criterium. unique, et que les transformations provoquées par la concurrence ne sont pas toutes également heureuses.

Mais, dira-t-on, la concurrence ne reste-t-elle pas nécessaire pour provoquer toute transformation, quelle qu'elle soit, des espèces vivantes ? Elle peut tâtonner, s'égarer, lancer les races sur d'autres pistes que celle du progrès. Mais du moins doit-elle être présente pour modifier la forme des êtres. Ainsi, directeur faillible, elle res-

---

1 *Dégénération*, pp. 35, 38, 50.
2 Voir Huxley, *L'Évol.*, p. 81.

Célestin Bouglé

terait le moteur indispensable de l'évolution.

Pour résoudre cette question, c'est tout le mouvement des sciences naturelles dans ces dernières années, ce sont toutes les phases de la lutte entre néo-darwiniens et néo-lamarckiens qu'il faudrait retracer. D'une manière générale, on sait que les néo-darwiniens, plus intransigeants que Darwin, ont prétendu faire de la sélection naturelle le principe unique de la transformation des espèces. Nous avons vu que, d'après Weismann, rien ne saurait s'expliquer par l'action des habitudes individuelles acquises sous l'influence du milieu et transmises par l'hérédité : tout s'explique aisément, au contraire, par l'action des variations individuelles données dès la naissance et triées par la lutte. En étendant ce concept de lutte non plus seulement aux rapports des organismes entre eux, mais aux rapports des parties et même des germes de l'organisme, on se faisait fort d'éclairer tous les apparents caprices de l'évolution. Le principe de Darwin prenait ainsi le premier rôle, au détriment des principes de Lamarck.

Mais le reflux ne s'est pas fait attendre. La critique s'est exercée sur l'idée même de sélection, et les objections se sont multipliées. On a observé que la sélection naturelle n'agit pas, ne saurait agir seule, et que nombre de forces collaborent avec elle pour lui permettre d'être efficace, ou pour la rendre moins nécessaire. « Une grande obscurité, disait Cope, est née de cette croyance que la sélection naturelle peut créer quelque chose. » Elle ne peut jamais que conserver des variations antérieurement données. Son action est donc négative plutôt que positive, limitative plutôt que productive. Il faut la classer, dira M. Giard, parmi les facteurs secondaires, non parmi les facteurs primaires de l'évolution [1].

Et, en effet, on se rend compte que l'action spécifiante et améliorante de la sélection reste, dans le système de Darwin, malaisée à concevoir. Suffit-il, pour qu'elle opère, que sur le champ des petites variations insensibles ou indéterminées, produites dans tous les sens par les hasards de la naissances, passe le vent des forces aveugles de la nature ? On nous assure qu'elles sauront choisir, éliminer les Mauvais germes et retenir les bons.

N'est-il pas à craindre bien plutôt qu'elles n'éliminent sans distinc-

1 Cf. Cope, *Fittest*, p. 15, 174. Thomson, art. cité, p. 23. Giard, art. cité, p. 646. Cuénot, art. cité, p. 267.

tion et par grandes masses toutes sortes de germes bons ou mauvais ? En fait, c'est surtout dans le jeune âge, et avant qu'ils aient pu développer leurs puissances diverses que les êtres sont exposés aux coups de la nature. Elle ne tient nul compte alors de ce qu'ils promettent. C'est sans distinction qu'une nuit de gelée inattendue brûle les jeunes plantes. C'est sans distinction que les cétacés engloutissent les œufs de morues. Ici encore le hasard règne en maître, et il n'est pas vrai que, par les coupes sombres ainsi opérées, seuls les moins aptes soient exterminés [1].

De même, il n'est pas vrai que les plus aptes soient toujours spécialement respectés. Si la variation est très petite, elle a toutes les chances de rester inutile : elle ne protège nullement son porteur. Noegeli a montré depuis longtemps qu'un infime allongement du cou, tel qu'en suppose la théorie darwinienne, ne saurait constituer pour les girafes aucun avantage sérieux. En temps de disette, ce ne sont pas celles qui auront le cou moins long de quelques centimètres, ce sont les plus jeunes, indistinctement, qui sont les plus exposées à périr [2]. De même, quand la célérité du faucon est si démesurée par rapport à celle des grouses, soutiendra-t-on qu'un vol un peu plus rapide fera survivre, parmi celles-ci, quelques échantillons privilégiés ?

Au vrai le rôle de la sélection naturelle n'est pas de trier ces petites variations insensibles, il est seulement d'éliminer les variations extrêmes. Seuls les originaux, ceux qui ne présentent pas à un degré suffisant les caractères adaptatifs de l'espèce, tombent presque sûrement au rebut. Suivant la théorie de Pfeffer [3], les espèces sont dans un état d'équilibre stable, tant pour le nombre que pour les caractères de leurs représentants. La concurrence et la sélection n'ont d'autres effets que de rétablir cet équilibre dès qu'il tend à se déranger. La majorité des biologistes serait ainsi convaincue aujourd'hui, s'il faut en croire M. Cuénot [4], que « la sélection est un processus purement conservateur et non édificateur ; elle se borne à supprimer les individus mal venus et les monstres, et ceux qui présentent des variations par trop défavorables, les albinos par exemple : elle maintient les espèces dans leur état moyen, mais elle

1 Cf. Coe, *Nature*, p. 58. Conn, *Method*, p. 72. Headley, *Problems*, p. 113.
2 Delage, op. cit., p. 377.
3 D'après Delage, op. cit., p. 393.
4 Art. cité, p. 267.

Célestin Bouglé

est incapable d'en créer de nouvelles ». Ainsi, bien loin qu'elle nous apparaisse désormais comme la seule force capable de provoquer la métamorphose des espèces, on pourrait soutenir que la sélection empêche les changements plutôt qu'elle ne les favorise : elle est occupée à maintenir le type moyen plus qu'à créer des types nouveaux.

Dans tous les cas, pour produire la transformation des espèces, la concurrence et la sélection n'apparaissent plus que comme « accélérateurs de l'évolution, comme adjuvants des causes premières ». Et ainsi se trouve-t-on amené, suivant les expression de M. Delage [1], à « abandonner la sélection naturelle, non pas comme facteur ayant son influence légitime dans la nature, mais comme cause principale de l'évolution progressive des organismes ».

Le rôle de la lutte pour la vie se trouve, si toutes ces réflexions sont exactes, singulièrement réduit. Et il nous est permis de conclure qu'elle n'a plus, aux yeux des naturalistes, le monopole des transformations et des perfectionnements. On lui trouve des collaboratrices, sinon des remplaçantes. On lui enlève le glaive et le sceptre. Ce n'est plus l'impératrice inflexible de la nature. C'est une ouvrière entre les autres, et dont ou peut parfois se passer, et qui peut parfois se tromper -ni absolument infaillible, ni formellement indispensable [2].

---

1 Op. cit., p. 395.

2 Non seulement les nouvelles théories biologiques restreignent ainsi, dans l'évolution, la part des méthodes brutales et fatales de-la sélection naturelle - il semble aussi qu'elles promettent une plus large place à ces interventions de la conscience dont la sélection sexuelle nous a donné le premier exemple. On pourrait dire encore qu'en ce point les idées lamarckiennes semblent regagner sur les idées darwiniennes ; non que le principe de l'hérédité des caractères acquis ait recouvré son ancienne domination, mais du moins tend-on à expliquer plus de choses par les habitudes, par les « forces adaptives », par lés efforts plus, ou moins conscients des individus. Le défenseur le plus hardi du néo-lamarckisme, Cope, ne craignait pas d'attribuer à l'action de forces psychiques cette « origine des plus aptes » dont la sélection ne pourrait jamais, suivant lui, expliquer que la survivance. La conscience, dans son système, semble redevenir antérieure à tout le reste : c'est « l'archoesthétisme * ». Sans aller jusque-là, et sans placer la conscience à l'origine de l'évolution, toute une école reconnaît aujourd'hui, dans l'activité propre des individus, une des forces qui orientent en nombre de cas les transformations des espèces.

C'est ainsi que les partisans de la sélection « organique » ou « subjective** » cherchent dans l'organisme lui-même, et, dans sa façon d'appliquer les ressources dont il dispose, une nouvelle explication de sa destinée. Ainsi pensent-ils, sans faire appel à l'hérédité des qualités acquises, rendre compte de la survivance des petites variations utiles. Elles sont le plus souvent trop faibles, disions-nous, pour que la sélection les retienne ? Mais imaginons que des individus chez qui elles se sont produites soient doués en môme temps d'une certaine plasticité, qu'ils soient capables de distribuer adroitement leurs forces suivant la demande des circonstances et de développer par un exercice approprié celles de leurs facultés qui sont avantageuses, ces individus échapperont mieux que d'autres aux difficultés inattendues ; et ainsi, grâce à l'activité qu'ils auront su déployer durant leur vie, les caractères qu'ils apportaient en naissant auront plus de chances d'être sauvés, d'être reproduits et développés de génération en génération. Qu'un oiseau naisse avec les pattes un peu plus longues et le cou un peu plus flexible : cela ne saurait lui constituer un avantage bien marquant. Mais qu'il sache développer ces caractères par l'exercice, les mettre en valeur par le milieu et le genre de vie qu'il choisira, qu'il devienne, par exemple, pêcheur au bord des marais, alors ses chances deviennent plus sérieuses de survivre et de perpétuer son type.

Les petits qui naîtront dans ces conditions de vie feront effort, à l'imitation de leurs parents, pour s'y accommoder; par les habitudes transmises une sorte de milieu social se constituera à travers lequel ils s'adapteront au milieu naturel ; les variations utiles à ce genre de vie auront donc le temps de réapparaître, et comme elles assureront un avantage à qui les possédera, elles auront des chances de se fixer dans la race ***.

On comprend ainsi comment les habitudes acquises par les individus, capables de se transmettre de génération en génération, mais socialement plutôt que physiquement, par l'éducation plutôt que par l'hérédité, travaillent à incorporer à l'espèce certaines variations congénitales. Sans ces habitudes, ces variations auraient sans doute disparu. Il leur a fallu, pour se maintenir et se développer, la coopération des activités individuelles. En ce sens, on peut dire que nous nous retrouvons ici en présence d'une « auto-réglementation » et d'un « auto-perfectionnement ». Il apparaît que la destinée des individus et par suite de l'espèce, dépend, dans une certaine mesure, de ce qu'ils font pendant leur vie et non plus seulement de ce qu'ils sont dès leur naissance. *Esse sequitur operari.* On comprend dans ces conditions que lorsqu'elle progressera, l'intelligence, habile à développer la force qu'il faut à la place qu'il faut, puisse ici seconder et la rendre inutile l'œuvre de la lutte pour l'existence. La conscience sera capable de suppléer aux tâtonnements brutaux de la nature et de provoquer des transformations qui n'auront pas eu forcément des combats pour préludes. Elle servira de bouclier aux êtres, dit M. Baldwin ****, contre les hasards de la sélection naturelle.

*   op., cit. pp. 40, 412.
**   Baldwin, Osborn, Morgan, *etc.* Voir le *Development* de Baldwin, avec les Appendices.
***   Baldwin, op. cit., pp. 37-47, 164-205. Headley, *Problems,* p. 154. Conn, *Method,* p. 305.

Célestin Bouglé

IV

Le rôle des principes contraires au principe de la guerre universelle. - Interprétation « solidariste » de certains faits invoqués par le darwinisme: passage de l'antagonisme à la symbiose. - Si la concurrence est forcément portée à son maximum, à l'intérieur d'une même espèce. - Multiplicité et diversité des formes d'association dans le monde animal et comment elles contribuent au progrès.

Il faut aller plus loin. Sur certains points il est possible, non plus seulement de compléter ou de rectifier, mais de retourner en quelque sorte le darwinisme. Ce ne sont plus seulement des principes distincts du principe de la guerre universelle qu'on peut montrer à l'œuvre dans la nature : c'est le principe contraire. L'association, la coopération, la solidarité sous ses formes diverses, vont nous apparaître comme des forces motrices et directrices du progrès.

Au premier abord il semble qu'il soit difficile de leur faire place dans le monde darwinien, que les deux principes ne puissent coexister, que l'opération de la sélection exclût toute intervention de l'aide mutuelle. À quelle condition, en effet, la sélection naturelle sera-t-elle efficace ? À la condition, nous fait entendre Wallace [1], que la lutte soit individuelle et que chacun des lutteurs ne puisse compter que sur ses seules forces. « Chacun pour soi et tous contre tous. » En fait, le monde animal ne connaîtrait généralement pas l'assistance mutuelle entre adultes ; il ignorerait la division du travail avec la coopération qu'elle implique ; il laisserait le vivant défendre seul sa chance. Et c'est pourquoi, ajoute-t-on, ceux qui survivent, n'étant soutenus par aucun secours extérieur, ne peuvent être que les plus forts. Huxley semble partager la même opinion, lorsqu'il présente les vertus sociales comme essentiellement anti-naturelles [2].

Nous avons déjà des raisons de penser que cette conception pèche

---

****   Op. cit., p. 145.

1 Cité par Coe, *Nature*, p. 77. Cf. l'opinion d'O. Schmidt, ibid.

2 *Evol. and Ethics*, pp. 82, 200. M. Topinard adopte à peu près le même point de vue dans l'*Anthtrop. et la sc. soc.* (Voir les appendices).

par étroitesse et qu'elle abuse de l'antithèse. Darwin lui-même nous a avertis de ne pas prendre, dans sa théorie, l'expression de lutte pour la vie au sens fort et exclusif. Cette expression ne peut convenir à la diversité des cas envisages par le naturaliste qu'à la condition de se présenter comme une métaphore très élastique, et propre à nous rappeler surtout la a: dépendance mutuelle » des êtres. Mais on sait que nous conclurions à tort, de cette dépendance mutuelle, à un universel antagonisme des tendances ou même à une nécessaire opposition des intérêts. En fait, les mêmes phénomènes qu'on traduit en métaphores guerrières pourraient aussi bien être traduits, parfois, en métaphores pacifiques. Darwin dit, en avertissant que ce n'est qu'une image : « Les plantes luttent contre la sécheresse. » Mais cette image même, fait observer M. Vuillemin [1], est antiscientifique : « La sécheresse n'est rien de positif c'est la négation de l'humilité. Si à ce personnage allégorique que nous appelons la sécheresse nous substituons la réalité pondérable qu'est l'eau, la fiction de la lutte, de la répulsion, de l'antagonisme est du coup remplacée par la vérité de l'union, de l'attraction, de l'affinité. Et si nous traduisons ces rapports en sentiments humains, l'amour se substitue à la haine comme mobile des relations des êtres. » Il est clair que, dans nombre de cas, une pareille substitution de traduction reste impossible. Lorsque par exemple une espèce se nourrit de la substance d'une autre espèce, l'opposition des intérêts est manifeste, et l'on ne saurait sans ironie transformer cette dépendance en alliance. Toutefois, ici même l'opposition n'est pas irréductible. On peut remarquer que les espèces qui servent d'aliments à d'autres y trouvent parfois certains avantages inattendus. Il arrive qu'elles soient entretenues par celui même qui s'en nourrit. Si-les pacifiques herbivores, observe M. Houssay [2], sont plus prospères que les carnassiers et se multiplient par milliers, c'est que l'homme a pris la direction de leurs troupeaux : ils ont gagné à lui servir. Dans d'autres cas, ne peut-on même soutenir ce paradoxe, que « certains êtres trouvent un profit personnel à être mangés » [3] ? C'est ainsi que la bactéridie charbonneuse, enfouie avec les cadavres de ses victimes, en retrouve de nouvelles, grâce à l'entremise des vers qui l'absorbent et la ramènent a la surface des

1 *L'Assoc. pour la vie*, p. 7.
2 Revue philos., 1893, I, p. 473.
3 Vuillemin, op. cit., p. 12.

Célestin Bouglé

champs. De même, il y a des spores de champignons incapables de germer tant que leur membrane n'a pas été ramollie, digérée par l'estomac des herbivores. L'absorption se trouve donc quelquefois utile à l'absorbé.

Mais, de plus et surtout, l'absorption n'est pas la règle unique : bien souvent, l'être se contente d'en exploiter un autre, qu'il se subordonne sans le faire disparaître [1]. Et sans doute, le plus souvent, cette exploitation n'est pas sans entraîner un dépérissement de l'exploité : on le note avec raison parmi les fâcheux effets du parasitisme. Mais il faut savoir qu'il présente parfois des effets précieux pour celui-là même dont la substance ou la force est utilisée. Les insectes ne sont-ils pas les parasites des fleurs, puisqu'ils en butinent le suc ? Ils sont pourtant aussi leurs bienfaiteurs, puisqu'ils en propagent le pollen. Dans d'autres cas, les services rendus sont encore plus directs : le parasite met son bienfaiteur à l'abri des ennemis, soit qu'il l'avertisse, soit qu'il se défende lui-même. C'est ainsi que l'*alecto* des buffles, non content de le débarrasser des insectes qui le gênent, l'aide encore en lui signalant l'approche des carnassiers ou des chasseurs [2]. Les fourmis, qui utilisent le nectar excrété à la base des feuilles de certains arbres, en écartent par leur seule présence une foule d'animaux ravageurs [3]. D'autres fois, c'est l'exercice des fonctions vitales les plus importantes que la collaboration du parasite rend plus aisé. Le *bacillus amylobactes,* logé dans l'intestin de certains, mammifères herbivores, digère pour eux la cellulose des plantes que les sécrétions intestinales ne sauraient entamer [4]. Ce sont des champignons parasites qui hâtent la maturité des euphorbes; d'autres prolongent la durée des feuilles de l'airelle des marais. Ce sont encore des excitations parasitaires qui développent les propriétés « améliorantes » des légumineuses. Tous ces exemples prouvent abondamment que le parasitisme n'est pas seulement un phénomène d'antagonisme : c'est un phénomène d'association, comportant la réciprocité des services. « Nous y voyons, disait M. Espinas [5], par des transitions insensibles la coalition pour la vie prendre le pas sur la lutte », et le mutualisme se substituer au

---

1 Novicow, *Luttes entre sociétés*, p. 23.
2 Espinas, *Soc. anim.*, p. 35.
3 Vuillemin, op. cit., p. 10.
4 Novicow, op. cit., p. 9.
5 Op. cit., p. 25.

prédatisme.

Il y a des cas en effet où les êtres divers tirent tant d'avantages l'un et l'autre de leur vie en commun, qu'on ne saurait dire lequel est l'exploiteur et lequel l'exploité [1]. Le bernard-l'ermite promène les actinies qui ont élu domicile sur sa carapace, et elles se nourrissent du relief de ses. repas ; à son tour, elles le défendent, en abattant leurs filaments, contre l'attaque des poulpes ; les deux alliés ne peuvent plus se passer l'un de l'autre. Certaines algues et certains champignons vivent si étroitement unis qu'on n'a pu les distinguer que récemment. Qu'on examine la structure du lichen : on y découvre, dit M. Vuillemin [2], les éléments de deux êtres enchevêtrés en un mélange si intime que « nous ne savons plus au juste lequel des deux mérite le mieux le titre d'hôte ou celui de parasite. Chacun des membres de cette combinaison biologique a perdu ses attributs propres, autant que les atomes constitutifs d'une molécule. Et c'est en associant leurs misères que ces deux chétifs organismes, dont l'un redoutait la sécheresse autant que l'autre craignait la lumière, ont audacieusement conquis à la vie les éléments les plus arides du milieu inerte ». L'Hydra viridis donne un exemple analogue d'union intime et presque de fusion entre un animal et un végétal, une hydre et une algue. De telles « symbioses » prouvent à quel point peuvent s'accorder les intérêts d'organismes différents; ils en arrivent par leur association à composer un véritable organisme nouveau.

Mais, dira-t-on, dans tous ces exemples il s'agit d'espèces différentes les unes des autres ; et leur diversité même explique qu'elles puissent s'accorder. Entre vivants qui n'ont ni les mêmes besoins ni les mêmes facultés le travail se divise naturellement, l'harmonie s'établit sans difficulté. En sera-t-il encore ainsi, quand les représentants d'une même espèce se trouveront en présence ? De même que la diversité amène facilement la collaboration, la similitude n'entraîne-t-elle pas fatalement la compétition ? Les frères, dans l'ordre de la nature, ne sont-ils pas des ennemis-nés

Ce sont en effet les êtres les plus semblables, ressentant les mêmes besoins, qui se disputent le plus âprement le même fond. Une concurrence incessante les met partout aux prises. Et si les plus

---

1 Weismann, *Vorträge*, I, p. 184 sqq.
2 Op. cit., p. 18.

Célestin Bouglé

forts n'absorbent pas ici les plus faibles, ils ne les éliminent pas moins en les affamant. C'est à une lutte de ce genre que pensait Malthus, et c'est, semble-t-il bien, à elle aussi que Darwin assigne le plus grand rôle dans l'évolution [1]. C'est cette lutte entre semblables qu'exige en quelque sorte son hypothèse sur l'origine des, espèces. Les êtres se sont spécifiés parce qu'il leur était avantageux de devenir différents les uns des autres ; leur divergence diminue leur concurrence, qui est à son maximum là où la similitude est parfaite.

Mais, quelque nécessaire que paraisse être cette idée au système de Darwin, est-elle vérifiée par les faits ? Kropotkine nous fait remarquer [2] que, d'ordinaire si prodigue d'exemples, Darwin ne trouve sur ce point rien de probant a citer. Le même auteur nous raconte comment, dans les observations qu'il fit sur la faune de la Sibérie, il fut étonné de ne pas saisir à l'œuvre cette concurrence pour les subsistances que le darwinisme lui faisait attendre. Certes il vit les êtres éliminés en grandes masses, mais par l'action des intempéries plutôt que par celle de la faim. C'est la lutte contre les éléments plutôt que la lutte pour l'aliment qui semble décider du sort des animaux.

En tous cas, on les trouve rarement réduits à se disputer les dernières subsistances. C'est que les deux conditions postulées par la théorie de Darwin sont rarement réalisées. D'une part, le nombre des membres d'une même espèce capables d'entrer en conflit est moins grand que le calcul des naissances le fait prévoir ; car beaucoup de ceux qui naissent sont détruits en masse avant de devenir des concurrents sérieux. D'autre part, la quantité de subsistance est moins strictement limitée que l'admet la théorie : car les êtres ont le plus souvent la faculté d'élargir, en se déplaçant, leur terrain de quête ou de pâture [3]. L'émigration sert ainsi de palliatif et comme de dérivatif à la concurrence. C'est même, suivant Moritz Wagner [4], par cette mobilité, source de variations nouvelles et de « ségrégations » définitives, c'est par la diversité et la distance des milieux où elle localise les branches d'une même espèce que leur différencia-

---

1 *Origine*, p. 76.
2 *Mut. Aid*, p. 61.
3 Kropotkine, op. cit., pp. 63-73.
4 *La Formation des espèces par la ségrégation*.

tion s'expliquerait, bien plutôt que par l'action directe de la lutte [1]. On a constaté qu'aux centres de rassemblement d'une espèce, là où elle est le plus dense, et où par suite le plus grand nombre de semblables doivent se trouver en compétition, se montrent rarement les divergences qu'escompte la théorie darwinienne. Il semble donc bien que la lutte entre semblables pour les subsistances soit moins efficace et moins nécessaire que le pensait Darwin.

Au surplus, il est aisé de prouver que les semblables prennent vis-à-vis les uns des autres plus d'une attitude et que diverses formes d'association peuvent les relier, propres à atténuer les effets de leur concurrence.

La faim et l'amour, disait Schiller, sont les deux forces motrices du monde. Mais il faut ajouter qu'elles ne poussent pas les êtres dans la même direction ; si la faim les sépare, l'amour les rapproche [2]. Et souvent le rapprochement qu'il détermine survit à l'acte même qui est nécessaire à la reproduction de l'espèce : une association se greffe sur l'accouplement. Nous avons vu, en passant en revue les modes de la sélection sexuelle, que l'union des sexes, loin d'être purement physique, parait souvent supposer l'union des consciences dans une représentation commune. Il n'est pas rare que cette sympathie dure longtemps après l'acte qui l'a préparée. Le mâle protège et nourrit la femelle pendant qu'elle couve. Plus tard, il prend part à l'éducation des petits. Un certain nombre d'habitudes naissent de la sorte, autour du nid, faites pour enrayer l'action aveugle et brutale de la sélection naturelle [3]. Par les soins dont ils l'entourent, les parents font tout ce qu'ils peuvent pour soustraire l'être nu et désarmé à l'élimination. C'est le plus faible qui est ici le plus protégé. La loi de la pitié se dresse contre la loi de la lutte.

On fera peut-être observer que l'association familiale a passé de tout temps pour un enclos privilégié. Mais une fois que l'être en est sorti, adulte et armé de toutes ses forces, trouvera-t-il encore aide et protection auprès de ses semblables ? L'histoire des *Sociétés*

---

1 Idem : *La Formation des espèces par la ségrégation.*

2 C'est la pensée que commenta Kessler, dans une communication faite au Congrès des naturalistes russes (1880) et qui suggéra les recherches de Kropotkine.

3 Espinas, op. cit., pp. 280-290. Kropotkine, op. cit., p. 19. Topinard, op. cit., pp. 63-92.

animales a dès longtemps répondu par l'affirmative [1]. Elle nous a montré au-dessus des agglomérations involontaires - comme les paquets de chenilles ou certaines bandes de poissons - des rassemblements voulus et comme prémédités. Des êtres d'ordinaire séparés réunissent leurs efforts en vue d'un intérêt commun. Les vautours, les milans, les aigles même forment parfois des sociétés de chasse comme les pélicans des sociétés de pêche. Les nécrophores se coalisent pour enterrer le cadavre où ils doivent cacher leurs œufs. Kropotkine vit des crabes, à l'aquarium de Brighton, organiser leurs efforts pendant des heures pour aider l'un d'entre eux, pris dans une encoignure, à se retourner. Qu'est-ce, d'ailleurs, que les attroupements des oiseaux migrateurs, sinon des lignes utilitaires momentanées, qui se renouent périodiquement au moment où le besoin s'en fait sentir?

D'autres fois, les réunions d'animaux ne semblent répondre à aucun besoin spécial, sinon au désir qu'ils éprouveraient de se sentir vivre ensemble, et de multiplier leurs impressions en se les communiquant. Ce sont des réunions « pour le plaisir », comme celles qui rassemblent à l'automne les jeunes oiseaux, ardents au jeu. Mais ces jeux ont sans doute une utilité inaperçue. Leurs exercices -variés et combinés ne développent pas seulement la force et l'agilité des individus, ils les habituent à agir de concert, ils élargissent en chacun d'eux la « conscience de l'espèce »; ils les préparent à une vie commune étendue et prolongée.

Et, en effet, il n'est pas rare, comme on sait, que nombre d'animaux s'associent pour la vie et forment de véritables peuplades. Les carnassiers solitaires ne sont que le petit nombre. Les groupes affectent sans doute les formes les plus diverses, depuis les monarchies constitutionnelles d'abeilles jusqu'aux hordes de chiens ; les relations des membres du groupe sont plus ou moins compliquées, l'organisation est plus ou moins parfaite. Mais, du moins, dans la plupart des espèces, y a-t-il un rudiment d'organisation sociale et, par suite, une extension de l'assistance mutuelle. Il n'est donc pas vrai que la solidarité dans la nature se réduise au cercle étroit de la famille. La nature n'utilise pas seulement par exception et pour le salut des générations futures, mais en règle générale et pour le bien des générations déjà développées, les forces protectrices de

---

1 Espinas, op. cit., chap. VI. Kropotkine, pp. 10, 23, 40.

l'association [1].

La vie sociale est donc la règle dans le monde animal. La variété même des foi-mes qu'elle y revêt est la preuve de sa généralité. Et le fait qu'elle atteint son plus haut développement chez les vertébrés les plus élevés est le signe qu'en arrêtant ou en atténuant la lutte entre semblables, elle n'entraîne nullement la décadence, mais bien plus vraisemblablement, au contraire, le progrès des espèces.

On mesure d'ordinaire la prospérité d'une espèce, remarque M. Houssay [2], d'abord à la quantité des individus qui parviennent à vivre, ensuite à la qualité même de leur vie, au degré de leur civilisation, à la complication de leurs instruments et de leurs sentiments. Qu'on applique ces différents critères au monde animal, et l'on constatera que la prospérité y est proportionnelle à l'aptitude à vivre en société. Les rejetons des espèces pacifiques couvrent la terre, tandis que ceux des plus grands lutteurs, des fauves solitaires et farouches se font de plus en plus rares. Favorisant la survivance des petits et la résistance des faibles, la sociabilité restreint l'élimination ; elle est un bouclier plus sûr que la vigueur, l'agilité, les couleurs protectrices [3]. Il semble aussi qu'elle soit l'instrument le plus efficace de la production industrielle. Ce sont, comme on sait, les espèces les mieux organisées socialement qui font les plus beaux travaux d'art. C'est chez elles encore qu'on rencontre les exemples les plus nets de sensibilité, de moralité, d'intelligence [4]. En un mot, là où les sociétés animales sont développées, on ne reconnaît pas seulement les dehors matériels, ou devine les dessous spirituels d'une civilisation véritable.

1 Entre cette organisation proprement sociale et l'organisation familiale quels sont au juste les rapports et comment les animaux passent-ils de l'une à l'autre ? La question est sujette à discussion (Voir Espinas, op. cit., p. 106. Lanessan, op. cit., p. 53. Houssay, *Revue philos.,* 1893, p. 486). Pour que puisse se former un groupe plus large, il importe que le cercle familial ait perdu de sa rigidité, et que les sentiments de jalousie, d'ordinaire surexcités par la reproduction, aient perdu de leur intensité. D'autre part, la famille reste la première école de la fraternité et de la subordination. Les animaux qui se groupent ne font que prolonger, élargir, étendre an dehors des habitudes qu'ils ont contractées dans l'intérieur de la famille. Quoi qu'il en soit, l'important à nos yeux, c'est que, d'une façon ou d'une autre, le rayon d'action des habitudes de ce genre se trouve en effet étendu.

2 Art. cité, p. 473.

3 Kropotkine, op. cit., p. 57.

4 Ibid., pp. 14, 17, 59. Cf. Houssay, art. cité, pp. 476-480, Fouillée, *La morale de la vie chez les animaux*, in *Revue des Deux Mondes,* 15 août 1902.

Célestin Bouglé

L'anatomie semble confirmer cette hypothèse par la comparaison des cerveaux. Si la lutte développait toutes les qualités, les cerveaux les mieux organisés devraient appartenir aux plus grands lutteurs. Tout au contraire, ils se rencontrent plutôt chez les espèces sociables. Les passereaux sont supérieurs en ce point aux accipitres, et les herbivores aux grands félins. Bien loin que l'association ait entraîné une sorte d'arrêt de développement dans l'organisation cérébrale, il semble qu'en stimulant la vie représentative, en multipliant les unes par les autres les impressions des individus rassemblés, elle ait perfectionné chez eux l'appareil de la coordination [1].

En un mot, toutes sortes de progrès, et ceux-là précisément qui rapprochent le plus les animaux de l'homme, dérivent, non de la lutte, mais de l'association pour la vie. Au lieu que la fraternité ne soit qu'une utopie contrecarrée parles faits, il apparaît, dit M. Geddes [2], « que chacune des grandes étapes du progrès correspond à une subordination plus étroite de la concurrence individuelle à des fins reproductrices ou sociales, et de la concurrence intraspécifique à l'association coopérative ». L'expérience a montré que les plus aptes à franchir les pas les plus difficiles étaient moins « ceux qui pratiquent la concurrence vitale avec le plus d'ardeur » que « ceux qui ont su y apporter le plus de ménagements ». La sociabilité s'est révélée comme un gage, non seulement de bien-être matériel, mais de progrès spirituel. Il. est donc faux de dire que l'altruisme n'est que folie et que la vie n'est que meurtre. Aux diverses formes de lutte, diverses formes d'association peuvent s'opposer. Aussi bien que les êtres d'espèces différentes, les êtres de même espèce peuvent s'élever en s'entr'aidant.

*

* *

Est-ce à dire que nous ayons complètement retourné en effet le darwinisme, et que nous puissions désormais affirmer que la nature, mieux connue, donne à l'homme l'exemple de toutes les vertus sociales ? Conclurons-nous avec M. Decamps [3], que « Partout où règne la concurrence vitale il y a faiblesse et dégénérescence », tandis que « partout où domine l'association il y a force et pro-

1 Richard, *Évol.*, pp. 92-94. (Paris : Félix Alcan)
2 *Évol. du sexe*, pp. 432, 440.
3 *Revue social.*, 1898, p. 586.

grès », et qu'en conséquence « la lutte pour l'existence est condamnée par toute la nature » ? Admettrons-nous contre Huxley, avec M. Geddes [1], que le a processus éthique », bien loin d'être l'antithèse du « processus cosmique », n'en est qu'un résumé fidèle ? Céderons-nous, en un mot, à cette tendance, récemment remise en honneur, qui cherche dans la nature une école de solidarité? La tactique est séduisante. Nous relèverions ainsi, pour en diriger la pointe contre nos adversaires, l'arme dont ils nous menaçaient...

Mais un instant de réflexion suffit pour rappeler que cette démonstration n'est pas près d'être faite. Si nous avons établi que la lutte n'est pas tout, nous sommes loin d'avoir établi qu'elle ne soit rien dans le monde vivant. « Il ne s'agit pas, dit M. Houssay [2], de se duper soi-même et de ne pas reconnaître que, malgré le grand rôle joué par la sociabilité dans la nature, elle n'a pas aboli toutes les forces antagonistes. » M. Sabatier remarque, de son côté [3], qu'il faut être aveuglé par une idée préconçue pour nier que, pendant que l'union assure le progrès dans certains cas, la lutte pour l'existence en fasse autant dans des cas différents.

Nous avons seulement montré que les résultats de la lutte n'étaient pas toujours également heureux ni ses procédés toujours également indispensables. Nous avons indiqué, en conséquence, que la théorie darwinienne dérivait d'une vue trop étroite de l'ensemble et du mouvement des êtres. Mais, dans la réalité, un principe n'efface pas l'autre ; des forces opposées coexistent ; le germe de la discorde, dit M. Fouillée [4], subsiste à côté du germe de la concorde. C'est pourquoi nous ne prétendons pas qu'il suffise à l'humanité, pour trouver sa vraie voie, de consulter plus méthodiquement la nature. Nous n'opposons pas ici, à la morale « scientifique » du pessimisme darwinien, une autre morale « scientifique » qui serait celle de l'optimisme solidariste. Et ce qui se dégage de plus net de notre recherche sur les leçons de la biologie, c'est l'extrême difficulté où est l'homme de « laisser parler la nature » pour enregistrer son conseil : la conseillère parle plusieurs langages, et varie ses réponses suivant les idées préconçues des enquêteurs.

1 Op. cit., p. 440. Cf. l'article Évolution, de la Chambers Encyclopedia, p. 484.
2 Art. cité, p. 479.
3 Art. cit., p. 4, sqq.
4 Nietzche et l'Immoralisme, p. 276 (Paris : Félix Alcan). Mackintosh, From Darwin, p. 267.

Célestin Bouglé

Il reste qu'en attirant l'attention sur la multiplicité des sens ou des modes de l'évolution organique, et en limitant la vérité du darwinisme, nous avons libéré notre idéal des prophéties fatalistes dont on le poursuivait. Il n'est pas dès à présent démontré par la seule observation du « processus cosmique », que les hommes soient condamnés éternellement, sous peine de déchéance, à s'entre-dévorer. Dans le monde animal déjà il arrive que les êtres survivent et s'élèvent par des procédés moins brutaux et comme plus *humains*. Il est naturel que nos sociétés préfèrent ces procédés, et s'organisent de façon à rétrécir, autant qu'il est possible, le champ laissé aux autres. Il est faux que cet effort pour faire prédominer, sur 1 es tendances adverses, certaines tendances de l'évolution, soit condamné d'avance.

Chapitre 2
Les conditions humaines de la lutte pour la vie

La réintégration de l'homme dans la nature: équivoques auxquelles expose l'évolutionnisme.

La lutte pour la vie n'est pas toujours ouvrière de progrès en tous cas elle n'est pas l'unique ouvrière du progrès. C'est ce que nous a démontré une rapide revue des résultats récents de la biologie.

Cette démonstration ébranle déjà le pessimisme naturaliste qu'on oppose aux aspirations démocratiques, nous avons constaté que, sur le terrain par lui choisi, dans le monde animal même, les faits sont loin de justifier en tout et pour tout ses conclusions décourageantes.

Mais en outre, et indépendamment de ces restrictions préalables, la méthode du darwinisme social, qui consiste à transposer pour les appliquer à notre histoire les lois dégagées de l'évolution animale, n'est-elle pas sujette à caution ? Nous avons déjà vu, en examinant l'apologie naturaliste de la différenciation, combien il était dangereux d'oublier les phénomènes propres aux sociétés humaines et les modifications qu'ils imposent à tous les termes des problèmes. L'apologie naturaliste de la concurrence ne prête-t-elle pas aux mômes équivoques ?

Nous savons bien qu'ici l'on ne se paie plus de métaphores et que le darwinisme atteint l'homme, pour le réintégrer dans la nature, plus directement que la théorie organique. Il a systématiquement diminué la distance que la philosophie spiritualiste maintenait entre l'animal et nous. Pour rabattre notre orgueil il a repris à son compte la parole de l'Évangile : « Celui qui est abaissé sera relevé, celui qui est élevé sera rabaissé. » Il a montré par exemple que, bien Io in que les animaux fussent de purs automates, les facultés mentales développées chez l'homme apparaissaient déjà, au moins sous une forme rudimentaire, chez certains d'entre eux, et qu'inversement, sous une forme rudimentaire, certains organes développés chez les animaux survivent encore chez l'homme. D'une manière plus générale, l'homme n'est-il pas construit sur le même plan que ses prédécesseurs ? C'est après les mêmes processus qu'il est né, et après les mêmes qu'il mourra [1]. C'est par la même sélection des variations favorables que sa race se perfectionne. La même loi de progrès lui impose donc la même nécessité de souffrance. Ce « dieu tombé » n'est en vérité qu'une brute qui monte, et il ne saurait se soustraire à la dure pression qui seule détermine l'ascension des brutes. Il est soumis, nous dit Darwin [2], « aux mêmes maux physiques que les autres animaux ; il n'a donc aucun droit à l'immunité contre ceux qui sont la conséquence de la lutte pour l'existence ».

Combien. il était opportun de réagir ainsi contre le *splendide isolement où le spiritualisme* risquait de confiner l'humanité, personne ne le conteste aujourd'hui. C'est par le succès, c'est par les conquêtes de toutes sortes, scientifiques et pratiques, que ce mouvement enveloppant de l'évolutionnisme a prouvé sa légitimité ; et ces conquêtes ne sont encore que des points de départ. Toutefois, à quelles confusions aussi de pareilles « réintégrations » exposent, c'est ce qu'on peut dès maintenant pressentir. À voir les conséquences que quelques-uns en dégagent, il est permis de craindre que l'humanité, après avoir péché par excès d'orgueil, ne pèche aujourd'hui par excès de modestie, et qu'après avoir oublié les res-

---

1 Darwin, *Descendance,* I, pp. 9, 16, 51.
2 *Descend.,* I, p. 199.

Célestin Bouglé

semblances qui l'unissent au. monde animal, elle ne méconnaisse maintenant les différences non moins constantes qui l'en séparent.

C'est là, en effet, un des faux sens les plus fréquents dans l'interprétation vulgaire de l'évolutionnisme : parce qu'il affirme que les êtres se sont formés suivant les mêmes lois générales, et d'une même substance primitive, on paraît croire qu'il les met finalement sur le même plan et qu'il a «ramené » ou « réduit » comme on dit, le supérieur à l'inférieur. De la. continuité du devenir et de la communauté de l'origine, on conclut instinctivement à l'identité de nature et à l'égalité de valeur. On n'oublie qu'un point : c'est que rattacher une forme de l'être à une forme antérieure, ce n'est point dissoudre la seconde dans la première. Entre les espèces primitives et les espèces plus élevées qu'elle en voit descendre, la science n'efface nullement les différences de qualité. Faire abstraction de ces différences pour la pratique, ce ne serait plus seulement dériver le supérieur de l'inférieur, mais asservir indûment celui-là à celui-ci. En réalité, l'histoire d'une forme de l'être ne saurait limiter l'avenir de celles qui la dépassent en la développant. Il se peut qu'une même loi générale préside à la succession de ces formes ; mais en passant de l'une à l'autre, en montant d'étage en étage, elle rencontre des conditions et met en jeu des forces nouvelles ; il n'est donc pas étonnant qu'elle produise, au fur et à mesure qu'elle s'élève, des effets naguère inconcevables. C'est pourquoi il est imprudent (te faire parler la nature pour dire à l'être qui s'essaie : « Tu n'iras pas plus loin. » Du moins importe-t-il, si l'on veut délimiter avec quelque vraisemblance les cercles du nécessaire et du possible, de prendre comme point central la nature propre de l'espèce considérée, et de ne pas perdre de vue, à coté des caractères qui la rapprochent des autres espèces, ceux qui constituent son originalité.

N'est-ce pas là peut-être ce que l'on oublie, lorsqu'on transpose au monde humain les lois du combat animal, et lorsqu'on lés impose aux hommes, en conséquence, comme « aussi bonnes qu'inéluctables » [1] ? Les hommes lutteront sans doute comme tous les autres vivants. Mais peut-être les moyens et les mobiles propres à l'action humaine exerceront-ils, sur les formes et les effets de la lutte même, quelque influence inattendue ? C'est pourquoi il n'est pas

---

1 Ce sont les épithètes appliquées par M. Leroy-Beaulieu aux « lois » économiques.

inutile, avant de se prononcer sur l'autorité du darwinisme social, de rappeler brièvement les conditions humaines de la lutte pour la vie.

I

L'homme faiseur d'outils: le monde artificiel par l'intermédiaire duquel il s'adapte le monde naturel. - Le système des fins superposé au système des moyens: l'action, directe ou indirecte, de la société sur les buts proposés à l'effort vers la vie.

Les poètes l'ont souvent rappelé : l'enfant des hommes naît le plus démuni et le plus désarmé de tous les animaux. Mais il faut ajouter que l'humanité tient pour lui en réserve plus d'armes et plus de munitions que n'en possèdera jamais aucun animal. L'accumulation des choses ouvragées, des objets façonnés à son idée et ajustés à ses besoins, voilà la première originalité de l'espèce humaine. Qu'on essaie seulement de se représenter le nombre des meubles et des ustensiles de toutes sortes que s'annexe un ménage de nos jours, même modeste ! Et sans doute la qualité des choses ainsi utilisées varie grandement avec les civilisations. Il reste que les moins civilisés savent d'ordinaire se construire un abri, se tailler un vêtement, dompter des bêtes et cultiver le sol, et que les transformations qu'ils font subir ainsi à leur milieu sont plus étendues et plus profondes que celles dont sont capables les plus élevés des animaux. Plus que les digues des castors, les nids des oiseaux, et les ruches des abeilles, les oeuvres des hommes changent la face de la nature. Après que leurs générations s'y sont établies à demeure, la terre aménagée est comme méconnaissable. Et l'on comprend déjà qu'une des expressions les plus usitées du vocabulaire évolutionniste ne leur convienne qu'à moitié. On parle *d'adaptation au milieu* ; mais il faut se rappeler que l'homme est capable de s'adapter les choses, et non pas seulement de s'y adapter.

La preuve qu'il est l'animal transformateur par excellence, c'est que seul il possède les instruments nécessaires des grandes transformations ; il est le seul fabricateur de machines, et d'abord il est le seul faiseur d'outils. *Toolmaking*, telle était la définition que Franklin proposait de l'homme. Et sans doute les animaux qui se

Célestin Bouglé

rapprochent le plus de lui savent utiliser certains objets pour en déplacer ou en déformer certains autres. Darwin cite [1] des singes qui usent de la pierre et du bâton. Il reste, suivant la remarque de Engels [2], qu'on n'a jamais vu de singe ajuster même un couteau. Seule la main humaine façonne des matériaux qui l'aideront à en façonner d'autres, à l'infini.

Il est vrai que la nature fabrique, avec certaines parties de l'organisme des animaux, de véritables instruments, des armes et des outils. Telles les griffes et les crocs du lion, les défenses de l'éléphant, les incisives du rongeur, les nageoires du poisson. Mais le grand avantage de l'homme est précisément que ses instruments ne lui sont pas incorporés ; t'ails d'éléments inorganiques, ils restent indépendants de son organisme. Il peut donc rassembler les plus divers autour de lui et les laisser après lui ; il peut les multiplier en même temps que les améliorer indéfiniment. Non seulement l'humanité, comme disait M. Louis Bourdeau [3] « reproduit et résume dans ses artifices techniques les perfections éparses du monde animal », mais encore elle accumule de génération en génération des artifices de plus en plus perfectionnés. C'est ainsi que le stock se constitue, incessamment élargi, où les enfants des hommes viennent puiser, pour la lutte, des moyens d'action privilégiés.

Qu'il s'agisse en effet de la lutte directe ou indirecte, du combat contre les vivants, de la résistance aux éléments, oui de la concurrence pour les aliments, - toujours on voit l'homme appeler les choses à son secours. C'est par l'arc et par le fusil qu'il devient plus redoutable que les fauves les plus féroces. C'est par la houe et par la charrue qu'il entr'ouvre et féconde la terre. Contre le froid il se défend par le feu, contre le ciel par le toit, contre la mer par la digne. Il vaine l'espace par le char, par la locomotive, par le steamer. An fur et à mesure que sa civilisation se développe tous ces armements se compliquent : et leur ensemble finit par former un véritable monde artificiel, par l'intermédiaire duquel il s'adapte le monde naturel.

Mais si l'on vent embrasser toutes les conditions de la lutte qui sont spéciales à il ne faut pas oublier, au-dessus de ce monde ar-

---

1 *Descend.*, I, p. 55.

2 Cité par Woltmann, *Darw. und Socialdem.*, p. 255.

3 *Les forces de l'industrie,* Paris, p. 46 (Félix Alcan).

tificiel, l'existence d'un autre monde, invisible, intérieur, composé tics idées qui orientent la conduite de l'homme et qui à leur tour s'opposent ou s'accordent, se différencient et se hiérarchisent, - système de fins superposé au système des moyens. Ce n'est pas seulement par les procédés de son action, c'est par les mobiles de son effort que l'homme se distingue ; et il importe de spécifier non seulement ce par quoi, mais ce pour quoi il combat.

C'est en effet une explication bien vague que l'expression classique : les êtres luttent *pour l'existence.* Pour peu que l'être soit complexe, diverses tendances luttent en lui-même. Et, suivant que l'une ou l'autre prédomine, l'être ne persévère pas tout uniment dans son être, il y persévère sur un certain plan, d'une certaine manière [1]. Devient-il conscient, c'est de plus en plus a la manière » qui lui importe. Il compare ses diverses tendances, il établit une échelle des valeurs, il détermine des raisons de vivre [2]. Il De combat plus seulement pour la vie bru te et nue, mais pour tout ce qui fait, comme il dit, le prix de la vie, et sans quoi elle ne vaudrait pas la peine d'être vécue.

Or on sait que l'effet ordinaire du progrès de la civilisation est d'élever ce *standard of life,* de grossir ce « minimum décent » sans lequel les hommes sont portés à considérer la vie comme intenable. Au fur et à mesure que les moyens d'action se multiplient autour d'eux, ils réclament des satisfactions multipliées pour les besoins, non plus seulement de leur corps, mais de leur esprit. Leur organisme raffiné complique ses exigences ; et elles se présentent bientôt à leurs consciences comme les expressions d'autant de nécessités vitales.

Mais que des raisons sociales, bien plutôt que des raisons organiques, expliquent cette incessante rénovation des besoins, c'est ce qui n'est plus à démontrer. On remarque que si les hommes recherchent avidement les nouveaux moyens de jouissance, cela tient sans doute, non seulement à leur tendance à s'imiter, mais à leur désir de se surpasser les uns les autres, à l'ambition de tenir leur rang on de gagner des rangs, de marquer oui d'effacer les

---

1 Voir Boutroux, *Contingence des lois de la nature,* p. 94 (Paris, Félix Alcan).
2 Voir Gizicki, Ferri, Pearson, Harmening ; cités par Woltmann, op. *cit.,* pp. 70, 73, 76, 161. Cf. Huxley, *Evol. a. Ethics. pp.* 27, 40. Lange, *Arbeiterfrage,* chap. I et II.

Célestin Bouglé

distances. Les parures des membres des classes supérieures, leurs palais splendides, leurs suites nombreuses, la finesse même de leur culture, n'ont-elles pas mission de signifier qu'ils ont du temps et de l'argent à revendre [1] ? N'est-ce pas pour « vivre noblement » qu'à leur tour les membres des classes inférieures tendent toutes leurs forces ? Au fur et à mesure qu'ils se rapprochent de leurs modèles, ceux-ci cherchent d'autres marques distinctives [2]. Et ainsi, par cette lutte perpétuellement renaissante entre inférieurs et supérieurs, les innovations tombent progressivement dans le domaine commun, le particulier s'universalise, et le superflu d'hier devenant le nécessaire d'aujourd'hui, le nombre des besoins qui aiguillonnent les hommes va sans cesse s'accroissant.

Dans la recherche de ces manières d'exister, il faut voir sans doute l'action d'une « volonté de puissance », mais celle aussi des sentiments de sympathie. Les hommes n'y apparaissent pas seulement, ni surtout désireux de dominer brutalement leurs semblables ; ils songent à l'effet qu'ils produisent sur l'opinion ; ils se sur-veillent pour être honorés, ils se révèlent soucieux de l'estime publique. Il est vraisemblable que cette concurrence pour l'estime entraînera d'autres effets que ceux du simple combat pour la survie. Et l'on pressent déjà qu'en utilisant adroitement ces tendances, la société, regagnant quelque chose sur l'égoïsme des individus, pourra leur donner peut-être l'habitude et leur inspirer le goût non plus seulement du bien-être, mais du bien-vivre.

Il est remarquable en effet que l'idéal des hommes n'est pas laissé à leur seule fantaisie individuelle ; Il est au contraire guidé et comme bridé par la société qui les réunit. Vis-à-vis de chacun d'eux, celle-ci représente les intérêts de toits : air service de l'idéal commun elle mettra l'empire des mœurs, et au besoin la force des lois. Ce n'est. pas assez dire en effet que d'attribuer à la société le pouvoir d'orienter insensiblement, - par les attractions inconscientes, par les petites pressions, par les sanctions diffuses, - les désirs individuels ; elle peut dans certains cas les heurter de front et les briser par la puissance publique organisée.

On comprend dès lors que dans le milieu humain, l'effort vers la vie doive revêtir, non seulement sous l'impulsion des tempéra-

---

1 Voir Veblen, *Leisure Class.*
2 Voir Gurewitsch, *Entwick. der Bedürfn.*

ments individuels, mais sous la pression des structures sociales, des formes très différentes de celles qu'il revêt dans le milieu naturel. Les mobiles auxquels obéit l'action humaine sont aussi nouveaux et aussi variés que les instruments dont elle dispose. Elle introduit dans le monde, en même temps que des moyens inédits, des fins originales. - En quel sens, par les unes et les autres, la lutte pour la vie va-t-elle être modifiée ?

II

Effets des moyens propres à l'homme sur la lutte pour la vie ils permettent des économies d'éliminations. - Mais n'entravent-ils pas par là même la sélection? Elle peut être contrariée par l'inégale distribution des pouvoirs extrinsèques: le parasitisme social.

Si la lutte pour la vie perfectionne les espèces animales, c'est, nous dit-on, parce qu'elle élimine impitoyablement les spécimens inférieurs, les plus faibles, les moins aptes ; elle les empêche ainsi de propager leur type, et d'abaisser le niveau de toute la race. Peut-on attendre un pareil effet de la lutte pour la vie dans les sociétés humaines ?

Nous savons que la nature livrée à elle-même est à la fois généreuse et cruelle, prodigue et avare. Elle sème les êtres à large main, pour les faucher ensuite par grandes masses [1]. Rapides ou lentes ces éliminations sont inévitables, s'il est vrai que les vivants, quand les éléments les épargneraient, seraient encore décimés par la pénurie des aliments. C'est la disproportion entre la quantité limitée des subsistances et l'accroissement illimité des êtres qui rend fatale la destruction des plus faibles. Or cette disproportion n'est-elle pas constante dans l'histoire des hommes aussi bien que dans celle des animaux ? On se rappelle que Malthus a formulé le premier, au spectacle du progrès même de la civilisation, cette loi que les subsistances ne croissent qu'en proportion arithmétique, tandis que la population croît en proportion géométrique ; et la loi de Darwin n'est que la loi de Malthus généralisée.

Mais on sait aussi que cette loi n'est plus admise aujourd'hui que

---

1 Voir plus haut, p. 33.

Célestin Bouglé

sous réserves. L'expérience a prouvé que Malthus avait prisé trop haut sinon la puissance, du moins lés tendances reproductrices des hommes : d'autre part et surtout, il n'avait pas assez de confiance dans leurs capacités productrices. Hodgskin l'objectait il y a long-temps au pessimisme malthusien : bien plus que l'étendue superficielle du sol, c'est le travail et le savoir qui produisent les aliments. Tout homme qui vient an monde n'est pas seulement un consommateur, niais un producteur de plus. Et toute population dense voit pulluler les découvertes ingénieuses, qui décuplent l'intensité de la production. En Lin mot c'est là où les hommes sont nombreux et pressés que se multiplient ces moyens d'action de toutes sortes, qui forcent la nature à un rendement supérieur [1].

C'est pourquoi il est loisible à la civilisation de ne pas abandonner les hommes dénués aux coups des forces destructrices, et de prêter, au plus grand nombre possible, le plus possible de moyens de défense. L'accroissement de la production lui permet d'économiser sur la race humaine les dilapidations de vie dont la nature est coutumière. - Mais en même temps la civilisation semble renoncer à l'une des méthodes d'amélioration dont la nature usait : en cessant d'éliminer largement les plus faibles, la lutte ne va-t-elle pas perdre ici sa valeur sélective ?

Il est vrai, nous l'avons rappelé [2], que la pauvreté met les faibles sur la pente de la mort. Elle leur interdit nombre de moyens de consommation ou de moyens de protection. Celui qui ne touche qu'un « salaire de famine », défendra malaisément sa santé. Sa vie, plus précaire et plus incertaine, risquera d'être raccourcie d'autant. C'est ce qu'on exprime en disant que quiconque naît dans les basses classes naît avec un moindre crédit sur l'existence. Ainsi les moins aptes seraient éliminés, plus lentement si l'on veut, mais non moins sûrement dans la société que dans la nature.

Mais il importe de remarquer que cette élimination lente produira difficilement, sur la race, les bons effets qu'on escompte. La mort du faible est sans profit pour l'espèce, si, avant de mourir, il s'est multiplié, En vain la misère abrège sa vie : la société ne retire aucun avantage de ses souffrances, s'il revit dans des descendants aussi mal armés. Or, on sait qu'en effet la misère est rarement un frein

1 Voir Élie Halévy, Th. *Hodgskin*, pp. 46-49.
2 Voir plus haut, p. 104.

pour la reproduction. Il semble «au contraire que les plus dénués, qui sont le plus souvent aussi les plus imprévoyants, se montrent facilement les plus prolifiques, et qu'ainsi les races se renouvellent surtout par en bas, par les classes dites inférieures - au risque de descendre d'un degré à chaque génération [1].

Par où l'on voit combien la lutte pour l'existence est loin, dans le monde humain, d'entraîner sûrement, et quasi mécaniquement les améliorations qu'elle entraîne, nous dit-on, dans le monde animal. Spencer s'écriait: « La pauvreté des incapables, la détresse des imprudents, l'élimination des paresseux et cette poussée des forts qui met de côté les faibles et en réduit un si grand nombre à la misère, sont les résultats nécessaires d'une loi générale éclairée et bienfaisante. » Comme si tous ces processus d'abaissement social devaient fatalement déterminer le progrès biologique de l'espèce humaine ! Ce fatalisme optimiste s'appuie à de fausses analogies. Dans le monde humain c'est toute la civilisation matérielle, c'est l'ensemble des moyens d'action, de production et de défense accumulés par les générations qui vient se mettre en travers de cette « loi bienfaisante ». Les effets ordinaires en sont à tout le moins étroitement limités. La civilisation n'exclut pas l'élimination des moins aptes ; mais elle la retarde, et c'en est assez, souvent, pour entraver la sélection.

Il faut aller plus loin. On peut aboutir par un autre côté à cette conclusion, que la civilisation humaine est capable, non seulement de limiter, mais de contrarier l'opération sélective de la lutte. Et en effet, nous avons parlé jusqu'ici des « faibles », des « moins aptes », des « inférieurs » sans distinguer nettement entre l'infériorité sociale et l'infériorité naturelle, et en paraissant implicitement admettre que celle-ci est, en règle générale, le reflet et la projection de celle-là. Mais n'oublions pas que ce parallélisme n'est nullement démontré. Dans le monde animal on peut s'attendre à ce que la défaite soit normalement le signe de la faiblesse. Car les combattants portent toutes leurs armes en eux-mêmes, et ce sont les forces incorporées à leurs organismes qui décident de la victoire. Il en est tout autrement, nous le savons, dans l'humanité. Les armes les plus efficaces sont indépendantes des êtres. Elles peuvent être transmises des uns aux autres, et inégalement réparties entre les

---

1 Voir Woltmann, op. cit., pp. 78, 312.

Célestin Bouglé

uns et les autres. Bien plus que les forces « incorporées », ce sont ici les forces appropriées qui commandent l'issue de la lutte [1] ; et l'on comprend comment, par leur intervention, l'application de la sélection naturelle peut être totalement faussée. Des privilégiés seront sauvés peut-être par l'organisation sociale, que la nature aurait indubitablement condamnés; l'inégale distribution des propriétés troublera le juste concours des facultés.

« Dans le monde animal, disait Laveleye [2], la destinée de chaque être est déterminée par ses qualités personnelles. Dans les sociétés civilisées, un homme obtiendra la première place ou la plus belle femme parce qu'il est noble et riche, quoiqu'il puisse être laid, paresseux ou imprévoyant, et c'est lui qui perpétuera l'espèce... Le riche mal constitué, incapable, maladif, jouit de son opulence et fait souche sous la protection des lois. » En un mot, il est douteux que l'organisation sociale réserve toujours ses faveurs aux mieux doués, et proportionne exactement les puissances extrinsèques et transmissibles aux facultés congénitales ; bien plutôt il est à craindre qu'elle ne se prête à la conservation et à la multiplication d'individus qui devraient être éliminés dans l'intérêt de l'espèce, s'il est vrai, comme l'expérience semble le prouver, que le privilège même est l'amorce de la dégénérescence [3].

L'appauvrissement physiologique de la plupart des aristocraties nous a démontré qu'une situation privilégiée, tendant au monopole des divers moyens de défense, abâtardit les races au lieu de les fortifier. Lors même que cette situation serait la conséquence d'une supériorité originelle, elle risque, en passant de génération en génération, de devenir une cause d'infériorité croissante. Elle soustrait à la sélection certaines familles, qu'elle fait survivre aux dépens de l'ensemble. Les phénomènes qui se déroulent alors rappellent de singulièrement près, nous fait-on observer, les effets fâcheux du parasitisme. Quand un organisme vit en parasite d'un autre, c'est le plus faible qui triomphe, sans qu'il y ait amélioration ni d'une espèce ni de l'autre. Tout de même, suivant M. Loria [4], là où les possédants vivent aux dépens des non possédants, ils ne progressent pas, ils n'acquièrent pas de forces, ils en perdent

1 Voir Woltmann, op. cit., pp. 57-60, 258.
2 *Socialisme contemp.,* Appendice, pp. 384-387.
3 Voir plus haut, p. 88.
4 *Probl. soc.,* p. 123 sqq.

au contraire dans l'inaction, tandis que ceux qui les nourrissent en perdent par le surmenage. Quand des classes luttent dans ces conditions, il y a peu de chances pour que les supériorités individuelles, où qu'elles se trouvent, se dégagent, se développent et se propagent, tandis que les infériorités individuelles, où qu'elles se trouvent, s'élimineraient, comme il le faudrait pour le bien de l'espèce. L'excès de l'inégalité économique empêche les inégalités naturelles de se mesurer utilement. Et il semble que tout le résultat d'une distribution aussi disproportionnée des moyens de lutte soit de hâter la dégénérescence par les deux bouts, et aussi bien au haut qu'au bas de l'échelle sociale. Bien loin d'entraîner mécaniquement le progrès, comme dans la nature livrée à elle-même, une lutte ainsi poursuivie ne saurait entraîner, et aussi mécaniquement, que la décadence.

Pessimisme excessif sans doute. Il faut du moins, pour que la lutte pour la vie dans l'humanité produise précisément l'inverse de ce qu'elle produit dans la nature, une sorte de cristallisation des privilèges qui doit se réaliser rarement. Mais il n'importe : un optimisme encore plus paradoxal pourrait seul prétendre que les facultés sociales se trouvent toujours distribuées proportionnellement aux facultés naturelles des individus. Le seul fait de l'accumulation héréditaire des biens rend les disproportions probables. Or, partout où elles se rencontrent, on comprend comment le mécanisme de la civilisation peut, non plus seulement limiter, atténuer ou retarder, mais systématiquement troubler l'opération de la sélection, et maintenir, en les surélevant, des spécimens que la nature aurait indubitablement jetés au rebut.

En résumé, le stock d'armes de toutes sortes que l'humanité accumule et où elle puise pour les différentes espèces de luttes qu'elle doit soutenir, est capable de fausser doublement les résultats bienfaisants qu'on attend de ces luttes elles-mêmes. En tant qu'il est utilisé par tous les membres de la société, il contribue à retarder l'élimination de la majorité même déshéritée des faibles. Bien plus, en tant qu'il est approprié par certaines classes, il tend à assurer, à une minorité privilégiée de faibles, des facilités de survie toutes spéciales. C'en est assez pour conclure que sur ce point déjà, et par la seule interposition des moyens d'action propres à l'humanité, l'opération naturelle de la lutte pour la vie est quasi fatalement

Célestin Bouglé

déviée : et qu'il est vain par suite de lui prêter, dans notre monde social, les mêmes vertus qu'on lui reconnaît dans le monde animal.

III

Effets des fins propres aux hommes. - Plus ils se civilisent, plus tous les ressorts de leur activité sont tendus; conséquences de cette suractivité pour la vie matérielle et spirituelle. - Efforts de la civilisation pour réglementer et atténuer la lutte. La paix par le droit. - Tendance normale et formes variées de l'intervention collective. Jusqu'où pourra-t-elle aller?

Si telle est, sur les conditions de la lutte, l'influence des instruments dont l'homme dispose, quelle peut être celle des fins qu'il se propose? En admettant que ses moyens d'action limitent et troublent les effets du combat, n'allons-nous pas constater que ses mobiles d'action en décuplent fatalement l'ardeur ?

Les hommes, avons-nous dit, ne luttent pas seulement pour la vie, mais pour tout ce qui fait à leurs yeux le prix de la vie. Plus ils se civilisent, et plus s'élève le « minimum » qui leur parait conforme à la nature, car plus aussi leurs besoins se compliquent et se raffinent. C'est dire qu'il n'y a pas de limite à leur ambition. Ils sont des animaux foncièrement insatiables, et par suite perpétuellement inquiets. Sur leurs conquêtes d'hier, ils rêvent à des conquêtes nouvelles, et visent un superflu qui demain leur sera nécessaire. Dans ces conditions, comment pourraient-ils relâcher leur effort? Leurs progrès mêmes ne cessent de les aiguillonner sans merci. C'est ainsi que les sociétés supérieures exaltent tous les désirs de l'âme en même temps qu'elles exploitent toutes les ressources du globe, donnant l'exemple d'une suractivité fiévreuse qui tend, jusqu'à les rompre, tous les ressorts de l'énergie humaine. La civilisation y avive la concurrence, par la nouveauté même et la variété des visions qu'elle fait planer au-dessus de la vie.

Le spectacle a de quoi faire réfléchir. L'universelle mêlée des efforts surtendus effraie. On en arrive à se demander s'il n'eût pas mieux valu, pour la paix de l'humanité, qu'elle se limitât à des besoins plus modestes, quitte à se contenter d'une civilisation moins complexe. On loue les sages de l'Orient, heureux d'une natte, d'une cruche et de quelques dattes.

Mais il faut se souvenir d'abord qu'une civilisation compliquée, si elle avive la concurrence, bien loin d'exiger l'élimination du plus grand nombre, en facilite au contraire la survie. Car il faut qu'une civilisation soit compliquée pour que soit assurée, en même temps que le rendement maximum des forces naturelles, l'application de la plus grande quantité et de la plus grande variété possible de capacités humaines. La multiplication même des besoins décuple l'intensité de la production et spécifie ses organes. Ainsi sont augmentées pour chacun les chances de trouver, en même temps que l'emploi de ses forces, l'entretien de sa vie. Ce sont en un mot les sociétés industrialisées qui sont les plus capables de promettre « de quoi vivre » aux masses les plus nombreuses.

Il faudrait ajouter que ce n'est pas seulement à la vie matérielle, mais à la vie spirituelle qu'elles offrent le plus d'aliments. Quel que soit le mécanisme obscur qui l'explique, c'est une règle, semble-t-il, que la multiplication des tendances et des efforts, - la surexcitation du système nerveux, - seconde l'expansion de l'intelligence. Ce n'est pas seulement la capacité d'adapter les moyens aux fins, c'est la capacité de comparer entre elles et de hiérarchiser les fins elles-mêmes qui se développe au sein des complications de l'existence. C'est là où elles sont portées au maximum que se rassemblent les populations, non seulement les mieux défendues contre la nature, mais encore les plus éveillées à la vie de l'esprit.

Au surplus, la civilisation nous réserve peut-être, pour la surexcitation qu'elle impose aux activités individuelles, une compensation plus précieuse encore : nous savons qu'elle est capable, en même temps qu'elle stimule les activités, de les soumettre à des règles communes; elle s'en servira pour atténuer méthodiquement les coups que les individus se portent les uns aux autres dans leur effort vers une vie meilleure. Que de moins en moins cet effort soit tourné directement contre « le prochain », que de plus en plus, à la lutte à mort, aux formes cruelles et sournoises, brutales on déloyales de la compétition, on en substitue qui développent moins de haine et entraînent moins de souffrances, que tout en assurant au fort les avantages nécessaires on tâche d'éviter même au faible les dommages inutiles, que tout en conservant son aiguillon à la lutte on lui enlève son venin, c'est là un programme que les sociétés

Célestin Bouglé

peuvent réaliser peu à peu en inclinant l'ambition devant l'opinion, et en donnant au besoin, contre les vœux particuliers aux individus, force de loi à leurs vœux collectifs.

Quelle est en effet la première tâche sociale ? le maintien d'un régime de paix entre un certain nombre d'individus. Les grands théoriciens de la politique ont exprimé cette vérité chacun à leur façon : toute société implique, une volonté d'arrêter, à l'intérieur d'un cercle défini, le *bellum omnium contra omnes*. C'est à quoi, suivant eux, sert l'institution du Droit, qui classe les procédés que les associés ne sauraient plus, sans s'exposer à des sanctions déterminées, employer à l'égard les tins des autres. Et sans doute ces théoriciens se sont trompés sur l'origine du droit ; il ne résulte pas d'un contrat ; il se forme peu à peu et s'élargit ou se précise sous la pression des croyances et des habitudes communes [1]. Mais quelle que soit son origine, sa fonction est bien de réduire le champ de la guerre et de constituer comme un enclos de sécurité. En ce sens et s'il est vrai que le combat sans frein et sans merci soit la loi inéluctable de la nature, il faudrait avouer, avec Huxley, que les lois sociales sont précisément faites pour contrarier les lois naturelles [2].

Ce n'est pas à dire sans doute qu'elles éliminent les luttes du monde humain. L'idée même du droit, on l'a justement remarqué [3], implique un conflit de prétentions. Mais elle signifie en même temps que les prétentions du faible vaudront au besoin celles du fort, la discussion devant être substituée à l'agression, et la comparaison des titres au choc des forces. Elle avertit en conséquence que les adversaires-associés ne doivent plus chercher à triompher les uns des autres par n'importe quels moyens. Elle annonce l'intervention d'un pouvoir social, prêt à prescrire certaines conditions aux conflits, à proscrire même certaines de leurs formes ou à limiter certaines de leurs conséquences. Partout en un mot où un droit est établi, certains modes d'action sont interdits d'un commun accord aux membres de la société, comme incompatibles avec l'existence même du lien social.

L'étendue de ces interdictions est d'ailleurs extrêmement variable. Beaucoup des incompatibilités en question ne se révèlent que

---

1 Voir Richard, *L'Idée du droit. Passim.*
2 *Evol. a. Ethics,* p. 31.
3 Richard, op. cit., pp. 160, 10.

progressivement, au fur et à mesure que la conscience collective devient plus exigeante, et comme plus susceptible. C'est ainsi, remarque M. Richard [1], que la vie sociale du sauvage n'est pas détruite par la pratique du cannibalisme ; la vie sociale des sociétés grecques ne fut pas suspendue par l'esclavagisme ; la vie sociale au moyen âge se montra compatible avec la spoliation systématique des cultivateurs au profit de la classe militaire et de la classe théocratique. Dans nos sociétés de pareilles pratiques ne sont plus permises. Non seulement nos codes ne consacrent pas, mais ils prohibent ces formes de la lutte. Nous jugeons que leur présence rendrait l'accord social intenable. Notre idée du droit a gagné en extension en même temps qu'en compréhension. Nous reconnaissons des droits à plus d'hommes, et en même temps nous leur reconnaissons plus de droits. Nous déclarons égaux devant la loi tous les Individus, quelle que soit leur origine et leur profession, qui composent une, société ; et en même temps nous augmentons le nombre des lois destinées à la sauvegarde de l'individu.

Est-ce à dire que nous ayons atteint dès aujourd'hui le maximum des atténuations possibles ? Le régime de la libre concurrence, assurant l'égale liberté des compétiteurs, serait-il, comme beaucoup l'on[pensé, le régime idéal et définitif, auquel on ne saurait toucher sans arrêter l'ascension de tout l'ensemble ? Il est clair que cette forme de la lutte marque un progrès sur les foi-mes antérieures. Impliquant des échanges débattus de produits on de services, elle implique aussi, non seulement l'ajustement des travaux divisés, mais l'obéissance a de nombreuses règles communes. « Elle suppose, dit M. Tarde, en même temps qu'une contrariété partielle des vœux et des efforts des concurrents, une solidarité générale de leurs âmes et de leurs vies » - solidarité, qui s'exprime par un système juridique complexe [2].

Toutefois ce système juridique étend-il assez loin ses filets protecteurs ? A-t-il prévu les répercussions inattendues de la concurrence, non seulement sur le développement de la production en général, mais sur la vie même de telle catégorie de producteurs ? Et au fur et à mesure que ces répercussions, mieux connues, frappe-

---

1 *Ibid.*, p. 66.
2 *L'Opposition*, pp. 378. Cf. Richard, *Socialisme et sc. soc.*, pp. 2-6 (Paris : Félix Alcan).

Célestin Bouglé

ront davantage la conscience collective, ne va-t-elle pas les déclarer intolérables, incompatibles avec le pacte social ? ne va-t-elle pas réclamer, pour y parer, un remaniement du droit qui impose à la lutte des conditions vraiment humaines? La notion de ce qui est « vraiment humain » se complique en effet à mesure que la sensibilité collective s'affine, et peut-être les sociétés futures réprouveront-elles énergiquement les pratiques économiques que nous laissons passer aujourd'hui. Peut-être, - le pouvoir dominateur de l'humanité sur elle-même s'étant accru en même temps que son pouvoir sur la nature, - ces mêmes sociétés réaliseront-elles facilement des atténuations de la lutte qui nous paraissent aujourd'hui radicalement utopiques. « La revendication aujourd'hui générale, remarque Schmoller [1], d'un commerce d'échange, juste paraissait autrefois idéaliste et utopique. On pillait, on volait, on trompait, on se battait sur les marchés, on arrachait les cadeaux... C'étaient les anciennes formes de transmission de la propriété. Il a fallu pour les faire disparaître un travail de civilisation considérable. » Peut-être un travail analogue relèguera-t-Il à leur tour dans l'ombre les formes qui dominent aujourd'hui, et changera-t-il par conséquent du tout au tout les conditions de la concurrence.

Jusqu'où l'humanité. peut-elle aller dans cette vole ? Arrivera-t-elle à domestiquer la guerre an profit de la solidarité, et organisera-t-elle enfin des mécanismes tels que les supériorités deviennent, comme l'espérait Condorcet [2], des avantages pour ceux mêmes qui ne les partagent pas, « existent

pour eux et non contre eux? » Cela dépend sans doute de l'extension que les hommes donneront à leurs pouvoirs et à leurs devoirs, des progrès de leur science et de leur conscience. La seule chose qu'il nous importe à présent de retenir, c'est qu'en poursuivant cet effort, les sociétés démocratiques ne l'ont rien qu'on puisse condamner a priori au nom des lois de la nature. Elles ne font que continuer l'œuvre instituée par les sociétés, du moment où elles sont nées, pour limiter les effets de la nature animale, conformément aux facultés et aux tendances propres de la nature humaine.

*

* *

---

1 *Politique soc.*, p. 281. Cf. p. 271.
2 Cité par Richard, *Social. et sc soc*. Conclusion.

Cette rapide revue des conséquences qui découlent naturellement des moyens et des mobiles d'action spéciaux à l'humanité
nous l'a rappelé en effet : en émergeant dans le milieu humain,
la loi de la lutte pour l'existence déclanche des forces nouvelles,
qui ne peuvent manquer de réagir sur ses formes antérieures. C'est
ainsi que la présence des instruments de toutes sortes que la société prête aux individus, *limite* et même, sur certains points, contrarie directement l'opération sélective de la nature : tandis que la
présence des fins diverses que la société, suggère ou impose aux
individus, d'une part *avive*, d'autre part *règle* les efforts des concurrents, de manière à atténuer leur conflit.

C'est sur l'opportunité de ces différents effets que portent, aujourd'hui les discussions : les uns pensent que la civilisation limite
imprudemment les éliminations ; d'autres qu'elle mitige insuffisamment les combats. Dans l'intérêt du progrès général, les uns
réclament des mesures propres à mieux préserver les élites ; les
autres, des mesures propres à mieux protéger les masses. Mais les
tins et les autres devront convenir que la nature n'offre aucun modèle à leur idéal, et qu'il serait -vain pour le réaliser, de prétendre
« laisser faire » les lois de la nature. Sitôt constituées, les sociétés
usent en effet « d'artifices » et interviennent fatalement dans le jeu
des lois naturelles. En s'efforçant de substituer aux interventions
spontanées des interventions rationnelles, plus conformes à ces
raisons de vivre dont l'humanité prend peu à peu une conscience
plus nette, elles ne font que poursuivre leur évolution propre. Quel
que doive être le succès de cet effort, il faut du moins qu'on cesse
de le déclarer suspect, du haut d'un darwinisme social qui ne s'est
élevé que par d'abusives transpositions d'idées, sur une pyramide
d'équivoques.

Chapitre 3
Libre concurrence et solidarisme

**Position actuelle de la question. Les critiques que l'économie
politique orthodoxe adresse au « réformisme » démocratique
sont-elles justifiées par les sciences naturelles?**

Célestin Bouglé

Il est peut-être plus facile, après les réflexions qui précèdent, de comprendre les questions qui divisent actuellement les esprits. Au moment de l'évolution où nous en sommes, ce sont les efforts de la démocratie pour intervenir, au nom de l'égalité, dans l'organisation économique, qui paraissent le plus inquiétant à ceux qui parlent an nom de la science.

C'est dans ces efforts que la démocratie laisse voir à plein, pensent-ils, sa tendance *antiphysique* : ne cherche-t-elle pas à enrayer systématiquement cette libre concurrence préconisée par l'économie classique, et dont l'étude de la nature vient démontrer invinciblement la nécessité ?

Tels sont les deux points où il nous faut maintenant concentrer notre recherche : dans quelle mesure et en quel sens est-il vrai que l'effort de la démocratie contrarie la concurrence ? dans quelle mesure et en quel sens la concurrence vantée par les économistes correspond-elle à la loi naturelle de la lutte pour la vie ?

*
* *

Ce que nous venons de dire des conditions humaines de la lutte et des règles plus ou moins complexes qui, dans toute société, en canalisent en quelque sorte l'énergie, nous permet déjà de dissiper une première équivoque. Quand on rapproche, pour justifier celle-ci par celle-là, libre concurrence et latte pour la vie, on parait souvent raisonner comme si, sous le régime de la libre concurrence, l'activité des hommes ne devait obéir qu'à des lois naturelles. En réalité il est trop clair qu'elle est soumise à un certain nombre de lois sociales qui lui offrent ou lui imposent une direction, des appuis, des barrières. Soit un homme qui veut prendre part aujourd'hui aux luttes industrielles : pour réaliser les capitaux nécessaires, il fait vendre telle propriété qu'il possédait jusqu'alors indivise avec des cohéritiers, il emprunte et donne hypothèque sur telle autre propriété ; il fonde une société et émet des actions. Toutes opérations qui supposent un nombre considérable de règles et de sanctions juridiquement définies, - un code, une justice, une force publique. Les luttes en question ne se poursuivent donc que par l'intermédiaire d'un certain appareil législatif, qui contient en même temps qu'il soutient les activités individuelles, qui assure le respect de la propriété privée, des droits acquis, des contrats passés. En un mot, le régime de la libre concurrence ne représente à aucun degré un état de nature ; il est un produit de l'histoire, et de la plus récente, une œuvre des lois, et des plus complexes [1].

Le caractère juridique et en un sens « artificiel » de ce régime, les économistes les plus libéraux ne sauraient le méconnaître. Nous venons de mesurer l'immense travail civilisateur impliqué dans la substitution de la concurrence proprement dite aux formes premières du combat. Si les hommes échangent aujourd'hui les choses an lieu tic se les arracher, s'ils passent des contrats au lieu de se donner des coups, s'ils débattent au lieu de se battre, c'est que nombre d'impulsions naturelles ont été mises à la raison. La loi a exercé sa critique et son contrôle sur les conditions de la lutte : elle en a réglementé, les procédés. C'est grâce à cette réglementation que les activités proprement économiques ont pu prendre le pas, dans nos sociétés, sur les activités guerrières.

Que la collectivité organisée intervienne ainsi, par tout un système de prohibitions et de protections, dans les rapports entre individus, personne ne le nie, dira-t-on, et personne ne conteste la nécessité de cette intervention. Mais ce que nous prétendons, c'est que cette intervention a trouvé aujourd'hui sa limite. Elle ne peut aller plus loin sans se heurter en effet au roc des nécessités naturelles. Pour maintenir les libertés égales, que l'État fasse la police, à la bonne heure : mais qu'il ne s'avise pas de faire peser sa force sur la vie économique. Qu'il se borne à assurer la jouissance des propriétés, la liberté des échanges, le respect des contrats. Mais si par malheur, sous prétexte de réaliser une justice plus humaine, il se mêlait de juger les conventions mêmes, de tarifier les salaires, de changer jusqu'aux modes de la propriété, alors tout serait perdu. Pour vouloir trop adoucir les frottements, on risquerait de briser le grand ressort de tout progrès.

Et en effet, à quelque merveilleuses transformations que la civilisation soumette les choses et les âmes, il y a des règles de fer auxquelles son mouvement est obligé de se conformer. La même disproportion entre la quantité illimitée des besoins à satisfaire et la quantité limitée des moyens de satisfaction qui pousse les animaux

---

1 Voir Herkner, Arbeiter fr., p. 152. Wagner, *Grundl.*, II, p. 801. Laaveleye, *Social.*, p. 383.

Célestin Bouglé

les uns contre les autres continue de faire sentir sa pression aux hommes. Leurs moyens se raffinent, il est vrai, et se compliquent à l'infini. Mais du même élan leurs besoins se compliquent et se raffinent. Et comme, en même temps qu'ils deviennent plus exigeants, les membres des sociétés civilisées ne cessent de devenir plus nombreux, il s'ensuit que c'est pour elles une nécessité vitale, de produire le plus et le mieux possible. Or, pour obtenir ce maximum et cet optimum, la concurrence ne demeure-t-elle pas l'aiguillon indispensable [1] ?

N'est-ce pas elle en effet qui force les hommes à produire le plus possible aux moindres frais ? N'est-ce pas elle qui les excite à faire rendre à leurs facultés naturelles tout ce dont elles sont capables ? N'est-ce pas elle enfin qui les classe et les hiérarchise d'après les résultats de ces efforts même ? Une société bien organisée pour l'exploitation humaine de l'univers est une société où chacun peut donner sa mesure et se trouve porté à sa place, où les avantages et l'influence dont chacun dispose sont proportionnels à sa valeur sociale. Or quel meilleur moyen d'assurer cette proportion que de laisser les individus librement concourir, se tailler leurs profits, se forger leur situation ? C'est pourquoi le régime de l'universelle concurrence, qui sauvegarde et respecte les égales libertés, est le mieux fait pour répondre à ces réquisitions auxquelles la civilisation ne peut se soustraire, On peut dire de cet état légal qu'il est vraiment le plus naturel : c'est-à-dire qu'il est le plus propice à la mise en valeur des choses naturelles, aussi bien des ressources de la matière que des facultés des hommes. Parce qu'il garde la lutte pour instrument, il ajuste aussi harmonieusement qu'il est possible les conditions aux qualités, les avantages aux efforts, les produits aux besoins.

I

En quel sens le régime de la libre concurrence, bien loin de représenter un état de nature, est l'œuvre des lois. – Mais tel quel, il serait pour nos sociétés une nécessité vitale, étant le plus propice à la mise en valeur des ressources de la nature et des facultés des hommes. - Déperditions entraînées par « l'anarchie économique ». - La concurrence est-elle indispensable à l'invention ?

1 Voir Beauregard, résumant les arguments classiques, art. cité du *Dict. d'Ec. pol.*

Et de quelles supériorités assure-t-elle la prédominance? - Ce qui fausse dans nos sociétés l'application de la loi darwinienne: en quel sens c'est la démocratie qui prétend universaliser la concurrence.

Que penser de cette espèce d'optimisme pessimiste ? L'expérience montre-t-elle que le système du laissez-faire est en effet le meilleur régulateur de la production, le meilleur excitateur de l'action, le meilleur classificateur des facultés ? -Sur ces trois points les critiques sont venues s'accumuler, depuis le milieu du XIXe siècle, à mesure que les répercussions réelles du système se sont mieux fait sentir.

C'est ainsi qu'on a fait observer que les luttes entre producteurs, entre vendeurs, ou entre vendeurs et consommateurs étaient bien loin d'entraîner toujours et partout, comme la théorie le faisait prévoir, l'heureuse adaptation, aux moindres frais, des produits aux besoins. Une des conséquences naturelles de la concurrence aveugle que se font les grands possesseurs de machines n'est-elle pas la surproduction, avec les brusques avilissements qu'elle provoque et les crises périodiques qu'elle déchaîne ? Dans le même temps et sur d'autres points ne remarque-t-on pas des sous-productions aussi fâcheuses ? La quantité des objets de première nécessité ne reste-t-elle pas dans bien des cas inférieure aux besoins les plus urgents de la masse ? C'est qu'il faut distinguer, tant que la propriété reste privée, entre la « productivité » et la « rentabilité ». Les possesseurs de capitaux cherchent moins à réaliser le maximum d'utilité pour tous que le maximum de profits pour eux. Or il n'est pas vrai que ces deux maxima coïncident exactement. Étant donnée l'extrême inégalité de la répartition, le pouvoir d'achat du grand nombre reste faible ; il n'est donc pas étonnant que les entreprises capitalistes ne mettent pas en œuvre tout ce qu'il faudrait pour donner entière satisfaction aux besoins du grand nombre. Et ainsi, de par les vices de la répartition à laquelle le régime de la libre concurrence donne sa consécration, notre production pèche, ici, par défaut aussi bien que, là, par excès. Au lieu du progrès continu dans l'harmonie, ce sont des déperditions incessantes par « l'anarchie économique [1] ».

1 Voir Andler, *Origines du soc.*, p. 471 (Paris : Félix Alcan). Cf. Landry, *Propr.*

Célestin Bouglé

Dira-t-on que cette anarchie cesse lorsqu'un des concurrents triomphe de ses rivaux ou t'ait la paix avec eux, lorsque d'une façon ou d'une autre, la lutte des tarifs enrayée, un monopole s'établit? Et il est vrai, suivant la remarque de M. Tarde [1], que le monopole parait « naître de la concurrence aussi inévitablement que la conquête résulte de la guerre ». Mais qui pourrait soutenir que la constitution de monopoles tend normalement à hausser le taux de la production et à abaisser le prix des objets ? Bien plutôt les nouveaux rois de l'industrie profiteront de leur situation pour retirer, en faisant la loi au marché, les plus forts revenus possibles de leurs capitaux. Ce sera du « collectivisme au profit d'un seul [2] ». Et l'on ne se sera sauvé de l'anarchie que pour tomber sous le despotisme.

D'ailleurs, indépendamment de la situation que notre organisation économique fait aux producteurs, celle qu'elle fait aux vendeurs n'en traîne-t-elle pas des déperditions indéniables ? Qu'on se représente le nombre excessif de ces « intermédiaires » et les procédés auxquels leur concurrence même les accule : la majoration des prix, et la falsification, quantitative et qualitative, des marchandises ne sont-elles pas les conséquences habituelles et comme normales de ce régime [3] ? On soutient qu'en matière d'achat la masse est bon juge, qu'elle choisira au mieux de ses intérêts entre les concurrents et leur imposera ce « règne du consommateur » qui est le plus rationnel des régimes économiques [4]. On ne voit pas qu'étant eux-mêmes isolés, divisés, insuffisamment organisés les consommateurs restent le plus souvent à la merci de l'exploitation commerciale. Comment soutenir encore qu'un système qui laisse place à tant de gaspillages divers est le mieux fait pour satisfaire, par la multiplication et le raffinement le plus économiques des produits, à la multiplication et au raffinement inévitables des besoins humains ?

On dira peut-être que la libre concurrence, à quelques gaspillages qu'elle aboutisse ainsi, a du moins le mérite de surexciter toutes les énergies de l'humanité. Sans ses coups de fouet combien d'activités

---

indiv, 1re partie, chap. I. Belot, art. cité, p. 208.
1 Psych. éc., II, p. 77, (Paris, Félix Alcan).
2 C'est l'expression de M. Bourgeois au Congrès d'Éduc. *soc.*
3 Voir Gide, *Coopér.,* p. 265 sqq. Tarde, *Psych. éc.,* II, p. 76. Wagner, Grundl., II, p. 811.
4 Voir Beauregard art. cité, p. 529. sqq.

resteraient dormantes ! Combien d'aptitudes en friche 1 Combien d'inventions dans les limbes !

Reste à savoir si l'excitant de la lutte possède en effet toutes les vertus qu'on lui prête, s'il est toujours aussi indispensable, et toujours aussi bienfaisant que parait le croire le darwinisme social. Il faut se souvenir ici que, déjà sur le terrain biologique, la croyance aux vertus créatrices de la lutte paraît avoir beaucoup baissé. La sélection conserve, nous dit-on aujourd'hui, mais ne crée rien [1]. La loi du combat trie entre les variétés préexistantes, mais d'autres forces, dont le jeu est moins visible, ont constitué ces bornes diverses, et mystérieusement préparé les combinaisons de caractères destinées à survivre. C'est la variation, non la lutte, qui est le « facteur primaire » de l'évolution des espèces. Or dans le monde humain c'est a l'intelligence qu'appartient ce pouvoir de varier, d'innover, d'enfanter des combinaisons nouvelles. Ce sont les forces de l'intelligence, activités de synthèse, de coordination, d'alliance qui sont, pour l'évolution humaine, les mères dont parle Goethe, génératrices inépuisables des formes. Et sans aucun doute, la puissance inventive et adaptive de l'intelligence des hommes est surexcitée par la perspective des résultats de leur action Le désir, soufflant sur l'imagination, en fait jaillir plus loin les étincelles. Mais il n'est pas vrai que seul le désir du triomphe, du profit, du gain ait ce privilège. En fait, on l'a remarqué, pour nombre des inventions qui déterminent l'évolution de l'industrie et l'évolution même de la guerre, - l'invention de la charrue, de la boussole, de la poudre, - il serait difficile de démontrer en quoi la pression de la concurrence était nécessaire à leur élaboration. Les idées fécondes se livrent souvent à des esprits qu'aucun instinct de rivalité n'anime. Aussi bien que par la lutte, l'activité de l'homme se surexcite par l'amour et se déploie dans la paix [2].

Au reste, s'il est vrai que la concurrence sollicite en effet et développe bien des énergies qui sans elle seraient restées au repos, y a-t-il toujours lieu de s'en réjouir pour le progrès véritable de l'humanité ? On va répétant que la libre concurrence fait passer an premier plan les membres de la société « les plus aptes » et qu'ainsi,

---

1 Voir plus haut, p. 212.
2 Voir Tarde, *Opposition* (Paris : Félix Alcan), p. 370. *Psych. éc.*, II, pp. 76-87. Cf. Woltmann, op. cit., p. 158.

imitant à sa façon les effets de la lutte pour la vie dans le monde animal, elle perfectionne à n'en pas douter le monde humain. Mais on sait quel nid d'équivoques se cache dans cette formule : le succès *des plus aptes.* Les plus aptes sont-ils toujours les meilleurs ? Déjà, lorsqu'il s'agit du concours des variétés dans l'évolution biologique, les naturalistes reconnaissent aujourd'hui combien il est difficile de faire passer la survivance pour un signe de supériorité abso- lue ; ils avouent que le succès de telles ou telles formes organiques, adaptées sans doute à certaines circonstances particulières, mais déviées, simplifiées, atrophiées, - correspond à une rétrogradation générale de l'espèce. Tout de même, dans l'évolution des sociétés, certaines circonstances particulières peuvent favoriser le succès de tel type d'homme, qui ne dominerait qu'aux dépens du progrès gé- néral. Le régime dont nous venons de rappeler les principaux traits ne se prête-t-il pas, précisément, à des adaptations régressives de ce genre ? S'il est vrai que le trop grand nombre des intermédiaires concurrents les incite à diverses formes de supercherie, ne sont-ce pas les moins scrupuleux qui apparaîtront ici comme les mieux doués ? De même, ne sont-ils pas les plus aptes à tirer parti de notre système économique, ceux qui en exploitent habilement le caractère anarchique, les spéculateurs, les brasseurs d'affaires, les « corbeaux » ? En vain s'acharne-t-on à nous démontrer que partout où il y a commerce, se développe aussi forcément un « al- truisme professionnel » : le commerçant ne veut-il pas avant tout, nous dit-on, servir son prochain, et n'est-il pas amené à refréner beaucoup de ses impulsions en conséquence ? Mais raisonner ain- si, c'est confondre, remarque M. Gide) « la notion de *service* avec la notion de *profit* ». *Sous* notre régime actuel, l'échangiste idéal est celui qui cherche à réaliser le plus grand profit possible, à exploiter les situations. N'est-ce pas surtout des qualités de ruse que doit développer cette « chasse aux dollars » ? Et ne sait-on pas quel cor- tège de démoralisation la royauté de la finance traîne après elle [1] ?

D'une manière plus générale, l'extrême inégalité au milieu de la- quelle se déploie la libre concurrence n'est-elle pas capable de pro- voquer, au haut et au bas de l'échelle, de fâcheuses détériorations des caractères ? Un critique de l'évolutionnisme a représenté avec

1 Voir Gide, discutant Y. Guyot. *Coopérat.*, p. 235 sqq. Cf. Wagner, op. cit., II, p. 812, Herkner, op. cit., p. 154, 65. Belot, art. cité. B. Malon. *Le socialisme intégral*, 2e partie, chap. V.

force ces dangers réunis : « Scindant la société en deux moitiés dont l'une vit de revenus sans grand travail pendant que l'autre est vouée à des alternatives de surmenage et de chômage, elle (la concurrence actuelle) condamne les travailleurs à l'envie haineuse et dispose les jouisseurs à considérer la misère comme une loi inéluctable avec une froide insensibilité. Obligeant l'industrie à chercher des débouchés à tout prix, elle fait de la tromperie sur la qualité la règle de la production, de la fraude la règle du commerce, de l'escroquerie la règle du crédit. Elle fait pis : habituant les hommes à l'idée que tout est à vendre, elle encourage la prostitution plutôt que le mariage, l'exploitation de l'enfant plutôt que l'éducation. Enfin, rendant odieuse à tous les faibles d'esprit une vie si mal défendue contre les risques, elle propage l'alcoolisme chez les hommes incultes et le suicide chez les hommes cultivés. Bref, ce que la guerre est à la morale publique, la concurrence économique l'est à la morale personnelle et à la moi-ale sociale privée [1]. »

Il est donc difficile de soutenir que le régime cri question trie infailliblement, pour les faire primer, les individus les meilleurs, ou fatalement améliore la société en général. Il opère souvent par des sélections à rebours, capables de faire dégénérer tout l'ensemble. Quand bien même il serait démontré qu'il stimule la production des objets utiles, on pourrait l'accuser encore d'entraver, par bien des côtés, la production des âmes moi-ales, de tous les instruments les plus indispensables sans doute au progrès véritable de la société. Et de la sorte, ce que celle-ci gagnerait à l'amélioration des choses, elle le perdrait, et au centuple, par la dégradation des personnes.

Mais d'ailleurs, - et en faisant abstraction des primes qu'il accorde ainsi à des procédés nuisibles en dernière analyse, immoraux et antisociaux - il n'est pas prouvé que le laisser-faire soit la politique, la plus propice a la mise en œuvre des facultés Individuelles. Pour que les hommes soient incités à les tendre de toutes leurs forces, il faudrait qu'ils fussent en effet, en règle générale, classés d'après leur valeur, rétribués d'après les résultats de leur effort. À l'intérieur des organismes, nous dit Spencer [2], il y a concurrence pour la nourriture entre les divers éléments : chacun d'eux en reçoit plus ou moins selon qu'il remplit plus ou moins de devoirs, selon qu'il

---

1 Richard, *Evol.*, p. 274.
2 *Problèmes*, p. 168.

Célestin Bouglé

est plus on moins utile à l'ensemble. Et ainsi la justice naturelle opère la distribution la plus conforme à l'intérêt général. Il importe qu'une règle pareille soit respectée dans les organismes sociaux, pour que tous les éléments y rendent leur maximum d'effet utile. Mais est-il vrai que notre système de répartition respecte cette règle ? Par diverses voies, la richesse détenue n'assure-t-elle pas à ses détenteurs mille pouvoirs sociaux hors de proportion avec leur activité propre ? Les modes de l'appropriation ne permettent-ils pas des accumulations de profits sans rapport avec la peine déployée ? Les plus grands bénéfices reviennent-ils aux efforts les plus utiles ? Le spéculateur ne gagne-t-il pas d'ordinaire plus que l'industriel, le concessionnaire plus que l'inventeur, l'actionnaire plus que l'ouvrier [1] ? Stuart Mill a pu aller jusqu'à dire que la rémunérations dans nos sociétés semblait être le plus souvent en raison inverse du travail. Comment croire, avec une pareille organisation de la répartition, que les concurrents se trouvent justement rétribués et exactement classés d'après le rendement qu'ils auront obtenu de leurs dons naturels ?

Au surplus - Laveleye le faisait dès longtemps observer à Spencer [2] - quelque chose fausse complètement l'application de la loi darwinienne aux sociétés civilisées : « C'est le régime de l'accumulation et de la succession des biens. » Là où une institution quelconque assure aux uns et interdit aux autres, *a priori* et sans concours, certaines situations, comment peut-on parler encore d'universelle concurrence et de sélection naturelle ? On répondra que, dans nos sociétés modernes, il n'y a plus d'ambition interdite *a priori ;* tous les individus peuvent tenter toutes les chances, sans rencontrer d'autres limites que celles de leurs propres forces. La loi ne connaît plus de privilégiés. Mais on sait assez que « le dernier privilège héréditaire », la richesse, produit sur plus d'un point des effets analogues à ceux des privilèges patentés. N'arrive-t-il pas souvent, aujourd'hui, remarque M. de Seilhac, qu'un fils -reçoive, en héritage de son père, l'autorité absolue sur plusieurs milliers d'ouvriers d'usine, la possession, pourrait-on dire, de ces milliers d'ouvriers lit Nous rions de ces enfants de seize ans qui recevaient en héritage, <u>sous l'ancien régi</u>me, le commandement d'un régiment. [3] La trans-

1 Cf. Belot, art. cité, p. 206.
2 Loc. cit., p. 385.
3 *Syndicats, Fédér.*, p. X, XI.

mission des situations par le canal des richesses aboutit pourtant encore a des intronisations aussi peu « naturelles ». S'il n'est pas sûr que l'hérédité physique transmette aux fils la supériorité réelle du père, il est sûr que l'hérédité sociale permet à des fils inférieurs de vivre comme s'ils étaient supérieurs [1].

En ce sens, une société qui fait respecter un pareil régime ne se prive-t-elle pas volontairement du bienfait de la sélection progressive ? Ses lois montent la garde autour de la fortune acquise, du haut de laquelle des générations, même si elles ne sont remarquables que par les qualités perdues, même faibles de corps, même faibles d'esprit, continueront peut-être à narguer « les plus forts, les plus aptes, les mieux doués », pourtant vaincus d'avance. En un mot, l'inégalité des moyens sociaux empêche les facultés personnelles de se mesurer en toute liberté, sans appoints antérieurs. Elle entretient malgré tout des différenciations de classes, qui pèsent sur la répartition des avantages et des fonctions. Dans une société ainsi différenciée, il est paradoxal de soutenir que règne la « libre concurrence » : l'inégalité rend cette liberté même illusoire.

Si tel est bien l'esprit des critiques adressées au laisser-faire actuel, on commence a mieux comprendre à quoi tend, lorsqu'elle réclame le droit d'intervenir dans l'ordre économique, la volonté de la démocratie. On lui reprochait de méconnaître les nécessités de la production et les données de la nature, d'oublier et les besoins toujours croissants des hommes, et leur paresse toujours menaçante, et surtout leur éternelle inégalité. Elle peut répondre qu'en rectifiant l'organisation actuelle de la concurrence, elle se propose précisément de régler la production pour la mettre à la hauteur des besoins de toits, de proportionner les rétributions aux activités de manière à stimuler tous les efforts, d'accorder enfin aussi exactement qu'il est possible les fonctions et les situations aux talents naturels. En quoi faisant, elle ne nie nullement ce qui subsiste de l'état de nature dans toute civilisation, à savoir que les hommes naissent et demeurent inégaux et rivaux. Il y a du vrai dans le paradoxe de Grant Allen [2] : « Tous les hommes naissent libres et inégaux. Le but du socialisme est de maintenir celle inégalité naturelle et d'en tirer le meilleur parti possible. » Et en effet nous ne proclamons

---

1 Voir plus haut, pp. 102-110.
2 Cité par Vandervelde, *Collectivisme,* p. 235. Cf. Ferri, *Socialisme,* p. 25 sqq.

Célestin Bouglé

pas, dira-t-on, l'égalité des facultés, ce qui serait contraire aux faits naturels ; nous ne demandons même pas l'égalité des résultats, puisqu'elle risquerait d'engourdir l'activité de beaucoup ; l'égalité que nous réclamons est celle des moyens d'action, destinée à permettre l'entier déploiement des facultés diverses. C'est sur ce point que tombent d'accord tous ceux qui opposent, aux conséquences du libéralisme économique absolu, l'idéal de la démocratie [1] : nous voulons plus d'égalité « au point de départ » dans les « possibilités », dans les « conditions extérieures de la lutte ». Annulons tous ces handicaps qui faussent les résultats de la course. Ce qui ne veut pas dire, certes, que pour égaliser les conditions du concours, il faut que les hommes concourent désormais nus et livrés à leurs seules ressources naturelles. Ce serait laisser perdre, de gaieté de cœur, les capitaux de toutes sortes accumulés par des siècles de civilisation. Mais il importe que chacun soit assuré d'une participation minima à ces trésors collectifs, qui lui permette la mise en valeur de ses puissances individuelles. Ainsi seulement, sans rien abandonner des conquêtes de l'humanité, utilisera-t-on pleinement tous les dons de la nature.

Par où l'on comprend que les protestations de la démocratie, lorsqu'on l'accuse de contrarier l'évolution : elle prétend travailler au contraire à garantir le libre jeu des mêmes tendances qui ont entraîné le progrès des espèces. Elle est bien loin de supprimer la concurrence, s'il est vrai que ses efforts « tendent à assurer à tous les membres de la société, sans exception, le droit de prendre part à la lutte pour la vie avec des moyens égaux [2] ». De même, s'il est vrai qu'en égalisant les conditions du concours, elle ne nie pas les supériorités, mais s'efforce seulement de substituer les supériorités réelles aux supériorités fictives, elle est bien loin d'entraver la sélection. En réorganisant la répartition pour que chacun soit rémunéré et classé suivant ses oeuvres, pour que le produit intégral de son travail revienne an travailleur, pour que le maximum d'avantages soit réservé aux unités sociales les plus utiles, en essayant en un mot de contre-balancer le poids des injustices de l'histoire, c'est elle qui cherche à réaliser dans les sociétés cette justice naturelle dont parlait Spencer, seule respectueuse, en même temps que des

1 Voir H. Michel, *Doctr. pol.*, p. 48. Durkheim, *Division sociales du travail*, livre III, chap. II. Wallace, *Studies*, II, pp. 515, 521. Cf. *Volksdienst*, passim.
2 Voir Kidd, *L'Évol. soc.*, p. 140.

droits individuels, de l'intérêt collectif.

II

Interprétation plus profonde des tendances démocratiques. Le «solidarisme»: quels aspects de la réalité et de l'idéal il met en lumière. - Le droit au produit intégral du travail; pourquoi il est impraticable et insuffisant: caractère collectif de la production. - Théorie de la dette sociale. Utilité supérieure des « socialisations du droit »; la volonté de vie commune, le droit à la vie. - Les « plus aptes » au sens humain.

Lors donc qu'elle proclame « à chacun suivant ses oeuvres », la démocratie ne demande rien qui ne soit conforme aux enseignements de « la justice selon le darwinisme [1] ». Travailler a ce que tous les individus soient mis à même de se mesurer, et à ce que les avantages dont ils jouissent soient proportionnés aux services qu'ils rendent, c'est sans doute le moyen d'assurer, pour le plus grand bien de l'ensemble, le triomphe des meilleurs.

Mais est-il vrai que cette formule de la justice, qui semble satisfaire à la fois l'individualisme et à l'utilitarisme social, exprime exactement la pensée dernière, le vœu intime de la démocratie ? N'apparaît-elle pas plutôt, dans la dialectique des aspirations égalitaires, comme une concession provisoire, un compromis, une sorte de pis-aller ? Peut-être, lorsque les défenseurs de ces aspirations s'attachent à montrer qu'elles ne contrarient en rien les tendances de la nature, cèdent-ils au plaisir de suivre leurs adversaires sur le terrain que ceux-ci ont choisi et de les battre avec leurs propres armes : « Vous prétendez, semblent-ils dire, que le nouveau naturalisme justifie votre libéralisme traditionnel. Mais en réalité, dans les sociétés humaines, pour que les individus concourent à armes égales, il faut des interventions incessantes de la collectivité. C'est donc nous qui marchons dans le sens du progrès naturel ».

Mais nous savons qu'il faut se défier de ces arguments retournés. Il est vraisemblable que les sociétés démocratiques, en prenant une conscience chaque jour plus nette des conditions humaines de la lutte pour la vie, conçoivent le progrès à leur manière et cherchent

---

1 C'est l'expression de M. Novicow, *Annales de l'Institut de soc.* Tome I.

Célestin Bouglé

à imposer un certain sens à l'évolution. Ne semblent-elles pas spécialement préoccupées aujourd'hui de faire une plus large place à la « solidarité » ? C'est le mot qui passe et repasse dans toutes les discussions morales et sociales du temps présent. Essayons de dégager les constatations et les revendications qui se cachent derrière ce mot ; à quel progrès de la science et de la conscience sociale elles correspondent ; quels aspects de la réalité et de l'idéal elles mettent en lumière. Nous comprendrons peut-être en quel sens et pour quelles raisons les formules de justice sur lesquelles s'accordaient le libéralisme économique et le naturalisme devaient paraître insuffisantes à la démocratie.

Et d'abord, on aperçoit aisément, d'un simple coup d'œil jeté sur le mécanisme de la production dans nos sociétés, combien le programme qui prétend attribuer au travailleur le produit intégral de son travail serait difficile à réaliser. Le sens négatif de ce programme est clair. On comprend ce qu'il tend à détruire. Il vaut contre « les frelons », contre ceux à qui la richesse vient en dormant ou qui n'ont eu, pour la posséder, que « la peine de naître ». C'est contre ceux-là qu'on répète le cri de saint Paul : *Qui non laborat nec manducet.* Mais, s'il menace ainsi tous les « revenus sans-travail », est-ce à dire que ce principe ait une valeur positive, une vertu édificatrice, et qu'on en puisse déduire une organisation de la société telle, que ce qui reviendrait en effet à chaque individu serait déterminé et mesure par son travail propre ? Dans ce qu'on appelle le produit de son travail, ne faut-il pas reconnaître l'action de forces, matérielles ou immatérielles, qui dépassent singulièrement son effort personnel ? Ne faut-il pas distinguer la part de la nature, des instruments, de l'ordre social lui-même ?

Et en effet, ce n'est pas son produit tel quel que le travailleur réclame. Dès le moment ou le travail s'est divisé pour le plus grand perfectionnement de la production, la vie ne se soutient que par l'échange. Ce que l'individu entend obtenir pour la satisfaction de ses divers besoins, c'est la valeur, elle-même monnayable en produits divers, du produit qu'il a lancé dans la circulation. Mais, en fait, cette valeur dépend-elle de ses seuls efforts ? Ne varie-t-elle pas suivant que l'objet est plus ou moins demandé ? Et les variations de la demande à leur tour ne sont-elles pas fonctions d'un nombre considérable d'occurrences où l'individu n'a pas la moindre part ? On cite d'ordinaire, comme l'exemple classique des créations de valeurs dues « au hasard », la hausse imprévue du prix de certaines propriétés, sans la moindre participation du propriétaire, sur certains points où la population afflue, où de nouvelles voies de communication s'établissent, où la densité et la mobilité sociales augmentent [1]. Mais il faut savoir que, toutes proportions gardées, ces plus-values d'origine sociale sont la règle et non l'exception [2]. Alors même que tout ce qu'il y a d'utilisable dans l'objet, sa valeur d'usage, serait l'œuvre propre de l'individu qui l'offre, la valeur que cet objet prend sur le marché, sa valeur d'échange, ne saurait être œuvre personnelle.

D'ailleurs, comment soutenir que même la valeur d'usage d'un objet puisse être oeuvre purement personnelle ? Encore faut-il faire entrer en ligne de compte, d'abord, les matériaux que l'homme a pu ouvrager. Toute production humaine n'est qu'une transformation de ressources naturelles. Plus ou moins indirectement, tous les objets que nous utilisons sortent des entrailles de la terre. Tous contiennent une « parcelle du sol [3] ». Cette parcelle, quelque métamorphose que mon travail lui ait fait subir, continue d'être une partie constitutive de la valeur des objets qui sortent de mes mains.

Mais, de plus, est-ce jamais de mes seules mains que ces objets reçoivent l'empreinte ? Pour que les facultés de l'individu transforment la nature, ne faut-il pas qu'elles soient secondées par des instruments de toutes sortes, et dont la part d'influence s'élargit à mesure que la civilisation se raffine ? En ce sens, on a pu dire [4] que l'inventeur de la charrue ou du métier à tisser continue de labourer ou de tisser aux côtés des paysans et des artisans d'aujourd'hui. Mais, autour de noire ouvrage quotidien, ce ne sont pas seulement quelques grandes figures d'inventeurs qu'il nous faut nous représenter ; c'est la foule anonyme de ceux qui ont préparé, parachevé ou propagé leur invention même ; ce sont les courants d'idées, ce sont les vagues de civilisation qui les ont portés. Il faut nous souvenir en un mot que les appareils que nous manions, legs des efforts accumulés et entremêlés d'inconnus innombrables, sont bien des œuvres collectives ; à chaque fois que nous les utilisons peur

1 Voir Belot, art. cité, p. 218.
2 Voir Hobson, *Soc. Probl.*, livre II, chap. VI : *Society as Master of « Values »*.
3 Andler, Introd. au livre de Menger, *Prod. intégr.*, p. XXXVII.
4 M. Fouillée.

Célestin Bouglé

façonner quelque oeuvre nouvelle, c'est toute une société qui collabore avec nous.

Au surplus, et indépendamment de cet outillage social, chaque jour plus compliqué, par l'intermédiaire duquel nous agissons sur le milieu naturel, faut-il rappeler que partout où il y a efforts associés, tâches spécialisées, coopération complexe, l'objet produit en commun dépasse ce qu'aurait donné une addition pure et simple d'objets produits à part ? Tous ceux qui ont analysé les effets de l'organisation du travail l'ont remarqué : la mise en commun des forces individuelles engendre une force totale plus grande que leur somme. Quelles qu'en soient les raisons diverses, - économies de temps et d'espace, entraînement et adaptation réciproque des efforts, - la combinaison des travaux augmente leur efficacité. « En agissant conjointement avec d'autres dans un but commun et d'après un plan concerté, le travailleur, dit Marx, efface les bornes de son individualité. » Des forces se dégagent, qui naissent de la coopération même; des valeurs sont créées, dont l'origine est proprement sociale.

Si ces diverses considérations sont exactes, on comprend combien doit sembler paradoxale toute explication purement individualiste de la création des valeurs. Spencer, s'élevant avec force contre toute tentative de « nationalisation », prétend que c'est tout au plus si la collectivité pourrait légitimement revendiquer un droit éminent sur le sol vierge et brut, tel qu'il était avant l'intervention du travail humain, toutes les transformations qu'il a subies, toutes les richesses qu'on en a extraites étant l'œuvre des individus [1]. Mais au contraire on voit combien il est difficile à l'individu de dire : « Cette richesse est mon œuvre. Ceci est à moi ; car ceci vient de moi. » En réalité nos activités sont inextricablement mêlées; et ce mélange même fait leur fécondité. Nul ne peut se vanter d'avoir forgé seul une valeur quelconque. La société lui fournit le fer et les marteaux, aussi bien qu'elle lui procure les commandes. En face de cet apport social, l'apport individuel est peu de chose, et il est en tous cas bien difficile à discerner. (Si on évalue à 1 000, dit M. Bellamy [2], le produit du travail de chaque homme, il y a 999 parties de ce travail qui sont le résultat de l'héritage social et des circons-

1 Cité et discuté par Hobson, loc. cit., p. 141 sqq.
2 Cité par Kidd, *Évol. soc.*, p. 256.

tances environnantes.) « Rechercher la part du travail individuel dans titi produit social, dit M. Vandervelde [1] c'est, « dans la majorité des cas, vouloir retrouver une aiguille dans une meule de foin ».

Quels sentiments éveillent ces constatations ?

C'est d'abord le, sentiment de, la dette sociale, qui pèse sur tous les individus. Nous ne pouvons façonner un objet quelconque, nous ne pouvons développer, en quelque sens que ce soit, les facultés nécessaires à la transformation des choses, nous ne pouvons entretenir enfin notre vie même, matérielle et spirituelle, nécessaire au développement de ces facultés, sans puiser dans l'immense réservoir que des siècles de civilisation ont rempli. Rien qu'en vivant, en absorbant la première nourriture du corps et de l'esprit, nous avons contracté des dettes. Et ce sont des dettes encore que le livre et l'outil mis à notre service par l'école et par l'atelier.

Et ainsi plus nous avancerons dans la vie, remarque M. Bourgeois [2], plus nous sentirons croître notre dette, car chaque jour un nouveau profit sortira pour nous de l'usage de l'outillage matériel et intellectuel créé par l'humanité. Dans ces conditions, n'est-il pas légitime que la société nous impose de nous libérer par notre activité même, et prélève sur les résultats de cette activité un tribut proportionnel à notre profit ?

Et sans doute le genre de constatations qui a fait surgir devant nous l'idée de cette dette nous interdit la recherche d'une proportion exacte pour chaque individu. Nous savons que tous se tiennent et que tout se mêle, et que, dans ce perpétuel échange d'influences qui constitue la vie, rien n'est plus malaisé que de démêler ce qu'apporte et ce que reçoit chacun, de fixer sa créance et sa dette. Le bilan individuel est à vrai dire impossible à dresser. « Il est impossible à qui que ce soit sur la terre de faire le compte de qui que ce soit [3]. » Toutefois, du milieu même de cette impuissance, une réflexion se dégage, qui s'impose à l'attention et commande à l'action ; et c'est qu'en matière de dette sociale il existe des classes. C'est que s'il est impossible d'évaluer dans le détail ce que doit tel ou tel individu, il est impossible aussi de méconnaître que, dans l'ensemble, telle catégorie d'individus doit singulièrement plus à la société que telle

---

1 Op. cit., p. 194.
2 *Solid.,* 3e édition, p. 119.
3 *Ibid.* Appendice.

Célestin Bouglé

autre. Si l'outillage social est indispensable à tous les hommes, ils en jouissent très inégalement. Ils peuvent en tirer d'autant plus de profit, en somme, qu'ils possèdent des moyens d'action plus puissants et plus variés, qu'ils disposent d'un capital plus considérable. Mais quant à ceux qui ne possèdent « que leurs bras », qui n'ont de moyens d'existence qu'autant qu'ils trouvent du travail, et qui ne trouvent du travail qu'autant que leur travail accroît le capital, peut-on soutenir que leur dette est de même importance ? N'est-il pas des circonstances où elle devient une quantité négative ? Dette le livre, nous disiez-vous, et dette l'outil. Mais le livre, on nous l'a arraché des mains avant que nous ayons eu le temps de l'achever ; l'usine nous a enlevés à l'école et nous enlève au foyer. Quant à l'outil, il a grandi, il s'est perfectionné, mais il ne nous appartient plus. C'est par nous, non pour nous que la machine travaille. Collective de sa nature, elle reste propriété individuelle. Et des appropriations de ce genre condamnent toute une classe à une vie précaire, perpétuellement menacée, oscillant de l'épuisement du surtravail à l'angoisse du chômage [1]. S'il en est ainsi, il faut bien reconnaître que l'outillage commun ne rapporte pas les mêmes profits à tous. Si nous naissons tous, créanciers et débiteurs de la société, il faut reconnaître que le rapport de la créance à la dette varie singulièrement suivant la classe où nous naissons. « Il y a des débiteurs éternellement insolvables, des créanciers éternellement, impayés. [2] Les comptes sociaux ne seront vraiment réglés que le jour où entre ceux qui ont trop et ceux qui n'ont pas assez, entre privilégiés et déshérités, la société sera intervenue pour établir l'équilibre [3].

La solidarité même qui se manifeste dans la production, la nature spécialement sociale de certains avantages et de certains risques fournit à ces interventions une base d'opérations toute trouvée. N'avons-nous pas vu qu'il existe dans toute société des capitaux collectifs, et qu'il se produit des générations de valeurs qui ne sont l'œuvre propre d'aucun individu ? Il y a de même un certain nombre de fléaux, comme la maladie et la vieillesse, comme les accidents du travail et le manque de travail, dont l'action dépend moins des volontés individuelles que des fatalités naturelles ou

1 Voir plus haut, livre II, chap. III.
2 Bourgeois, op. cit., appendice II.
3 Voir dans le *Congrès d'éduc. soc.*, les discussions qui ont déterminé en ce sens l'évolution du solidarisme.

des défectuosités de l'organisation sociale. N'est-il pas légitime que ces avantages et ces risques soient « mutualisés » ? Les accroissements de richesse, qui sont le fait de la collectivité entière, ne devraient-ils pas revenir à la collectivité, entière ? Et n'en devrait-elle pas profiter pour assurer les individus contre ces risques qui sont indépendants des efforts individuels ?

Et qu'on ne dise pas que de pareilles « socialisations du droit [1] », mettant à la charge de la société, comme autant d'obligations strictes, tant de mesures d'assurance et d'assistance mutuelles, seraient directement contraires à l'intérêt bien entendu de l'ensemble. D'abord, dans un grand nombre de cas, il est trop clair que l'assistance est mi placement : elle entretient des êtres provisoirement ou momentanément inutiles, mais capables de devenir ou de redevenir utiles à leur tour. Lorsque la société soutient la femme qui va enfanter, recueille, l'enfant, relève le malade, ce sont des forces sociales qu'elle sauvegarde [2].

Toutes les réglementations du travail, destinées à maintenir des conditions hygiéniques ou à prévenir les accidents dans les ateliers, répondent à la même préoccupation. « Une législation protectrice de l'individu et soucieuse de son développement » n'est-elle pas « orientée vers la défense et la mise en œuvre de toutes les richesses contenues en germe dans l'être humain ? » En ce sens, ne poursuit-elle pas précisément la fin dont se réclamaient les apologistes de la concurrence ? Elle veille à ne laisser perdre aucune énergie, à les faire valoir toutes autant qu'il est possible. Ses mesures « philanthropiques » peuvent être ainsi présentées, pour l'ensemble social, comme autant de mesures utilitaires [3].

Mais il faut penser à une utilité plus haute. Quand bien même, dans la masse des êtres secourus ou protégés, il se trouverait en effet des faibles, dont la vie prolongée ne rapportera sans doute jamais à la société ce qu'elle aura dépensé pour eux, il serait encore de son intérêt bien entendu d'engager ces dépenses. Et en effet il importe que les sociétés n'oublient pas quels sentiments sont nécessaires à leur cohésion. La productivité économique elle-même

---

1 Voir les explications de M. Charmont sur cette expression. *Revue de Métaph.*, 1903, p. 380 sqq.
2 *Belot, Confér. cit. (Morale sociale,* 120 sqq.).
3 Millerand, Social. *réform.*, p. 10.

Célestin Bouglé

serait menacée si les individus ne gardaient la volonté profonde de « tenir ensemble », de faire œuvre commune, de continuer l'association.

Or à quelles conditions s'entretiendra cette volonté de vie sociale ? Il semble qu'il y faille désormais, dans une civilisation « réfléchie » comme la une un minimum de droits garantis à tous les membres quels qu'ils soient de l'association, ou, comme on dit encore, le respect des clauses implicites du quasi-contrat social [1]. Quelles conclusions pratiques vont se dégager, sous le rayon de cet idéal, des faits que nous avons reconnus ?

Le contrat social n'est qu'un mythe : les individus que relie, de génération en génération, la solidarité des services échangés n'ont sans doute point débattu, à l'origine, les conditions de cet échange ; mais tout le monde conviendra aujourd'hui que tout devrait se passer, dans la société que nous formons, comme si chacun de nous avait consenti à ces conditions. Or, s'il est vrai que nous avons à compter avec un nombre croissant d'avantages et de risques d'origine collective, il est vraisemblable que des êtres raisonnables, au moment de fonder aujourd'hui une société, commence raient par poser en principe la mutualisation de ces risques comme de ces avantages. D'un commun accord ils jugeraient absurde d'attribuer la plus grande partie des bénéfices à quelques-uns, de laisser retomber toutes les charges sur les autres. lis jugeraient légitime, devant l'accumulation des biens obtenus par la collaboration de tous, qu'une part en fût réservée pour assurer, même aux faibles, « victimes du sort », le minimum indispensable à la vie. Ils estimeraient qu'à laisser tels de ses membres mourir de faim, à côté de ses richesses collectives croissantes, leur association se blesserait elle-même, dans ses titres au concours de tous. Ne répète-t-on pas que c'est le spectacle le plus démoralisant et le plus décourageant qu'un vieillard qui meurt de misère, après une vie de labeur [2] ? Secouru, il ne *rendra plus* rien sans doute. Mais la société *lui ! doit,* et si elle n'acquitte pas cette dette, elle se fait tort ; le préjudice le plus grave retombe sur elle : elle laisse se perdre et comme s'évaporer, des consciences qu'elle assemble, cette dose de confiance mutuelle,

---

1 Voir les ouvrages cités sur la solidarité et l'article de M. Andler, *Revue de Métaph.*, 1897, pp. 520-530.
2 Voir Belot, *Confér. cit.*, p. 128.

et par suite d'entrain au travail, sans laquelle toute volonté de vie commune se dessèche et se détend.

On comprend donc en quel sens refuser l'assistance sociale aux individus, ce serait aujourd'hui porter atteinte à la communion sociale elle-même. Il arrive un moment où, sous la poussée des transformations constitutionnelles que nous avons rappelées, par le double mouvement de la spécialisation croissance et de la croissante complication, les croyances communes, assises sur l'homogénéité et l'unanimité des groupes, perdent de leur consistance séculaire et de leur empire indiscuté [1]. Ce sont les droits de l'individualité qui gagnent à cet ébranlement. Au milieu des ruines des anciennes traditions impératives, la statue de la personne humaine se dresse, et devient à son tour le centre d'un culte, du seul qui désormais puisse s'imposer à tous. Le respect des personnalités est aujourd'hui le pilier de la morale sociale.

C'est ce qu'un historien des idées reconnaissait récemment à sa façon, en proclamant que le véritable patriotisme des temps modernes, c'est le libéralisme [2]. Formule très exacte, à la condition d'entendre par libéralisme non le classique laisser-faire qui permet aux fils d'une même nation de s'écraser les uns les autres, mais un effort pour y organiser enfin la vie économique elle-même, de telle façon qu'aucune personne n'y puisse être traitée en chose.

On le voit : au fur et à mesure que se déroule, au contact des faits, l'argumentation de la démocratie, de nouveaux aspects de son idéal apparaissent en pleine lumière. Pour justifier les mesures de solidarité sociale, ce n'est plus seulement le droit au produit du travail qu'elle invoque, c'est le droit à la vie. Ce n'est plus sur la puissance causale de l'individu qu'elle insiste, et sur la nécessité de lui rendre le fruit légitime de ses oeuvres ; c'est sur sa valeur finale, et sur la nécessité de lui prêter les moyens indispensables à son développement. Il importe, si l'on veut dégager le sens de l'effort démocratique, de ne pas laisser ce dernier thème dans l'ombre : il révèle peut-être l'espérance la plus intime de la masse. Qu'on prête l'oreille aux doléances des prolétaires, et on le distinguera presque toujours, à côté de celui que nous avons mis d'abord en vedette. Ils ne s'indignent pas seulement en effet d'être réduits à la misère

---

1 Durkheim, Division *du travail social*. Livre I, chap. III-VII (Paris, Félix Alcan).
2 Faguet, *Le Libéralisme*, p. 281.

Célestin Bouglé

quand ils sont, pensent-ils, les vrais créateurs de la richesse gé-nérale, et de rester les plus dénués, eux qui sont les plus utiles. Ils se plaignent encore que, fussent-ils les moins utiles en effet, tant d'êtres humains ne puissent avoir leur juste part de cette oeuvre collective qu'on nomme la civilisation, et dont le bienfait devrait se répandre sur tous. Que donc le maximum d'avantages reste réser-vé aux plus forts, si cela est nécessaire pour stimuler leur activité dans l'intérêt de la production générale. Mais qu'un minimum du moins reste assuré même aux faibles. C'est le seul moyen, dans une civilisation où toutes les activités individuelles sont si intimement emmêlées, de garantir les consensus indispensables, eu d'entrete-nir au coeur du peuple ce sentiment, que la vie sociale vaut la peine d'être vécue.

De ce point de vue, on comprend que la démocratie ne demande plus seulement une extension ou une réglementation, mais vrai-ment une « atténuation » de la lutte [1]. Son idéal ne se réduit plus à ce que toutes les facultés naturelles soient également admises à la concurrence et justement classées suivant leur valeur sociale. Elle souhaite encore que, si les conséquences de ce régime sont funestes à la majorité et vraiment inhumaines, on fasse tout le pos-sible pour les enrayer. Elle ne réclame plus seulement qu'on sup-prime les anciennes barrières prohibitives, mais s'il le faut, qu'on dresse de nouvelles barrières protectrices. S'en tenir strictement au droit au produit intégral du travail, c'est encore laisser passer, tout codifié qu'il soit, le droit du plus fort ; jusque sous les règles du concours, la guerre teste la loi de la vie [2]. Et l'intérêt social le plus manifeste commande sans doute - en attendant de nouveaux progrès de l'organisation économique et des dispositions morales, - la conservation d'un système de primes aux supériorités, desti-né à obtenir le rendement maximum des facultés naturelles. Mais l'intérêt social bien entendu exige aussi et exigera de plus en plus, à mesure que la conscience sociale sera plus réfléchie que la force se déploie pour les faibles et non contre eux, que la supériorité, quelle qu'elle soit, loin d'asseoir des privilèges, pour ceux qui la possèdent, sur la misère du grand nombre, « devienne un avantage pour ceux-mêmes qui ne la partagent pas ».

---

1 Voir Richard, *Social. et sc. soc.* Introduction et Conclusion.
2 Cf. Elie Halévy, *Hodgskin*, p. 203.

Par où l'on voit en quel sens la démocratie spécifie les formules que le naturalisme, nous l'avons observé, laissait indéterminées.

De quels êtres peut-on dire, demandions-nous, qu'ils sont les plus forts, les plus aptes, les meilleurs ? Cela dépend des milieux, de leur pression, et comme de leurs demandes. Or la demande des sociétés démocratiques est claire. Il leur faut sans aucun doute, pour les faire vivre et progresser, des peuples d'hommes forts, forts par le corps et l'esprit ; mais il leur faut encore et surtout des forts qui n'abusent pas de leur force, qui sachent la consacrer au service de tous, et en limiter quand il le faut les exigences par le souci des droits des faibles, - des hommes forts par la conscience. Et c'est pourquoi « les plus aptes » sous un pareil régime, ceux dont il faudrait souhaiter par-dessus tout que le type allât en se multipliant, seraient en effet « les meilleurs » au sens humain du mot, les individus capables d'accepter allègrement tous les devoirs de la solidarité. En ce sens, et si l'on veut continuer à professer que les impulsions vraiment naturelles sont celles qui nous poussent à lutter les uns contre les autres, sans souci des contre-coups de la lutte, il faut convenir que la démocratie ne se borne pas à assurer le libre jeu des lois de la nature : elle nous incite à les dépasser.

*

* *

Et sans doute le « solidarisme » contemporain ne présente pas toujours les choses ainsi. Il prétend se poser à son tour en morale « scientifique », appuyée à des inductions naturalistes. Il insiste sur les exemples d'assistance mutuelle et de consensus intime que la nature multiplie, tant dans les sociétés animales proprement dites, que dans les sociétés cellulaires qui sont les organismes. Il conclut qu'en établissant de la sorte, que « le progrès n'a jamais été réalisé que par l'association des forces individuelles et leur harmonieuse coordination, les sciences naturelles constituent non seulement la plus haute philosophie, mais la seule capable de fournir aux gouvernements les lumières nécessaires pour sonder et guérir les plaies profondes du temps présent [1] ».

Et nous avons reconnu [2] qu'il n'est pas indifférent, en effet, d'attirer l'attention sur la face altruiste de la nature. Le darwinisme

1 Perrier, cité par Bourgeois, *Solid.*, p. 60.
2 Voir pp. 225-229.

Célestin Bouglé

commun n'en mettait en relief que les duretés. Il semblait légitimer l'égoïsme, en nous le démontrant quasi nécessaire au progrès de l'être.

Il est de bonne guerre d'utiliser, contre cette nouvelle « dogmatique », les faits de toutes sortes que nous avons recueillis lorsque nous avons circonscrit le champ de l'hypothèse darwinienne. En nous rappelant que son effort n'est pas tout à fait sans précédent et que la nature même, par certains côtés, la met sur la voie d'un progrès moins cruel, ils sont propres à encourager l'humanité : elle se sent ainsi soutenue et comme autorisée dans ses essais. Elle peut dès lors cesser de concevoir un antagonisme irréductible entre le « processus cosmique » et le « processus éthique » ; celui-ci lui apparaît plutôt comme une tentative pour dégager, et pour hausser à la direction du monde certaines tendances de celui-là, aussi naturelles que leurs concurrentes, mais souvent opprimées par elles.

Mais combien aussi la constatation de pareils faits serait insuffisante pour la constitution d'une morale, nous ne l'avons pas dissimulé. Il est trop clair et que la nature donne d'autres leçons que des leçons d'assistance mutuelle ou d'harmonie spontanée, et que l'interdépendance naturelle des êtres, que nous traduisons par l'expression morale de solidarité, est loin de leur répartir toujours les biens et les maux conformément à la justice. Il a fallu l'avouer : la solidarité de fait est le plus souvent « ajuste ». Et que nous soyons aussi intimement unis que les cellules d'un même corps, cela ne suffit pas encore à nous apprendre comment nous devons nous traiter les uns les autres [1].

En réalité, s'il émeut aujourd'hui les âmes, la force persuasive du solidarisme lui vient d'ailleurs. Et loin qu'il l'emprunte à des analogies naturalistes, c'est bien plutôt en attirant l'attention sur les conditions humaines du progrès qu'il force la conscience publique à réfléchir. De plus en plus, à mesure que la division du travail se raffine et se complique, nos activités s'entremêlent intimement : de plus en plus, à mesure que la civilisation multiplie les moyens d'actions extérieurs à l'individu, la part qui revient à celui-ci est malaisée à délimiter strictement. D'autre part, plus nos sociétés deviennent « conscientes », plus nous attachons de prix à la vie spirituelle, à la dignité morale, à l'égalité essentielle des individus,

1 Voir *Philos. de la solid.*, p. 10 sqq. (Paris, Félix Alcan).

et plus nous reconnaissons qu'une société s'aliénerait fatalement aujourd'hui le respect de ses membres si elle ne faisait effort pour garantir à chacun d'eux les droits primordiaux de la personne humaine.

En un mot on peut affirmer que de plus en plus notre production prend un caractère collectif et notre morale un caractère individualiste.

C'est entre ces deux affirmations que le solidarisme jette une arche ; c'est sur ces deux piliers qu'il édifie, pour les sociétés modernes, la déclaration des devoirs.

Il est donc vrai que c'est l'individualisme qui fournit son nerf moral au solidarisme, mais un individualisme décidément rectifié par, ce que M. Renouvier appelait « l'idée sociale, » elle-même fortifiée chaque jour par le progrès de la sociologie. On sait que les adversaires de l'individualisme affectent volontiers de le confondre avec l'égoïsme et d'y voir on ne sait quelle hypertrophie du moi. Il est aisé sans doute de leur répondre que ce péché n'est à aucun degré celui de la grande doctrine qui s'élaborait à la fin du XVIIIe siècle [1]. Ses fondateurs distinguaient formellement entre l'individualité et la personnalité ; entre ce qui isole et divise, et ce qui rapproche et identifie les hommes ; entre les appétits de conservation propre et les facultés de communion universelle. Et c'est de celles-ci seulement qu'ils prêchaient le culte.

Mais il faut reconnaître que de faux dieux ont souvent usurpé, dans l'esprit des hommes, la place de ces dieux véritables. Sous le couvert des principes individualistes, on a vu se déployer des sentiments essentiellement antisociaux : l'ambition de l'homme d'affaires, le dédain du dilettante. Et celui-là semblait dire : « Chacun pour soi. Au nom de l'égale liberté, laissez-nous lutter sans intervenir. Et tant pis pour ceux que ma puissance écrase ! » - « Chacun chez soi, semblait dire l'autre. Au nom de mes devoirs envers moi-même, il importe que je me détourne des foules. Le culte du moi veut être célébré dans l'isolement. » Au confluent de ces deux tendances apparaissait la figure du surhomme, où l'on retrouve à la fois de l'ambitieux et de l'artiste, du dominateur et de l'esthète - poète en même temps qu'homme de proie, et désireux de s'élever

1 Voir H. Michel, *L'idée de l'État*. *Cf.* dans les *Bulletins de la société de philosophie*, août 1901, la *discussion sur la doctrine pol. de la démocratie*.

Célestin Bouglé

au-dessus de la masse pour s'élever au-dessus de lui-même. Contre ces déviations, le solidarisme nous met en garde. Il nous ramène sur la terre et nous rattache étroitement à nos semblables. Il nous rappelle que nous ne sommes nés ni pour nous fuir, ni pour nous écraser les uns les autres ; et que nous ne pouvons développer nos personnalités que par une incessante coopération.

En un mot le solidarisme noirs aide à opposer, aux formes aristocratiques, desséchantes et dissolvantes, de l'individualisme, un individualisme démocratique, principe fécond d'union et d'action sociales, dont la devise ne serait plus « chacun chez soi » ou « chacun pour soi » mais « chacun pour tous, tous pour chacun » - et dont l'avènement marquerait aussi la victoire définitive de la nature proprement humaine sur la nature animale.

Conclusion
Résultats généraux des discussions instituées. Diversité de nos tactiques.

Si les vivants se perfectionnent, c'est que les faibles disparaissent devant les forts, - c'est que les qualités des individus s'incrustent dans leur race, - c'est que les éléments des organismes se spécialisent sans réserve et sans retour. En trois mots, la différenciation, l'hérédité, la concurrence, voilà les inflexibles gardiennes du progrès universel. Or, n'est-ce pas une conséquence fatale de la logique égalitaire que la tendance à tout niveler, à tout mêler, à tout « atténuer » ? Par son horreur des castes et par son respect de la personnalité humaine, l'esprit démocratique est amené à faire fi de toutes les conditions indispensables à la santé des organismes. Ceux sur lesquels cet esprit s'est abattu, - les grands organismes que sont nos sociétés modernes, - seront donc bientôt paralysés. Pour avoir résisté à la nature, les nations qui auront cédé à la démocratie seront rayées de l'histoire.

Telle est la thèse en trois arguments à laquelle nous nous sommes heurtés, à l'entrée de nos recherches. Nous avons suivi docilement, sur tous les terrains où il leur a plu de nous appeler, tous ceux qui pensent, au nom de la sociologie naturaliste, pouvoir défendre cette thèse. Nous nous sommes rencontrés tour à tour avec l'anthroposociologie, avec la théorie organique, avec le darwinisme social. De toutes ces confrontations il faut dégager maintenant les résultats généraux.

I

Nous avons, en les précisant, limité la portée et diminué le prestige des lois naturelles qu'on nous opposait, - Nous avons démontré, en un certain sens, que ces lois ne sont nullement contrariées par les efforts des sociétés démocratiques. - Mais, à d'autres points de vue, nous avons reconnu que des forces et des fins nouvelles entrent en ligne de compte dans ces sociétés: en quel sens elles essaient en effet de dépasser la nature.

Célestin Bouglé

Il n'est pas facile de les résumer en une seule formule. Car aux arguments lancés contre la démocratie, nous avons opposé plusieurs espèces de réponses : dans le combat engagé nous avons utilisé plusieurs tactiques.

Et d'abord, nous avons en quelque sorte opéré une reconnaissance, pour voir de près l'ennemi et mesurer ses forces par nos yeux. Ces lois naturelles, au nom desquelles on excommuniait les aspirations égalitaires, nous avons voulu, en remontant aux écrits des naturalistes, les préciser nous-mêmes.

Nous nous sommes aperçus alors qu'elles étaient, sur bien des points, moins inflexibles eu comme moins impératives qu'on n'essayait de nous le faire croire. - S'agissait-il par exemple de la différenciation, qu'on nous présentait à la fois comme le plus indispensable instrument et le mètre le plus indiscutable du progrès ? Nous avons constaté, en premier lieu, que là même où elle triomphe elle n'est jamais portée à l'absolu ; entre les éléments qu'elle spécialise, elle laisse subsister nombre de ressemblances et de rapports sans lesquels ses heureux effets seraient enrayés. Et puis ses effets sont-ils toujours heureux ? Qu'on se place au point de vue des éléments ou même au point de vue des ensembles, qu'on estime par-dessus tout la durée propre ou « l'importance » générale, la fécondité ou la plasticité, nous avons démontré combien il était difficile d'aboutir, en de pareilles matières, à des conclusions objectives. - La loi de Lamarck, de son côté, ne nous paraissait pas appeler moins de restrictions ou de réserves que la loi de Milne-Edwards. Bien n'est moins sûr que la transmission héréditaire des qualités acquises. En tous cas, les conditions nécessaires, pour qu'elles s'inscrivent dans le patrimoine de la race, sont beaucoup plus complexes et se présentent beaucoup plus rarement qu'on ne l'imaginait. D'une manière plus générale, c'était exagérer singulièrement la puissance de l'hérédité que de compter sur elle pour conserver et raffiner au sein des lignées, de génération en génération, des catégories d'aptitudes spéciales. - La théorie de Darwin à son tour a dû subir des limitations. Il nous est apparu, et que la lutte pour la vie n'est pas l'unique ouvrière du progrès, et qu'elle n'est pas toujours ouvrière de progrès. Dans certaines circonstances, elle favorise la survie de types qu'on s'accorde à déclarer inférieurs ; et d'autre part des types qu'on s'accorde à déclarer supérieurs survivent, en raison même

Conclusion

des atténuations que subit, à l'intérieur de telle ou telle espèce, la concurrence des individus. Les cas ne sont pas rares, dans la nature déjà, où les êtres montent en se soutenant et non en s'écrasant les uns les autres. - Ainsi, au fur et à mesure que les discussions contemporaines éclaircissaient les idées biologiques, il nous est apparu que les trois théories, sur lesquelles la sociologie naturaliste faisait fonds, avaient perdu dès à présent de leur rigidité première. Ces lois de la nature, à l'aide desquelles on pensait enchaîner la démocratie, ce ne sont plus des lois d'airain. Leur prestige est diminué : nous les connaissons maintenant plus souples, plus malléables, et comme plus élastiques.

Mais, à les prendre telles quelles, faut-il dire que la démocratie obéit, ou qu'elle se soustrait à ces lois ? C'est à cette question qu'il importait de répondre avec netteté.

Or, nous y avons répondu de deux façons. En un premier sens, la démocratie pi-étendait légitimement, nous l'avons admis, qu'elle ne contrarie en rien la nature, et qu'elle organise tout, au contraire, pour en réaliser les volontés bien entendues.

Par exemple, il est vrai que la démocratie s'efforce d'abaisser les barrières de toutes sortes que le régime des castes eût voulu multiplier dans les sociétés. Mais d'une part, l'étude attentive des lois de l'hérédité ne prouve nullement que les qualités professionnelles se transmettent du père au fils. Cette même étude semble démontrer d'autre part que toute lignée qui s'isole s'étiole, et que les mélanges de sangs, bien loin d'entraîner un « abâtardissement » fatal, servent heureusement de préventifs contre la dégradation des races. En favorisant la liberté des croisements, l'esprit démocratique ne fait donc que rendre plus aisé ce processus de renouvellement anthropologique nécessaire à la santé de l'ensemble. - De même, à ceux qui l'accusent d'entraver la libre concurrence, les partisans de l'esprit démocratique peuvent répondre : ce sont les régimes conservateurs qui empêchent, par toutes sortes d'avances ou de charges sociales arbitrairement distribuées, les capacités naturelles de se mesurer et de se classer à leur juste place, pour le plus grand bien du tout. En travaillant à diminuer les inégalités extrinsèques, au point de départ, n'est-ce pas au contraire la démocratie qui universalise et libère vraiment la concurrence ? - Enfin, aux apologistes de la différenciation, on pourrait encore faire observer que

Célestin Bouglé

les sociétés occidentales, où l'industrie se développe du même mouvement que la démocratie, sont aussi celles où le travail est le plus divisé. L'absence même de ces espèces de pétrifications caractéristiques du régime des castes n'y rend-elle pas plus aisée une spécialisation incessamment croissante des tâches, capable de se plier à tous les besoins nouveaux ? - De ce point de vue, l'opposition prétendue se résoudrait en adaptation ; et bien loin de s'avouer « antiphysique », le mouvement démocratique pourrait se présenter comme une sorte de retour à la nature, délivrée enfin du poids de tant d'institutions isolatrices et prohibitives, qui arrêtaient le libre développement Île ses puissances.

Mais s'en tenir à cette réponse, ce serait ne mettre en lumière, nous l'avons vu, qu'un seul aspect de la réalité. D'un autre point de vue, il apparaît que la démocratie tâche en effet d'éluder certaines lois ou de dépasser certaines tendances de la nature, telles du moins que la biologie les révèle, et que son espérance est bien de faire vivre, à l'aide des forces nouvelles qu'elle met en jeu, un idéal inédit.

Dès la question des transmissions héréditaires, l'action de ces forces nouvelles entrait en ligne de compte. Nous remarquions qu'il fallait distinguer entre les modes sociaux et les modes proprement organiques de la transmission, et que l'action de ceux-là s'ajoute, pour la favoriser ou la contrecarrer, à l'action de ceux-ci ; en tous les cas l'histoire masque ici la nature et il nous reste formellement interdit de déterminer *a priori*, par la seule considération de leur hérédité, ce dont les individus sont capables. - Mais c'est principalement en matière de différenciation ou de concurrence que des tendances originales devaient se faire jour. C'est ainsi que nous étions amenés à distinguer radicalement, dans l'évolution des sociétés, entre la spécialisation et la différenciation proprement dite. Dans notre civilisation, les besognes sont de plus en plus nettement séparées : des professions de plus en plus nombreuses se constituent les unes à côté des autres. Mais les hommes ne sont plus enchaînés dès la naissance à telle profession, ni rivés pour leur vie tout entière à la besogne professionnelle. De plus en plus ils peuvent théoriquement participer, et la conscience sociale réclame qu'ils puissent réellement participer, en vue de fins variées, à des groupements distincts, et ainsi chercher leur vole, donner leur mesure, épanouir toutes les puissances de leur personne. - Le même souci des garanties exigées par l'humanité amène la démocratie à reconnaître l'insuffisance de « la morale de la concurrence », alors même que celle-ci se donnerait pour idéal la rétribution des individus proportionnelle à leurs oeuvres. Dans l'enchevêtrement croissant de nos activités, il deviendrait en effet de plus en plus difficile de réserver à chaque individu le strict produit de son travail. En tous cas, à mesure que nous prenons une conscience plus nette de ce qui est dû à la collaboration de tous, il deviendrait de plus en plus impossible moralement, et de plus en plus dangereux pour la consistance du lien social, de ne pas avouer que chacun naît avec un droit minimum sur le patrimoine collectif de la civilisation. Il importe donc que des mesures de solidarité atténuent, partout où la nécessité s'en révèle, l'inhumanité de la concurrence sans frein, et sauvegardent ainsi, pour tous, les droits essentiels de la personne humaine.

Or ces préoccupations, directrices de l'effort démocratique, sont sans aucun doute étrangères à la nature. On ne la voit pas, au sein des organismes, faire échec à la différenciation par la complication, dans l'intérêt des unités composantes. Et là même où la solidarité se montre, dans les sociétés animales les mieux organisées, il ne semble pas qu'elle gravite autour de cet idéal : le respect de l'égale dignité des associés. Les sociétés démocratiques reconnaîtront donc, en ce point, qu'elles cherchent à aller plus loin eu plus haut que la nature. Non seulement elles retiennent, de préférence à d'autres, certaines de ses tendances ; mais en les prolongeant, elles les plient à des desseins inconnus. Elles tentent décidément d'autres voies, Et c'est pourquoi elles échappent désormais à la compétence de la biologie. En vain, pour les arrêter, dresserait-on maintenant sur leur route telle on telle loi de l'évolution organique ; elles passent au-dessus ; elles se meuvent dans un autre plan.

Et c'est ainsi que l'esprit démocratique, tout à l'heure protestant qu'il suivait docilement la nature, déclarera maintenant qu'il veut en effet la dépasser. Tour à tour cédant et résistant, tantôt il semble dire à la science de la vie : « J'applique tes lois », tantôt : « Tes lois ne s'appliquent pas à moi. » C'est un *Noli me tangere* après un *Fiat voluntas.*

Célestin Bouglé

II

Cette duplicité d'attitude s'explique par la duplicité essentielle des sociétés humaines, méconnue par la sociologie naturaliste. - Incompétence fatale de la morale qu'elle nous proposait: elle ne suffit pas à déterminer, pour nos sociétés, même le possible, a fortiori le désirable. - Conclusion dirigée à la fois contre ceux qui pensaient prouver « scientifiquement » que la démocratie a tort et contre ceux qui pensaient prouver « scientifiquement » qu'elle a raison.

Comment une pareille duplicité d'attitude est-elle possible ?

Elle s'explique par la « duplicité » essentielle des sociétés humaines, par leur caractère ambigu. Elles vivent et évoluent entre deux règnes. C'est précisément ce qu'oublie la sociologie qui fournit aux anti-démocrates leur provision d'arguments « scientifiques », - la sociologie naturaliste. Il ne faut pas dire en effet que ses thèses soient radicalement fausses. Elles sont vraies *à moitié*. Et c'est cela même qui les rend si fertiles en équivoques. Nul ne conteste par exemple que dans les sociétés humaines comme chez les espèces animales, l'hérédité continue d'opérer, les travaux de se diviser, les aliments d'être disputés. En ce sens, il n'est pas étonnant que les lois découvertes par les naturalistes - Lamarck, ou Milne-Edwards, ou Darwin -s'appliquent, par un coté, au monde humain. Il était utile, pour réagir contre l'orgueil isolant du spiritualisme, de relever méthodiquement l'empreinte de ces lois sur les sociétés, et de faire ressortir les analogies qui les rapprochent des organismes.

Mais le rapprochement devient dangereux, si on le pousse au point de méconnaître la spécificité des termes. Nous l'avons rappelé : le défaut capital de la vague philosophie évolutionniste dont le succès a suivi le progrès des sciences naturelles, c'est qu'elle incline les esprits à tout confondre à force de tout rapprocher. Ils oublient facilement ainsi qu'il y a des plans différents et comme des étages successifs dans le développement de l'être, et qu'à chaque étage, il apparaît du nouveau, qui recule les limites du possible et change les modes du désirable. C'est cette faute que n'évitent pas ceux qui se laissent guider, en matière politique, par la sociologie naturaliste. Ils négligent de faire entrer en ligne de compte, dans leurs

Conclusion

prévisions, les diverses conditions humaines de la vie sociale, les moyens d'action et les mobiles d'action, les facultés pratiques et les facultés critiques qui sont propres aux hommes. Ils oublient la machine et ils oublient la loi. Ils oublient, et les puissances croissantes de l'activité collective, et les exigences croissantes de la conscience publique, qui reconnaît de plus en plus de droits à toutes les personnalités.

C'est cette espèce de parti pris de ne pas voir les formes et les forces spéciales aux sociétés qui engendre tant de malentendus. C'est à cause de cette *Einseitigkeit* que ceux qui étudient les phénomènes sociaux en eux-mêmes, et non plus à travers le prisme des analogies biologiques, se trouvent amenés à proclamer qu'il y avait plus de vérité relative dans les distinctions du spiritualisme que dans les confusions du naturalisme [1]. Du moins faut-il maintenir que les sociétés humaines sont des formations intermédiaires entre celles de la nature et celles de l'esprit, tantôt plus rapprochées, tantôt plus éloignées, suivant les différentes phases de leur histoire, de l'un ou l'autre de ces deux pôles. Et peut-être ce qui caractériserait le mieux le mouvement démocratique, ce serait la volonté de conformer de plus en plus, en poussant aussi loin que possible le respect des personnes, l'organisation sociale aux vœux de l'esprit.

On comprend mieux maintenant combien il était décevant d'attendre, d'une morale « scientifique » assise sur la biologie, qu'elle jugeât en dernier ressort du bien ou du mal fondé des aspirations égalitaires. En réalité le juge ainsi intronisé était incompétent, d'une incompétence double. La science ainsi comprise était incapable de fixer, pour nos sociétés, ce qui est désirable, et même de délimiter ce qui est possible.

Certes, il semble difficile de refuser à la connaissance scientifique des lois de la nature le droit de prononcer sur les possibilités. Lui déniât-on en principe la faculté de poser les fins, du moins, en découvrant la liaison des causes et des effets, nous permet-elle de comparer les moyens offerts à notre activité, et influe-t-elle ainsi sur l'orientation de cette activité même. Parce qu'elle nous fait prévoir les conséquences que tel mouvement doit fatalement déclancher, elle nous permet de les éviter en nous abstenant d'agir ou en changeant les modes de notre action ; elle nous épargne ce qu'on

---

1 Voir Durkheim, *Division du travail social*, p. 389 (Paris, Félix Alcan).

Célestin Bouglé

appelle des « écoles ». Si vous voulez construire une maison solide, respectez, nous dira-t-elle, les lois de la résistance des matériaux. De Même, si vous voulez que telle espèce progresse, respectez les lois du progrès des espèces. En ce sens, même si la science ne nous livrait pas le premier fil conducteur, du moins tendrait-elle, autour de nos tâtonnements, des chaînes préservatrices et comme dés garde-fous. Elle nous permettrait de faire des économies d'utopies.

À merveille : mais encore faut-il que les lois, qui donnent leur autorité à ces recommandations, soient en effet des lois universelles, et vaillent pour les étages supérieurs aussi bien que pour les étages inférieurs de l'être. Que si, aux derniers plans de l'évolution, des nouvelles conditions d'existence apparaissent, si des moyens d'action originaux entrent en jeu, si en un mot des antécédents inédits sont posés, alors il serait illogique, pour en prédire les conséquences, d'arguer de ce qui s'est passé aux plans antérieurs. L'impossible d'en bas est peut-être le possible d'en haut. Et nul n'a le droit, au nom de l'expérience ancienne, d'arrêter la nouvelle forme de l'être qui se lève. Or telle est bien, nous l'avons vu, l'attitude de la sociologie naturaliste à l'égard des sociétés démocratiques. Elle semble ignorer systématiquement la [mots grecs], les faits nouveaux qui caractérisent les sociétés humaines en général et ces sociétés en particulier. Il n'est donc pas étonnant qu'on lui laisse pour compte ses prédictions pessimistes ; ce sont des leçons d'audace que fournit, si on le lit bien, le registre des essais multipliés par la nature tout le long de l'évolution ; dans le milieu tout spécial que notre civilisation a constitué, il est naturel que la démocratie s'essaie à faire vivre des espèces encore inconnues.

Mais où l'incompétence de cette morale scientifique se manifeste encore plus clairement, c'est lorsqu'il s'agit d'apprécier les fins que nous proposons à notre civilisation. On nous invite à nous conformer à telle ou telle loi, parce qu'elle exprime, nous dit-on, les conditions de la santé, de la prospérité, du progrès des organismes. Or, pour l'orientation de notre conduite, ce sont là des lumières insuffisantes. Il y a sans doute autant de critères de la santé, autant de mètres du progrès qu'il y a d'espèces. Dans tous les cas ceux qui conviennent aux espèces animales ne sauraient s'appliquer tout uniment aux sociétés humaines. « Nous sommes créés, a dit

Conclusion

un poète-philosophe [1], pour transformer ce que nous absorbons des choses de la terre en une énergie particulière et d'une qualité unique sur ce globe. Nul être, que je sache, n'a été agencé pour produire comme nous ce fluide étrange, que nous appelons pensée, intelligence, entendement, raison, âme, esprit, puissance cérébrale, vertu, beauté, justice, savoir : car il possède mille noms, bien qu'il n'ait qu'une essence. » Ce serait l'office propre et comme la mission de l'humanité que de faire régner sur le monde ces forces originales.

Sous des formes diverses il serait aisé de reconnaître, au centre des théories morales qui insistent sur ce qui est dû à la dignité humaine, le même sentiment idéaliste. Dans le système de défense que nous avons présenté, on a pu en reconnaître, à différents moments, la présence efficace. C'est au nom des valeurs posées par ce sentiment que nous nous félicitions par exemple de la différenciation organique, qui s'opère au-dessous de la conscience comme pour en rendre le règne possible, tandis que nous nous effrayions de la différenciation sociale, qui serait capable, en s'opérant au-dessus de la conscience, d'en gêner les libres démarches. C'est encore le prix supérieur de la vie spirituelle qui nous paraissait être la racine profonde de l'égale dignité des hommes, au nom de laquelle nous réclamions, contre l'inhumanité de la concurrence, une organisation de la solidarité qui permît à chacun de sauvegarder son âme. Toutes ces « affirmations de la conscience moderne [2] » impliquent l'existence, dans nos sociétés, non seulement d'une volonté de vivre, mais d'une volonté de vivre d'une certaine façon, dans certaines conditions, sans lesquelles il semblerait au plus grand nombre que la vie sociale ne vaut pas la peine d'être vécue. De pareilles affirmations donnent un sens, comme l'on dit, à notre évolution historique. Mais on ne voit pas comment l'étude de l'évolution organique pourrait démontrer qu'elles sont vraies ou fausses, ou plutôt bonnes ou mauvaises. Un système de philosophie générale, en établissant la place, la mission, la dignité essentielle de l'esprit dans l'univers serait peut-être capable de nous apporter, de ces sentiments puissants, et sans lesquels l'accord des individus semblerait désormais impossible dans certaines sociétés, une jus-

---

1 Maeterlinck, *La vie des abeilles*, p. 304.
2 C'est le titre significatif du livre récent de M. Séailles (Paris, Colin, 1903).

Célestin Bouglé

tification plausible. Mais entre les jugements de réalité qu'on peut extraire de la science naturelle et les jugements de valeur que ces sentiments supposent, il semble qu'il n'y ait pas de mesure commune. De ceux-là pour ou contre ceux-ci on ne peut rien conclure.

Et ainsi aboutissons-nous, en suivant notre dernière série d'arguments, à une conclusion qui semble faite pour mécontenter, en même temps que certains adversaires, certains défenseurs de la démocratie. Contre les premiers nous avons établi que la science ne démontre nullement le mal fondé des aspirations égalitaires. Mais du même coup nous avons établi qu'elle est aussi inapte, en définitive, à en démontrer le bien fondé. Par où nous semblons couper tout espoir à ceux qui voudraient prouver scientifiquement que la démocratie a raison, aussi bien qu'à ceux qui prétendent prouver scientifiquement qu'elle a tort. Nous renvoyons les plaideurs dos à dos. Ils s'exagéraient, les uns et les autres, la compétence du tribunal.

III

Mais si la morale scientifique tenait compte de la nature spéciale aux sociétés humaines? Si elle se fondait sur la sociologie proprement dite et non plus sur la biologie? - Nécessité d'attendre que l'expérience en ait été faite. -Toutefois, jusqu'ici, dans les études expérimentales consacrées aux sociétés démocratiques, on sent la présence d'un idéal qui juge les faits bien plutôt qu'il n'est jugé par eux. - Qu'il est difficile de dégager objectivement, par une méthode comparative, ce qui est normal pour nos sociétés, - En tout état de cause les inférences sociologiques paraissent supposer, pour posséder une efficacité morale, l'existence préalable de certains sentiments. - L'esprit social et le sentiment individualiste: leur synthèse dans les aspirations égalitaires. - La philosophie morale et la démocratie.

Il va sans dire que cette déclaration d'incompétence ne vaut, strictement, que contre la forme de morale scientifique dont nous venons d'éprouver la méthode et de peser les résultats. Il nous a semblé que par la force des choses, étant donné l'ordre même selon lequel s'étaient déroulés les essais des différents types de morales et les progrès des différentes catégories de sciences, le prestige scientifique planait de préférence, à notre époque, sur la morale naturaliste. De la confiance généralement accordée aux sciences naturelles pour la direction de la vie sociale, il nous a été facile de relever, dans la littérature des partis, des témoignages significatifs. Nous avons donc discuté pied à pied les différentes thèses auxquelles cette sociologie fournit des armes, qui prétend lire, dans l'évolution des organismes, la destinée des sociétés. C'est après toutes ces rencontres, prolongées sur tous les terrains, que nous croyons pouvoir conclure que la plupart des traits ainsi lancés contre les sociétés démocratiques ne portent pas, et qu'il n'appartenait nullement, en dernière analyse, à une sociologie naturaliste de prononcer sur le progrès humain.

Mais toute morale scientifique n'est pas enfermée dans les conjectures de l'anthroposociologie, dans les métaphores de la théorie organique, dans les équivoques du darwinisme social. Au moment même où les conclusions pratiques qui découlent de la sociologie naturaliste atteignent jusqu'à l'opinion du grand public, on sait que les postulats et la méthode en sont, dans l'ordre des recherches scientifiques, généralement abandonnés. Nous étudions aujourd'hui les sociétés humaines en elles-mêmes, et non plus à travers le prisme simplificateur de l'analogie biologique. Pour nous renseigner sur la spécificité de leurs formes et de leurs forces, nous avons substitué définitivement, à la biologie transposée, l'histoire analysée [1]. C'est en un mot d'une « nature sociale », qui aurait ses caractères propres et ne serait plus un simple reflet de la nature physique, que nous nous efforçons, par l'observation comparative des diverses sociétés qui se développent dans l'histoire, de dégager les lois.

Dès lors, ne peut-on espérer que les recherches conduites par cette méthode nouvelle vont fournir, pour l'orientation de nos sociétés, un ensemble de prescriptions auquel ne manquera ni l'autorité scientifique ni la compétence spécifique ? Les rapports entre la pratique et la théorie, en matière de morale, ont été conçus jusqu'ici, nous dit-on, d'une manière spécialement obscure et arbitraire, parce que des sentiments de toutes sortes, des croyances traditionnelles, des « prénotions » interposaient leur nuage entre la

---

1 Voir *l'Année sociologique*, t. I-VI (Paris, Félix Alcan), 1896-1902.

Célestin Bouglé

réalité morale et l'observateur. De morales théoriques construites a priori on s'imaginait pouvoir déduire les mesures réclamées, à telle phase de leur histoire, par telle espèce de sociétés. Mais les seules « théories » fécondes, en cette matière comme dans toutes les autres, sont celles qui se modèlent, consciemment et méthodiquement, sur les faits. Observons sans parti pris la nature sociale comme nous avons observé la nature physique ; et de même que la connaissance scientifique de celle-ci a engendré nombre de pratiques hygiéniques ou médicales qui améliorent la santé des individus, de même la connaissance scientifique de celle-là donnera naissance à un « art pratique rationnel », qui nous permettra de distinguer, objectivement, ce qui doit être conservé de ce qui doit être réformé, pour la bonne santé des groupes [1]. - C'est cette morale scientifique inédite, fondée sur la sociologie proprement dite et non plus sur la biologie, qui sera peut-être la morale « de demain » ; c'est sur elle que l'on comptera pour départager définitivement partisans et adversaires de la démocratie.

Les espérances ainsi formées ont-elles plus de chances d'aboutir que celles que nous venons de décourager ? - Nous n'avons nullement l'intention de trancher ici la question posée en ces termes nouveaux. Il y faudrait de tout autres études. Et d'abord il faudrait que l'expérience eût été tentée : il faudrait, voulons-nous dire, que cette morale proprement sociologique fût sortie de la période des promesses. C'est une méthode imprudente et peu persuasive - nous l'avons rappelé - que celle qui, en vertu de quelques distinctions critiques vite formulées, déclare sur son seul programme irrecevable, impuissante ou insuffisante, telle nouvelle doctrine de la conduite. Que cette doctrine se constitue, qu'elle rassemble ses thèses, qu'elle déroule ses solutions jusqu'au détail pratique, en un mot qu'elle fasse ses preuves. Alors, et alors seulement on pourra constater si elle résout en fait les problèmes auxquels elle s'était attaquée ; on jugera l'arbre aux fruits.

C'est à ce genre d'épreuve que nous avons soumis la doctrine politique naturaliste. Nous pouvions dès à présent l'y soumettre, parce qu'il semble bien que la sociologie biologique ait donné dès à pré-

---

1 Voir une expression toute récente de ces espérances dans le livre de M. Lévy-Brühl, *La morale et la science des mœurs*. Paris, Félix Alcan, 1903. [Ouvrage disponible, en version intégrale, dans <u>Les Classiques des sciences sociales</u>. JMT]

Conclusion

sent tout ce dont elle est capable.

Son rôle scientifique est achevé. Au surplus, puisque sa tâche consistait essentiellement à transposer, pour les appliquer au monde humain, les vérités découvertes par les naturalistes, est-il étonnant que cette tâche ait été rapidement accomplie ? Mais il en est tout autrement de cette sociologie délivrée qui, ne se payant plus de métaphores, ne veut recevoir ses cadres que de l'analyse de l'histoire. C'est un nombre considérable d'observations qu'il lui faut comparer avant qu'elle formule des lois, dont pourraient se déduire à leur tour des applications. Par où l'on comprend que l'heure est encore loin où elle pourra porter, sur la légitimité ou le succès des aspirations démocratiques, ces jugements objectifs que nous voudrions juger à notre tour. L'œuvre scientifique n'en est encore qu'aux fondations ; et les conclusions pratiques ne doivent apparaître ici que comme le bouquet planté au faîte. Il faut attendre.

Toutefois si l'on en juge par l'état des travaux commencés, - par les observations consacrées déjà aux institutions et aux mouvements démocratiques, et par les appréciations que ces observations suggèrent, - il est permis de présumer que quelques-unes des réserves formulées plus haut conserveraient leur force à l'égard de cette morale scientifique renouvelée. Sans nul doute on se rend compte, lorsqu'on dépouille les résultats des recherches « expérimentales » de Sumner Maine ou de M. Lecky, de Tocqueville ou de M. Ostrogorski, que ces résultats sont singulièrement plus topiques que les vagues généralisations agitées par la sociologie naturaliste. Ils attirent l'attention sur les effets, parfois inattendus, de tel procédé gouvernemental ou administratif, de tel mode de votation, de telle tactique des partis. Ils forcent ainsi la démocratie à réfléchir, en lui démontrant le danger de certains moyens qu'elle tend à employer. Mais notons bien que, si exactes et précises que puissent être les observations, ce ne sont jamais ici les faits à eux seuls qui démontrent que certains moyens sont dangereux : ce sont les fins avec lesquelles les effets de ces moyens sont confrontés. Pourquoi Tocqueville [1] nous met-il en garde contre l'espèce de centralisa-

1 Tocqueville, *La Démocratie en Amérique* (Oeuvres complètes). Paris, 1888. Summer Maine, *Essais sur le gouvernement populaire*, trad. fr. Paris, 1881. Lecky, *Democracy and Liberty*. Londres, 1899. Ostrogorski, *La Démocratie et l'organisation des partis politiques*. Paris, 1903. - Quelles conclusions on pourrait dégager, pour ou contre la démocratie, des ébauches de la sociologie proprement dite,

Célestin Bouglé

tion impersonnelle à laquelle aspirent spontanément, suivant lui, les habitudes d'esprit égalitaires ? C'est qu'il lui semble qu'à ce régime les individus perdraient peu à peu « leur faculté de penser, de sentir et d'agir par eux-mêmes » et tomberaient ainsi graduellement « au-dessous du niveau de l'humanité [1] ». De même si M. Ostrogorski dénonce avec tant de vigueur la « machinerie » des partis politiques, s'il préfère à ces coalitions englobantes qui étouffent l'homme un système de ligues à objets spécifiés et à termes limités qui le tiendraient en haleine, c'est qu'il fait profession de souhaiter qu'en matière spirituelle l'individu « dépense » le plus possible, paie de sa personne, ne soit jamais dispensé de réfléchir, de chercher, de choisir ; c'est en un mot qu'il assigne comme devise à la démocratie, après l'*Habeas corpus*, l' « *Habeas animum* [2] ». Ce que nous retrouvons ici sous des formes diverses, c'est la notion à laquelle la philosophie individualiste nous a habitués, la notion de la valeur supérieure de la vie spirituelle, d'où procède l'égale dignité des hommes ; mais nous ne voyons pas

plus qu'auparavant cette notion découler immédiatement de l'observation. Les constatations de la science n'éliminent pas ici les choix de la conscience. Si elles éclairent sa décision, elles ne la déterminent pas. L'idéal démocratique ne sort pas des seuls faits relatés par les observateurs des sociétés où la démocratie se réalise : bien plutôt il survient au milieu de ces faits, et loin d'être jugé par eux, en dernière analyse c'est lui qui les juge.

Pourra-t-on, par une méthode comparative plus proprement sociologique, dégager enfin cet idéal, sans intervention d'une prénotion quelconque, de la réalité mieux connue ? Les études analytiques auxquelles nous venons de faire allusion ne portaient que sur telles ou telles sociétés, sur celles où la démocratie commence à vivre, et ne pouvaient justifier par des raisons tout objectives l'idéal qu'elles y voyaient à l'œuvre. Mais supposons que nous ayons acquis, des diverses sociétés, une vue synthétique, qui nous permette de les classer en espèces distinctes, puis d'établir les conditions d'existence et les lois d'évolution propres à chacune de ces espèces.

nous avions essayé de l'indiquer naguère. Voir dans la *Revue de Métaph.*, 1896, pp. 118-128, l'article *Sociologie et Démocratie*, discuté par M. Andler, *ibid.*, pp. 243-256.

1 Op. cit., III, p. 536.

2 Op. cit., II, pp. 621, 640, 695 sqq.

Conclusion

Nous serions dès lors capables, par l'examen de ce qui se passe dans la moyenne des sociétés d'un même type, considérées à la même phase de leur développement, d'induire scientifiquement quelle tendance est *normale* et quelle autre aberrante, quel symptôme annonce la santé et quel autre la maladie [1].

Pour savoir si nos sociétés font fausse route on sont dans la bonne voie lorsqu'elles suivent l'idéal démocratique, nous aurions donc à rechercher ce qui est normal pour les sociétés de leur type. Le malheur est que les sociétés de leur type ne sont pas assez nombreuses pour qu'une pareille comparaison soit féconde : peut-on même, en pareille matière, parler d'un « type » nettement défini par l'histoire ? Ce que la sociologie nous a le mieux appris, c'est à nous défier des analogies toutes superficielles, en vertu desquelles on rapprochait par exemple la démocratie moderne des soi-disant démocraties de l'antiquité classique ou des temps primitifs. Nous nous rendons compte que par les formes de leur gouvernement et de leur administration, par la puissance de leur industrie, enfin et surtout par les exigences des consciences qui les aiguillonnent, nos sociétés sont au vrai « sans analogues ». Il nous faut donc, *mutatis mutandis,* répéter des sociétés démocratiques comparées aux autres, ce que nous disions des sociétés humaines en général comparées aux organismes. De nouvelles conditions d'existence entrent ici en ligne de compte ; de nouveaux buts sont visés, de nouveaux moyens d'action sont dressés. Nul ne peut prédire scientifiquement, devant cet essai inédit, le possible et l'impossible : nul n'est autorisé à décourager ou à encourager notre effort au nom d'une norme objective qui reste ici indéterminable.

Au surplus, eût-on même réussi, par des méthodes indirectes et analogiques, à déterminer ce qui vraisemblablement est normal pour nos sociétés, est-ce cela qui suffirait à orienter notre conduite ? De ce qu'une tendance apparaît comme normale s'ensuit-il immédiatement qu'elle apparaîtra comme désirable ? Imaginons qu'on nous ait démontré que ce respect de l'égale dignité des individus, assigné comme centre à la morale sociale par la démocratie, est en effet - étant donné le déclin fatal des autres sentiments tradition-

1 Durkheim, *La Division du travail social,* introduction de la 1re édition. [Ouvrage disponible dans les Classiques des sciences sociales. JMT] Cf. les *Règles de la méthode sociologique.* [Ouvrage disponible dans les Classiques des sciences sociales. JMT]

Célestin Bouglé

nels, ébranlés par les modifications structurales de nos sociétés - le seul sentiment qui ne se dérobe pas à l'entente commune [1]. Ce sentiment individualiste est désormais, nous dira-t-on, le seul ciment recevable, le ciment indispensable de toute solidarité. Par suite, en prenant des mesures pour satisfaire ce sentiment, nos sociétés ne font rien autre chose que sauvegarder, comme toutes les sociétés l'ont toujours fait par les règles morales qu'elles sanctionnent, leur cohésion intime : effort essentiellement normal et bien digne, à ce titre, que vous y collaboriez sans remords, sans hésitation, de toute votre âme.

Mais encore, à quelles conditions les faits ainsi invoqués possèderont-ils une *vis operans,* une vertu moralisatrice ? Cette argumentation objective ne retomberait-elle pas sans effet, dans le silence et dans le froid, si elle ne rencontrait chez les membres des sociétés visées une volonté commune, non seulement de vivre, mais de bien vivre ensemble, et de former un corps non seulement qui dure, mais qui progresse ? Suivant toutes les leçons de l'expérience interprétées par l'analogie, la cohésion de nos sociétés serait menacée, nous prédit-on, si elles méconnaissaient les droits égaux des personnes humaines ? Mais pour que cette prédiction nous touche, encore faut-il que nous trouvions en nous des raisons de tenir à cette cohésion même. En d'autres termes, l'indispensable condition de l'efficacité morale de ces inférences sociologiques, c'est l'existence préalable d'un « esprit social ». Sans l'interposition des sentiments qu'il implique, toute la sociologie du monde, semble-t-il, ne nous ferait pas lever le petit doigt.

Il nous paraît donc, jusqu'à plus ample informé, que la morale scientifique, même sociologique, continuerait de supposer, pour agir sur la conduite, la présence d'un certain nombre de tendances qu'elle ne suffirait pas à produire ; et c'est tantôt dans le sentiment individualiste, tantôt dans l'esprit social que nous avons aperçu ces cordes nécessaires, sans lesquelles les âmes ne vibreraient pas. Au vrai l'idéal démocratique a besoin, pour vivre, que ces deux aspirations coexistent ou plutôt s'allient étroitement ; et celui-là qui pense que nécessairement elles s'excluent, prouve qu'il n'a pas compris la véritable essence de l'égalitarisme moderne, qui est précisé-

---

1 C'est a peu près la démonstration que donne M. Durkheim dans la *Division du travail social.*

ment la synthèse de l'une et de l'autre.

Il suit de là que l'intérêt bien entendu de la démocratie lui commande de ne rien négliger de ce qui alimente ce double feu. Dans une démocratie plus que dans toute autre société, il est important que la culture soit répandue grâce à laquelle les consciences communient, comprennent le prix de la vie spirituelle, et, apprenant à dépasser la nature, littéralement s'humanisent. Et s'il est vrai que l'observation scientifique la plus objective ne suffit pas encore pour démontrer aux hommes qu'ils doivent travailler à l'avènement d'une cité juste, dont les membres s'aideraient les uns les autres à s'élever, s'il y faut jusqu'à nouvel ordre une sorte de choix rationnel, alors peut-être serait-il imprudent, et dans une démocratie plus que dans toute autre société, de dédaigner cet art de choisir rationnellement et d'ordonner méthodiquement les fins de la vie humaine en fonction d'une fin universelle, qui s'appelle la philosophie morale [1].

*

* *

Mais encore une fois il importe, quand il s'agit de doctrines qui s'essaient, de réserver l'avenir. Quel effet produira sur les consciences, une fois que la sociologie l'aura constituée, la morale scientifique ? Et reconduira-t-elle dès lors aux frontières de nos sociétés, comme totalement inutile, toute philosophie morale ? Au vrai personne ne peut apporter aujourd'hui, sur ce point, une réponse certaine. Aussi est-ce sur la morale scientifique que nous connaissions, sur celle qui se constituait sous nos yeux avec des « lois » fournies par les sciences naturelles, que nous avons concentré nos efforts. Contre celle-ci nous pouvons maintenir, après expérience, nos conclusions fermes. Nous la connaissons désormais à ses fruits. Et après un si patient examen, nous espérons avoir établi définitivement que tous les traits qu'on lui emprunte pour en accabler les sociétés démocratiques en réalité passent à côté ou au-dessous d'elles : *telum imbelle sine ictu...*

Conclusions négatives encore, dira-t-on ? - Il est vrai que nous n'avons pas démontré directement que les idées égalitaires sont justes, ni même que leur succès est certain. Il semble cependant que

1 C'est à des conclusions analogues qu'arrivent, par des chemins différents, M. Fouillée et M. H. Michel, dans leurs ouvrages sur la politique et la pédagogie.

Célestin Bouglé

nous ayons gagné quelque chose à les soumettre à cette épreuve.

Dans une précédente étude [1], nous avions découvert les raisons profondes de leur omnipotence et fait ressortir l'espèce de nécessité interne qui les impose aux esprits dans notre civilisation. Mais, nécessaires ou non, devait-on nous dire, le fait est qu'il est impossible de réaliser leurs exigences et qu'il est dangereux de le tenter. Écoutez plutôt les leçons de la nature.

C'est cette objection préalable que nous avons levée. Nous avons paralysé, en brisant les équivoques qui étaient ses armes, cet adroit effort pour mettre aux prises les deux grandes forces contemporaines et pour exploiter, contre l'attraction de la démocratie, le prestige de la science.

Nos conclusions, si elles ne sont pas impératives, sont donc au moins émancipatrices. Elles affranchissent nos sociétés de l'obsession naturaliste. Elles leur rappellent que personne n'a le droit de décourager, au nom d'une morale soi-disant scientifique, les ambitions de l'esprit : la voie est libre.

---

1 Voir l'introduction, p. 4, note 1.

Conclusion

ISBN : 978-1514252352